İÇİNDEKİLER

Editörün Önsözü

Bu kitabı, geçmişin mirasını, günümüzün bilimsel ve siyasi gelişmelerini, modern ve klasik literatürü içeren çıldırtıcı ve sevimli bilgi dünyamıza daha fazla hâkim olmak isteyen bir insan ordusuna sunmak benim için bir ayrıcalıktır. Bu kitap, şöhret basamaklarını hızla tırmanan başarılı genç bir insanın, Tony Buzan'ın doğuşuna işaret etmektedir.

Tony Buzan bu çalışmasında, benim ve çağdaşlarımın gayet meşakkatli bir biçimde edinmek zorunda kaldığı becerileri –tabii edinebilmişsek- basit ve kolay izlenebilir bir öğrenme sistemine indirgemiş. Sizi temin ederim ki, bu sistemi kullanarak, benim yıllardır ulaşmayı başarabildiğim düzeyi geçmeseniz bile ona eşit düzeyde okuma hızına ulaşacaksınız: Günde en az 3 gazete, her hafta 25 civarında bilimsel dergi, 2 ya da 3 kitap, her ay birçok mektup, rapor, pasaj, atıf, kılavuz, katalog vb'nin yanı sıra bir düzine kadar genel içerikli dergi...

Tony Buzan'ın bu sisteminden yıllar önce yararlanabilmeyi isterdim. Böylece boşa harcadığım zamandan, çabalardan ve hamlelerden tasarruf etmiş oldurdum. Daha iyinin nasıl yapılacağını bugün dahi ondan öğrenmeye devam ettiğimi itiraf etmekten hiç utanmıyorum. Siz, muhtemelen, daha erken bir zamanda doğru adımla başlamanın avantajına sahip olacaksınız. Lütfen bu fırsattan yararlanın! Evet, Buzan'ın basit bir biçimde açıklanmış adım adım sistemiyle bile çaba harcamanız gerekecek; fakat azmederseniz, bu kitabın, bilginin aydınlığıyla ışıl ışıl parıldayan bir dünyaya açılan bir kapı olduğunu fark edeceksiniz.

Heinz Norden

Yazarın Önsözü

Ben 14 yaşındayken okulda zihinsel becerilerimizi ölçmek için bir dizi test uygulanırdı.

Bunlardan bir tanesi de okuma hızını ölçen testti. Birkaç hafta sonra sonuçlar açıklandığında, dakikada 213 kelime okuyabildiğimi öğrendim. İlk tepkim kendimle gurur duymak oldu, zira 213 kulağa çok fazla gibi geliyordu. Fakat sevincim uzun sürmedi. Öğretmenimiz dakikada 200 kelimenin vasat bir rakam olduğunu ve sınıftaki en hızlı öğrencinin dakikada 314 kelimelik bir hıza sahip olduğunu açıkladı. Bu sayı benim ortalama hızımdan neredeyse 100 kelime daha fazlaydı.

Bu moral bozucu haber benim yaşamımı değiştirdi: Ders biter bitmez hemen öğretmenimizin yanına koştum ve hızımı nasıl artırabileceğimi sordum. Ona göre böyle bir şey mümkün değildi, çünkü okuma hızımız da tıpkı IQ'muz, yetişkinlikteki boyumuz ve göz rengimiz gibi sabitti.

Bu açıklama bana pek doğru gelmemişti. Niçin? Ağır bir fiziki eğitim programına henüz başlamış ve birkaç hafta içinde vücudumun her kasında meydana gelen köklü değişiklikleri fark etmiştim. Eğer doğru egzersizleri yapmak bu tür bir fiziksel dönüşüme yol açabildiyse, uygun görsel ve zihinsel egzersizler de okuma, anlama ve hafıza kapasitemi artırabilirdi.

Bu sorular, önce dakikada 400 kelimelik okuma hızı sınırını aşmak, sonra da dakikada 1000 kelimelik bir hıza ulaşmamı sağlayacak araştırmalara başlamama yol açtı. Bu araştırmalar sayesinde fark ettim ki, aerobik nasıl vücudu geliştiriyorsa, okumak da zihni geliştiriyor.

Gözlerimin sırrını ve beynimin olağanüstü kapasitesini öğrenerek yalnızca okuma, anlama ve hatırlama hızımı artırmadım, aynı zamanda daha hızlı ve daha yaratıcı bir biçimde düşündüğümü, daha iyi not tuttuğumu, sınavlardan daha kolay geçtiğimi, daha verimli çalıştığımı ve zamandan tasarruf ettiğimi de fark ettim.

Elinizdeki *Hızlı Okuma Kitabı* bu alandaki 40 yıllık araştırmaların ve uygulamanın ürünü olup, içinde bu zaman zarfında öğrendiğim temel becerilerin püf noktaları bulunmaktadır. Umarım bu yolculuğu ilginç bulur ve zihinsel eğitim tekniklerinden benim kadar faydalanırsınız.

GİRİŞ

Hızlı Okuma Kitabı'nı Nasıl Kullanacaksınız?

Hızlı okumayı zahmetsiz ve akıcı bir biçimde öğrenmek, yaşamlarının en önemli olaylarından biri olarak, dünyanın her yerindeki milyonlarca insan tarafından arzulanmaktadır.

ÖNSÖZ

Giriş bölümü, size *Hızlı Okuma Kitabı*'nın temel amaçlarını ve kitabın 5 ana kısmının içeriğini açıklayacak. Ayrıca, kitabın her bölümündeki yapıyı ve bu kitaptaki hızlı okuma kursunu nasıl hızlı bir biçimde okuyacağınızı anlatacak.

HIZLI OKUMA KİTABI'NIN AMAÇLARI

Bu kitabın altı ana amacı bulunmaktadır:

1. Okuma hızınızı köklü bir biçimde artırmak.
2. Okuduğunuzu anlamanızı sağlamak ve bunu geliştirmek.
3. Okurken, çalışırken, günlük ya da mesleki yaşamınızda çok daha etkili bir biçimde kullanabilmeniz için gözlerinizin ve beyninizin işlevini anlamanızı sağlamak.
4. Sözcük dağarcığınızı ve genel bilgi birikiminizi artırmanıza yardım etmek.
5. Zamandan tasarruf etmenizi sağlamak.
6. Size güven kazandırmak.

ANA KISIMLAR

Okumayı ve öğrenmeyi kolaylaştırmak açısından *Hızlı Okuma Kitabı* 5 kısma ayrılmıştır:

Birinci Kısım – Hızınızın Artırılması

Bu kısımda size, kitap boyunca okuma ve anlama hızınızı kontrol edebilmenizi sağlayacak basit bir grafiği nasıl kullanacağınız gösterilecek. Hızlı okumanın tarihçesi, okuma teorisinin en son bilgilerle güncelleştirilmesi ve her düzeydeki okuma hızınızı geliştirmenize yardımcı olacak yeni bir okuma tanımı da bu kısımdaki diğer konular.

İkinci Kısım – Gözlerinizin Şaşırtıcı Gücü

'Gözlerinizin Şaşırtıcı Gücü' isimli bu kısım, gözlerinizin gerçekten şaşırtıcı olduğunu anlamanızı sağlayacak ve okuma hızınızı, anlama yeteneğinizi geliştirmek için onları nasıl denetleyeceğinizi gösterecek. Yine bu kısımda, hızlı okuma tarihinde önemli rol oynamış büyük isimlerin yanı sıra dünyadaki en hızlı okuma hızına sahip 10 kişi tanıtılacak.

Üçüncü Kısım – Yüksek Konsantrasyon ve Anlama

Bu kısım temel okuma sorunlarıyla bu sorunların nasıl üstesinden gelinebileceği üzerinde yoğunlaşmaktadır. Burada, konsantrasyon eksikliği, anlama yetersizliği, alt-seslendirme gibi sorunların yanı sıra, disleksi (okuma güçlüğü) ve dikkat yetersizliği gibi öğrenme sorunları da irdelenmektedir. Öte yandan bu kısım, tüm sorunların çözümlenebildiğini keşfedeceğiniz bir 'iyi haberler' bölümü.

Dördüncü Kısım – İleri Hızlı Okuma Becerilerinizin Geliştirilmesi

Dördüncü kısım, zekânızı geliştirmekte en önemli faktör olan sözcük dağarcığınızı nasıl artıracağınızı gösterecek. Bu kısımdaki bölümlerde, sözcük ve anlama evrenlerinin kapılarını açmanızı sağlayacak birçok kelimenin önekleri, sonekleri ve kökleri verilecek. 'Zihin Haritaları'nın (düşünme ve not tutmada yeni boyut) da açıklandığı bu kısımda, okuma etkinliğini artırmanız için paragraf yapısı hakkındaki bilginizi nasıl kullanacağınız ve okuduğunuz her kitabı nasıl 'kuş bakışı' okuyacağınız gösterilecek.

Beşinci Kısım – Usta Okuyucu Haline Gelme: Göz/Beyin Sisteminin İleri Düzeyde Kullanımı

Hızlı Okuma Kitabı'nın son kısmında, ileri düzey okuma alıştırmaları, kapsamlı çalışma teknikleri, çok sayıdaki gazete ve dergi üzerinde nasıl denetim sağlayacağınız, bilgisayar ekranları ve diğer 'eğitimli makinalar' sayesinde ortaya çıkan bilgi patlamasıyla nasıl baş edebileceğinize ilişkin ipuçları bulabileceksiniz. Yine bu kısımda size, edebiyat ve şiirde hızlı okuma tekniklerini nasıl uygulayacağınız gösterilecek; hızlı okuyucunun arzulanan herhangi bir alanda güncel kalmasına yardımcı olacak yeni bir metot olan 'Bilgi Dosyası' kavramı tanıtılacak.

Bu kısım, parlak geleceğinize bir bakışla ve yaşamınızın geri kalanında okuma hızınızı, anlama becerinizi, hızlı okuma uygulamalarınızı ve alışkanlığınızı nasıl sürdüreceğiniz ve geliştireceğinize ilişkin önerilerle bitecek.

Son kısımdan sonraki bölümlerde, deneme sınavlarının yanıtları, ilerleme tablonuz, ilerleme grafiğiniz ve Buzan merkezleri hakkında bilgiler bulunmaktadır.

Lütfen, *Hızlı Okuma Kitabı*'nı satın alan herkese açık olan dünya çapındaki Beyin Kulüpleri'mize bir üyelik başvuru formu gönderin.

Bu kulüplere üye olmakla, beyninize, onu nasıl kullandığınıza ilişkin ve okuma hızınızı güncellemenize yarayacak bilgileri edinebileceğiniz gibi, sizinle aynı zevkleri paylaşan binlerce insanla da iletişim kurabileceksiniz.

Beş kısmın her biri I, IV, V, VII ve VIII no'lu levhalarda bulunan Büyük Zihin Haritaları'nda özetlenmiştir.

BÖLÜMLERİN YAPISI

Hızlı Okuma Kitabı'ndaki uzun bölümler aşağıdaki gibi düzenlenmiştir:

- Bölümün ana fikrini veren bir önsöz.
- Bölümün kendisi.
- Kendini geliştirme egzersizleri.
- Mevcut okuma hızınızı ve anlama yeteneğinizi belirlemenize yardımcı olacak özel okuma parçaları.
- Özetler.
- Bir göz atma planı.
- Bir sonraki bölümle bağlantı kuran 'sonraki bölüm' paragrafı.

Deneme Sınavları

Hızlı Okuma Kitabı'ndaki bölümlerin yedisinde, kaydettiğiniz ilerlemeyi sürekli olarak ölçmenize yardımcı olacak, nitelikli makaleler ve seçilmiş okuma parçaları bulunmaktadır. Kitabın başlangıcındaki sınavlar okuma hızınızı artırmanıza yönelik olarak tasarlanmışken, kitabın ortasındakiler, algılama ve kelime gücünüzü geliştirmeye, sonundakiler ise tam okuma hızı kapasitenize ulaşmanızı sağlamaya yönelik olarak hazırlanmıştır.

Bu okuma parçalarından bazıları çeşitli bilgi alanlarındaki tarih ve teoriyle, bazıları da öğrenme ve beyinle ilgili son araştırmalarla ilgili makalelerdir. Kitabı bitirdiğinizde yalnızca okuma hızınızı artırmış olmayacak, aynı zamanda anlama kabiliyetinizi geliştirecek, eleştiri ve değerlendirme yeteneklerinizi yükseltecek, kendiniz ve çevreniz hakkında daha geniş bilgi edinmiş olacaksınız. Bu makaleler şunlardır:

1. Beyin Eğitimi Cephesindeki Zekâ Savaşı
2. İlkel Dönemlerden Hıristiyanlığa Sanat
3. Hayvanlarda Zekâ
4. Evrende Yalnız mıyız? Dünya-Dışı Düşünen Varlıklar
5. Bebek Zekâsı
6. Bilinçlenen Dünya: Bir Sonraki Evrimsel Aşamamız- Küresel Beyin
7. Beyniniz – Büyüleyici Makine

Alıştırmalar

Hızlı Okuma Kitabı'ndaki yedi bölümde, görsel ve zihinsel algılamanızı, eleştirel becerilerinizi ve sözcük dağarcığınızı güçlendirmek üzere tasarlanmış özel alıştırmalar bulunmaktadır.

Bu alıştırmaların çoğu, tıpkı vücut geliştirme egzersizleri gibi birkaç kere tekrarladığınız takdirde daha faydalı olacaktır.

Tüm bölümler, içeriği daha kolay anlamanızı sağlamak için birçok resim ve şekille bezenmiştir. Ayrıca, sizi teşvik edecek ve ilham almanıza yol açacak hikâyeler de bulunmaktadır.

HIZLI OKUMA KİTABI'NI NASIL HIZLI OKUYACAKSINIZ?

Hızlı Okuma Kitabı hedefinize ne kadar hızlı ulaşmak istediğinize bağlı olarak değişen, bir haftalık, iki haftalık, üç haftalık ya da dört haftalık bir kurstur.

Aşağıdaki paragrafları okuyun ve sonra kendi çalışma planınızı hazırlayın.

Öncelikle, çalışmak istediğiniz bölümleri saptamak üzere içindekiler tablosunu ayrıntılı bir biçimde inceleyin. Sonra kitabın her bir kısmına ayıracağınız süreyi kabaca planlayın ve kendinize uygun bir içerik ve çalışma programının genel çerçevesini çizin. Bunu yapmak sadece birkaç dakikanızı alacaktır.

Tüm kitaba böyle hızlı bir biçimde göz attıktan sonra, kitabın çeşitli kısımlarıyla tanışın ve genel hatları ve hedeflerinizi kafanızdaki şablona yerleştirmeye başlayın.

Şimdi bir günde bir, iki ya da üç bölüm bitirip bitiremeyeceğinize veya hızınızı değiştirip değiştirmeyeceğinize karar verin. Bu karara vardıktan sonra, çalışma planınızı günlüğünüze not edin ve kitaba hangi tarihte başlayıp hangi tarihte bitireceğinizi işaretleyin. Bu süreyi hesaplarken, her bir bölümün ortalama on sayfa uzunluğunda ve çoğu alıştırmanın da kolay olduğunu aklınızdan çıkarmayın.

Yaşamınızın en heyecan verici yolculuklarından birine çıkmak üzeresiniz –başlamak için sayfayı çevirin.

BİRİNCİ KISIM
HIZINIZI KEŞFEDİN

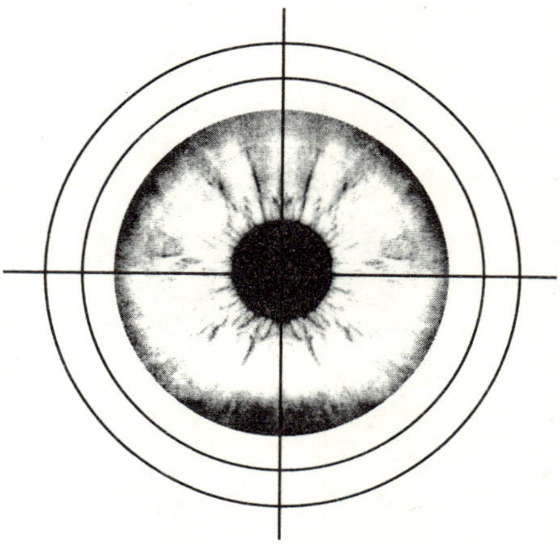

BAŞLANGIÇ TESTİ

Okuma ve hızlı okuma hakkındaki düşüncelerinizi öğrenmek için aşağıda okuma alışkanlıkları ve becerilerine ilişkin bir test bulunmaktadır. 20 sorunun her birini evet veya hayır biçiminde cevaplandırdıktan sonra sonuçları görmek için sayfayı çevirin.

1. Dakikada 1000 kelimenin üzerinde okuma hızı mümkündür. Evet/Hayır.
2. Daha iyi anlayabilmek için yavaş ve dikkatlice okumalısınız. Evet/Hayır.
3. Kelime kelime okuma anlamaya yardımcı olur. Evet/Hayır.
4. Alt-seslendirme okuma hızını yavaşlatan bir okuma alışkanlığıdır ve azaltılmalı ya da kurtulunmalıdır. Evet/Hayır.
5. Okuduğunuzun % 100'ünü anlamaya çalışmalısınız. Evet/Hayır.
6. Okuduğunuzun % 100'ünü hatırlamaya çalışmalısınız. Evet/Hayır.
7. Okurken gözünüz satır boyunca sürekli ve akıcı bir hareket halinde tarama yapmalıdır. Evet/Hayır.
8. Okurken bir şeyi kaçırdığınızda, daha fazla ilerlemeden önce kaçırdığınız şeyi anladığınızdan emin olmak için geri dönmelisiniz. Evet/Hayır.

9. Okurken parmağınızla okuduğunuzu takip etmek sizi yavaşlatır dolayısıyla bu alışkanlıktan kurtulunmalıdır.

Evet/Hayır.

10. Bir yazıyı okurken anlama ve kavrama sorunlarıyla karşılaştığınızda, daha fazla okumadan sonraki yazıları anlamak için bu sorunları çözüme kavuşturmalısınız.

Evet/Hayır.

11. İyi ve önemli bir kitap sayfa sayfa okunmalı; örneğin 19. sayfa okunmadan 20. sayfa asla okunmamalı ve kesinlikle kitabın başlangıcı bitirilmeden sonu okunmamalıdır.

Evet/Hayır.

12. Kelimeleri atlamak bir tembel alışkanlığıdır ve kurtulunmalıdır. Evet/Hayır.

13. Bir yazıda önemli konulara rastladığınızda hafızanızda kalmalarını kolaylaştırmak için bunları not etmelisiniz.

Evet/Hayır.

14. Motivasyon seviyeniz gözlerinizin beyninizle olan ilişkisini ve okuma hızınızı etkilemez. Evet/Hayır.

15. Notlarınız daima temiz, düzenli ve birbiriyle bağlantılı olmalı –büyük ölçüde okuduğunuz bilgilere ilişkin cümlelerden ve düzenli listelerden oluşmalıdır.

Evet/Hayır.

16. Bilmediğiniz bir kelimeye rastladığınızda hemen anlamına bakmak üzere elinizin altında bir sözlük bulundurmalısınız. Evet/Hayır.

17. Hızlı okumanın tehlikelerinden biri, anlama düzeyinizin düşmesidir. Evet/Hayır.

18. Hepimiz, doğal bir okuma hızıyla okuruz.
Evet/Hayır.

19. Roman ve şiir okurken, okuduğumuzu ve dilin ahengini değerlendirebilmek için yavaş okumalıyız.

Evet/Hayır.

20. Yalnızca, gözleriniz okuduğunuz şeye net bir biçimde odaklandığında onu gerçekten anlayabilirsiniz.

Evet/Hayır.

BAŞLANGIÇ TESTİNİN CEVAPLARI

Bu sorulardan, sadece, **Dakikada 1000 kelimenin üzerinde okuma hızı mümkündür** sorusuna 'Evet' demişseniz bizim hızlı okuma eğitmenlerimizden biri olmaya neredeyse hazırsınız demektir.

Diğerlerinin tümünün cevabı 'hayır' olmalıdır.

Kalan 19 soru okumaya ilişkin yaygın yanlış kanıları kapsamaktadır.

Eğer bu yanlış varsayımlara inanıyorsanız, yalnızca yanlış bir şeye inanmakla kalmıyor, aynı zamanda gitgide okuma alışkanlığınızı kötüleştiren, okuma hızınızı yavaşlatan, anlama ve kavrama yetilerinizi körelten varsayımlara inanıyorsunuz demektir.

Hızlı Okuma Kitabı'nın sayfaları arasında ilerledikçe bu yanlış varsayımların tek tek yerle bir olduğunu görecek ve kendinizi, hızlı okuma hedeflerinize ulaşmanızı sağlayacak düz bir yolda bulacaksınız.

BÖLÜM 1

Şu Anda Hangi Noktadasınız? Normal Okuma Hızınızı ve Anlama Düzeyinizi Tespit Edin

Herhangi bir öğrenme ve kendini geliştirme etkinliğinde, doğru başlangıç noktasını bulmak esastır. Doğru ya da yanlış, iyi ya da kötü yoktur; yalnızca şu anda bulunduğunuz noktanın doğru olarak değerlendirilmesi söz konusudur. Bu nokta ne olursa olsun, başarılı bir biçimde nihai hedefinize ulaşmanız için sağlam bir temel oluşturacaktır.

ÖNSÖZ

Bu bölümde sizden, diğer bölümlerde yapmanızı isteyeceklerimin tam tersini yapmanızı isteyeceğim. Yani hızlı okumamanızı. Çünkü, kitap boyunca kaydettiğiniz ilerlemeyi doğru bir biçimde değerlendirmek için şu anki hızınızı hesaplamanız gerekiyor.

Anlama düzeyiniz de sondaki 15 çoktan seçmeli ve doğru/yanlış tipi soruyla sınanacak. Parçayı okurken, çok yüksek ya da çok düşük bir anlama düzeyine ulaşmaya teşebbüs etmeyin; bu tür bir parçayı normalde okurken kesin olarak hangi anlama düzeyine ulaşacaksanız o düzeye ulaşmaya çalışın.

Okuma hızı ve anlama düzeyinde düşük puan almaktan endişe etmeyin. Bu kitabın okuma becerilerini geliştirmek isteyen insanlar için yazılmış olduğunu ve başlangıçtaki düşük puanların yalnızca çok rastlanan değil, aynı zamanda beklenen bir durum olduğunu da akıldan çıkarmayın.

Yani, ortalama hızın üzerinde bir okuma hızı için çabalamak, yüksek bir anlama düzeyi için kendinizi harap etmek ve çıkan sonuçlara üzülmek yok. Saatinizi kendiniz tutun ve tek başınıza okuyun. (Sizin için saat tutan ya da başınızda duran biri ister istemez anlama düzeyinizi etkiler ve bazı kimselerin daha hızlı bazı kimselerin de daha yavaş okumalarına yol açar.)

Makaleyi bitirdiğinizde, hemen saatinizi kontrol edin ve hızınızı hesaplayın. Bunu nasıl yapacağınıza ilişkin bilgiler verilecek.

Kendinizi hazırlayın ve şimdi aşağıdaki parçayı normal bir biçimde okuyun.

DENEME SINAVI 1: Beyin Eğitimi Cephesindeki Zekâ Savaşı

Yeni Dünya Trendleri

Borsa uzmanları Silikon Vadisi'ndeki on kişiyi tıpkı şahinler gibi izliyorlar. Bunlardan birinin A Şirketi'nden B Şirketi'ne gideceğine yönelik bir belirti bile dünyadaki borsa endekslerini hemen etkiliyor.

Britanya İnsangücü Komisyonu son günlerde bir araştırma yayımladı. Bu araştırmada, en tepedeki İngiliz şirketlerinin % 10'u eğitim için önemli miktarlarda para ve zaman yatırımı yaparken, en alttaki % 10 ise eğitime yatırım yapmıyor.

Minnesota'daki Bilgisayar Eğitimi Projesi, 200 bin çocuğun zihinsel ve akademik performans düzeylerine ilişkin verileri şimdiden toplamış durumda.

Çok sayıda ülkenin silahlı kuvvetlerinde zihinsel savaş sanatları, bedensel savaş becerileri kadar önemli hale gelmekte.

Olimpik Milli Takımlar, eğitim sürelerinin % 40'ını, olumlu düşünme, zihinsel dayanıklılık ve canlandırmanın geliştirilmesine ayırmaktalar.

Fortune 500'ün (en fazla kazanan 500 ABD şirketi) en tepesindeki 5 bilgisayar şirketi çalışanlarının eğitimi için 1 milyar doların üzerinde para harcıyor. Günümüz dünyasının en önemli para birimi haline gelen beyin sermayesinin geliştirilmesi başlıca öncelik artık.

Dr. Luis Alberto Machado, Venezuela'da, ulusal beyin gücünü artırmaktan sorumlu Beyin Bakanı olarak kabinede bu alanda görev verilen ilk kişi oldu.

İnsanlığın evriminde çok önemli bir gelişmeye tanıklık etmekteyiz -beynimizi ve bunun doğal sonucu olarak da onun şaşırtıcı bir biçimde eğitilebilir olduğunu fark ediyoruz.

Bu harika haberler iş dünyasınca belirlenen en önemli sorun alanları kapsamında değerlendirilmeli.

20 yıl boyunca dünyanın beş kıtasından 100 binden fazla insan üzerinde yapılan anketin sonuçlarına göre, geliştirilmesi gerektiği düşünülen ilk 21 alan şunlar:

1. Okuma hızı
2. Okunulanı anlama
3. Genel çalışma becerileri
4. Bilgi patlamasıyla baş edebilme
5. Hafıza
6. Konsantrasyon
7. Sözel iletişim becerileri
8. Yazılı iletişim becerileri
9. Yaratıcı düşünme
10. Planlama

11. Not tutma
12. Sorun analizi
13. Sorun çözümü
14. Motivasyon
15. Analitik düşünme
16. Sınav teknikleri
17. Öncelikleştirme
18. Zaman yönetimi
19. Bilginin özümsenmesi
20. Başlayabilme (Ertelememe)
21. Yaşlanmanın beraberinde getirdiği zihinsel gerileme

Beynin çalışmasına ilişkin modern araştırmaların da yardımıyla, bu sorunların her biri görece daha kolay çözümlenebilmektedir. Bu araştırmalar aşağıdaki konuları kapsamaktadır:

1. Sağ ve sol beyin loblarının işlevleri
2. Zihin Haritaları
3. Çok hızlı ve kapsamlı okuma / zihinsel komando birlikleri
4. Anımsama teknikleri
5. Öğrenmeden sonraki hafıza kaybı
6. Beyin hücreleri
7. Zihinsel beceriler ve yaşlanma

Sağ ve Sol Beyin Loblarının İşlevleri

Sağ ve sol beyin loblarının değişik zihinsel işlevlerle uğraştığı günümüzde artık çok iyi bilinmektedir. Sol beyin lobu daha çok mantık, kelimeler, sayılar, sıralama, analiz, doğrusallık ve listelemeyle uğraşırken, sağ beyin lobu, renkler, yaratıcı düşünce, hayaller, uzaysal ilişkiler ve boyutla ilgilenir.

Nasıl sağ lob 'yaratıcı, sezgisel ve duygusal' değilse, sol lob da 'akademik' değildir. Birçok araştırmanın gösterdiği gibi, akademik ve yaratıcı başarının meydana gelebilmesi için her iki lobun da birbiriyle bağlantılı olarak kullanılması gerekmektedir.

Einsteinlar, Newtonlar, Cezannelar, Mozartlar ve iş aleminin dahileri yaratıcılığa dayanan başyapıtlarını üretibilmek için dilsel, sayısal ve analitik yeteneklerini imgelem ve canlandırma güçleriyle birleştirdiler.

Zihin Haritaları

Beynimizin çalışmasına ilişkin bu temel bilgiyi kullanarak, sorun alanlarının her birini çözüme kavuşturmak için insanları eğitmek mümkündür –ve genellikle yüzde 500 gelişme sağlanır.

Bu tür bir gelişme sağlayabilmek için kullanılan yöntemlerden biri, 'Zihin Haritaları'dır.

Geleneksel not tutma yönteminde bilgileri hatırlamak, yazılı veya sözlü iletişim, fikirleri sıralamak, sorun analizi, planlama ya da yaratıcı düşünce için not tutulur. Kullanılan standart biçim doğrusaldır (lineer): Ya cümleler veya cümleciklerden oluşan ya da sayılarla veya harflerle sıralanmış listeler şeklindedir. Renk, görsel ritm, imaj ve uzaysal ilişkiler eksikliğinden dolayı bu yöntemler beynin düşünme kapasitesini köreltir ve üstte bahsedilen zihinsel işlevleri tam anlamıyla engeller.

Buna karşın Zihin Haritaları, hatırlamayı ve yaratıcı fikirlerin ortaya çıkışını kolaylaştırmak için sayfanın tam ortasına bir imgeyi yerleştirip, beynin iç yapılarını dışsal olarak yansıtan çağrıştırıcı ağlara genişleyerek beynin yeteneklerini kapsamlı bir biçimde kullanır. Bu yöntemi kullanarak günlerinizi alan konuşmalarınızı dakikalarla ölçülen bir zaman dilimi içerisinde hazırlayabilir, sorunlara daha kapsamlı ve hızlı çözümler getirebilir, hafızanız sıfırdan mükemmele doğru bir gelişim kaydedebilir ve köreltici listeler yerine sınırsız sayıda yaratıcı fikir üretebilirsiniz.

Çok Hızlı ve Kapsamlı Okuma / Zihinsel Komando Birlikleri

Zihin Haritası yöntemini, çok hızlı ve kapsamlı okuma teknikleriyle (başlangıçta mükemmel bir anlamayla birlikte dakikada tam 1000 kelimenin üstünde, ileri düzey etkili okuma hızına ulaşıldığında ise dakikada 10 bin kelimelik bir hızla okumanızı sağlayan teknikler) birleştirerek bir tür zihinsel komando birliği oluşturabilirsiniz.

Dört veya daha fazla sayıda kişinin, bu ileri hız düzeylerinde okuyarak, kitabın ve bölümlerinin çerçevesini ayrıntılı bir biçimde Zihin Haritası yöntemiyle özümseyerek, ileri düzey Zihin Haritası ve sunum becerilerini kullanarak topladıkları bilgileri teati ederek bir günde, dört kitap dolusu yeni bilgiyi edinmeleri, hatırlamaları ve kendi mesleki alanlarında kullanmaları mümkündür.

Bu teknikler artık Nabisco ve Digital Computers gibi çokuluslu şirketler tarafından da kullanılmaktadır. Söz konusu iki şirketten sırasıyla 40 ve 120 üst düzey yönetici 4 alt-gruba ayrılır ve bu gruplar içindeki her birey, seçilen 4 kitaptan birini, hızlı ve kapsamlı okuma tekniklerini kullanarak iki saat içinde okur.

İki saat sonra, her bir alt-grubun üyeleri bir araya gelerek kendi aralarında kitaptan anladıklarını, kitaba ilişkin yorumlarını ve tepkilerini tartışırlar. Daha sonra her alt-grup bir temsilci seçerek diğer üç alt-grubun üyelerine kapsamlı bir seminer verir. Bu süreç dört kez yinelenir ve her bir günün sonunda, bu 40 ve 120 üst düzey yönetici, seminer odasından yalnızca kafalarındaki kitaplar dolusu bilgiyle değil, aynı zamanda bu bilgileri bütünleştirmiş, analiz etmiş ve hafızaya kaydetmiş olarak çıkarlar.

Benzer şekilde bu yöntem aile içinde de kullanılabilir ve zaten dünyadaki birçok aile tarafından da kullanılmaktadır.

Geçenlerde Meksikalı bir aile, yaşları 6 ila 15 arasında değişen üç çocuğu üzerinde bu yöntemi uyguladı. İki ay içinde, her bir çocuk, ortalama bir çocuğun ve/veya öğrencinin bir yıl içinde bitirebileceği programı, ailenin diğer üyelerinin de yardımıyla iki günde bitirerek o yıl sınıflarının en başarılı öğrencileri oldular.

Hatırlama Teknikleri

Grekler tarafından keşfedilen hatırlama tekniklerine o çağlarda 'hile' denirdi. Günümüzde biliyoruz ki bu teknikler, büyük ölçüde beynin çalışmasına bağlıdır ve doğru olarak uygulandıklarında hafızayı müthiş geliştirmektedir.

Hatırlama teknikleri, zihninizde etkileyici, renkli, zevkli, dolayısıyla unutulmaz imgeler oluşturmak için ilişkilendirme ve imgeleştirme ilkelerinin kullanılmasını gerektirmektedir.

Zihin Haritaları, aslında, beynin yapılandırılmamış işlevlerinin, bilgileri/verileri daha etkili bir biçimde zihne kaydetmek için kullanıldığı bir hatırlama tekniğidir.

İşadamları hatırlama tekniklerini kullanarak, yeni tanıştıkları 40 kişiyi, 100 üründen fazla bir listeyi ve bunlara ilişkin bilgi ve verileri çok rahat hatırlayabilmektedirler. Bu teknikler şimdilerde IBM'in Stokholm'deki Eğitim Merkezi'nde de kullanılmakta ve 17 haftalık eğitim programından müthiş bir başarı elde edilmektedir. Aynı teknikler, son beş yıldır Dünya Hafıza Şampiyonası'nda, özellikle son dünya şampiyonu ve bu alandaki rekorun sahibi Dominic O'Brien tarafından kullanılıyor.

Herhangi bir eğitim verilmeden önce öğrenmenin öğretilmesinin iyi olacağına ilişkin kuvvetli bir bilinçlenme var. Bu nedenle, birçok uluslararası organizasyon, hatırlama tekniklerini, tüm eğitim kurslarının 'ön amacı' haline getirdiler. Basit bir hesaplamayla görüleceği gibi eğitime 1 milyon pound harcandığında bu eğitimin % 80'i iki hafta içinde unutulursa, aynı süre zarfında 800 bin pound uçmuş demektir!

Öğrenmeden Sonraki Hafıza Kaybı

Öğrenmeden sonra meydana gelen hafıza kaybı etkileyici boyuttadır.

Öğrenme periyodundan sonraki bir saat içinde beyin yeni verilerle bütünleştiği için bilgilerin hatırlanmasında az bir yükseliş meydana gelir. 24 saat sonra ise, bu yükselişi, ayrıntıların % 80'inin unutulduğu müthiş bir düşüş takip eder.

Girdi süresinin uzunluğuna bakılmaksızın bu oran kabaca aynıdır. Bu nedenle üç günlük bir kurs, bitiminden itibaren iki ya da üç hafta içinde unutulur.

Şu çarpıcı rakamlara bakın: Eğer çokuluslu bir şirket eğitime yılda 50 milyon pound harcarsa ve bu eğitime ilişkin uygun bir gözden geçirme programı benimsememişse, bu eğitimin bitiminden birkaç gün içinde 40 milyon pound uçup gitmiş olacaktır.

Hafızanın ritmini kavrayarak, hem bu düşüşü tersine çevirebilmek hem de öğrenilme ve hafızada tutulma miktarını artırmak mümkündür.

Beyin Hücreleri

Geçen beş yıl içinde beyin hücreleri yeni bir bilimsel araştırma alanı haline geldi.

Her birimiz 1 trilyon beyin hücresine sahibiz. Bunlar arasındaki ilişkiler, hayranlık uyandıracak kadar çok sayıda modeller ve permütasyonlar ortaya koyuyor. Rus nörolog Petr K. Anokhin tarafından hesaplanan bu sayı, standart büyüklükte bir yazıyla on milyonlarca kilometre uzunluğunda sıfırdan oluşuyor!

Beyin üzerinde araştırma yapanlara göre, milyarlarca veriyi toplayan ve onları işleyen mevcut kapasitemizle, (bir saniyede, Cray bilgisayarının saniyede 400 milyonluk işlem hızıyla 100 yılda yapabileceği hesaplamaları yapabilen) doğal bilgisayarımızın yeterli bir biçimde eğitilmesi sayesinde, sorun çözme, analiz etme, öncelleştirme, yaratma ve iletişim becerilerimiz inanılmaz bir biçimde hızlanacak ve artacaktır.

Zihinsel Beceriler ve Yaşlanma

'Yaşlandıkça beyin hücrelerinize ne olur?' sorusuna, insanlar koro halinde 'ölürler' diye cevap verirler ve bunu da sıradışı ve şaşırtıcı bir coşkuyla söylerler.

Fakat Kaliforniya Üniversitesi'nden Dr. Marion Diamond'ın beyin üzerine yaptığı yeni bir araştırmanın ortaya koyduğu gibi, normal, aktif ve sağlıklı bir beynin içindeki hücrelerin yaşlanmayla öldüklerine ilişkin herhangi bir kanıt yok.

Bilakis, araştırmalar gösteriyor ki, eğer beyin kullanılıyor ve eğitiliyorsa, beynin birbiriyle bağlantılı karmaşıklığında biyolojik bir artış meydana geliyor, örneğin kişinin zekâ düzeyi yükseliyor.

Altmışlarındaki, yetmişlerindeki, seksenlerindeki ve doksanlarındaki insanların eğitilmesiyle, zihinsel performansın her alanında istatistiksel olarak önemli ve kalıcı gelişmeler kaydedilebiliyor.

Dünyanın daha önce görmediği bir tür devrimin başlangıcındayız: İnsan beyninin geliştirilmesinde çok önemli bir adım.

Eğitimde, işte veya bireysel olarak, fizyolojik, nörofizyolojik ve eğitim laboratuvarlarından gelen bilgiler, artık yaşlanma sürecinin kaçınılmaz bir parçası olarak kabul edilen sorunların çözümü için kullanılıyor.

Artık fark ettik ki, beynin ayrı işlevlerine ilişkin bilgilerimizi uygulayarak, içsel süreçlerimizi Zihin Haritası biçiminde dışa yansıtarak, hafızanın yaradılıştan gelen unsurlarından ve ritminden faydalanarak ve beyin hücreleri hakkındaki bilgilerimize ve yaşamımız boyunca sürekli zihinsel gelişme olanaklarına başvurarak zekâ savaşı gerçekten kazanılabilir.

****

Saatinizi Durdurun

Süre: ...... dakika

Sonra, okuma hızınızı, parçadaki sözcük sayısını (bu örnekte 1473 sözcük), süreye (dakika) bölerek dakikada sözcük sayısı(dss) olarak hesaplayın.

Okuma Hızı Formülü

dakikada sözcük sayısı (dss) = sözcük sayısı/süre

Hesapladıktan sonra, bulduğunuz sayıyı paragrafın sonundaki dss için ayrılmış bölüme ve 273. sayfadaki İlerleme Tablonuz ve İlerleme Grafiğinize kaydedin.

Okuma hızı:.........

DENEME SINAVI 1: Anlama

Sorıları cevaplarken 'Doğru' veya 'Yanlış'ı yuvarlak içine alın veya çoktan seçmeli sorularda doğru olduğunu düşündüğünüz cevabın karşısına tik atın.

1. En tepedeki İngiliz şirketlerinin % 80'i eğitime önemli miktarlarda para ve zaman yatırımı yapıyor.

Doğru/Yanlış

2. Olimpik Milli Takımlar, eğitim sürelerinin:
(a) % 20'sini
(b) % 30'unu
(c) % 40'ını,
(d) % 50'sini
olumlu düşünme, zihinsel dayanıklılık ve canlandırmanın geliştirilmesine ayırıyorlar.

3. Beyin Bakanı olarak kendisine kabinede yer verilen ilk kişi hangisidir?
(a) Dr. Marion Diamond
(b) Dr. Luis Alberto Machado
(c) Dominic O'Brien
(d) Plato

4. Sayılar esas olarak sol lobun işlevidir.

Doğru/Yanlış

5. Einsteinlar, Newtonlar, Cezannelar, Mozartlar başarılı oldular, çünkü onlar öncelikle:
(a) sayılarla mantığı
(b) kelimelerle analizi

(c) renkle ritmi
(d) analizle imgelemi
birleştirdiler.

6. Zihin Haritasında,
(a) Ortaya bir imge yerleştirirsiniz.
(b) Ortaya bir kelime yerleştirirsiniz.
(c) Ortaya hiçbir şey yerleştirmezsiniz.
(d) Daima ortaya bir kelime ve bir imge yerleştirirsiniz.

7. Yeni çok hızlı ve kapsamlı okuma tekniklerini kullanarak:
(a) dakikada 500 kelimenin
(b) dakikada 1000 kelimenin
(c) dakikada 10,000 kelimenin
(d) dakikada 100,000 kelimenin
üzerinde bir normal okuma hızına ulaşabiliriz.

8. Kitap okumak için zihinsel komando birlikleri oluşturan iki şirket:
(a) IBM ve Coca Cola
(b) Digital ve Nabisco
(c) Nabisco ve Microsoft
(d) IBM ve ICL

9. Hatırlama teknikleri
(a) Çinliler tarafından
(b) Romalılar tarafından
(c) Grekler tarafından
(d) Plato tarafından
keşfedildi.

10. Bir saatlik sürenin sonunda
(a) bilgilerin hatırlanmasında az bir yükseliş
(b) bilgilerin hatırlanmasında sabitlenme
(c) bilgilerin hatırlanmasında az bir düşüş
(d) bilgilerin hatırlanmasında hızlı bir düşüş
meydana gelir.

11. Öğrenme periyodundan sonraki yirmi dört saat içinde bilgilerin
(a) % 60'ı
(b) % 70'i
(c) % 80'i
(d) % 90'ı
kaybolur.

12. Ortalama bir beyindeki beyin hücresi sayısı
(a) bir milyondur
(b) bir milyardır
(c) bir trilyondur
(d) bir katrilyondur.

13. Cray Bilgisayarı nihayet insan beyninin tüm hesaplama yeteneğine yaklaşıyor.

Doğru/Yanlış

14. Dr. Marion Dioamond'un araştırmaları ortaya koyuyor ki:
(a) normal, aktif ve sağlıklı bir beyindeki hücrelerin yaşlanmayla öldüğüne ilişkin herhangi bir kanıt bulunmuyor
(b) herhangi bir beyindeki hücrelerin yaşlanmayla birlikte öldüğüne ilişkin bir kanıt bulunmuyor

(c) 40 yaşın altındaki kişilerin beyin hücrelerinin öldüğüne ilişkin herhangi bir kanıt bulunmuyor
(d) normal, aktif ve sağlıklı bir beyinde yaşlanmayla birlikte kesin olarak beyin hücreleri ölüyor

15. Yeterli eğitimle,
(a) 60 yaşa kadar olan insanlarda
(b) 70 yaşa kadar olan insanlarda
(c) 80 yaşa kadar olan insanlarda
(d) 90 yaşa kadar olan insanlarda
istatistiksel olarak önemli ve kalıcı gelişmeler kaydedilebiliyor.

Cevaplarınızı sayfa 271'dekilerle karşılaştırın. Anlama yüzdenizi hesaplamak için doğru cevaplarınızın sayısını 15'e bölün ve çıkan rakamı 100'le çarpın.

Anlama Düzeyiniz: 15'te......
%.......

Şimdi elde ettiğiniz Sayıyı, 273. sayfadaki İlerleme Tablonuza ve İlerleme Grafiğinize kaydedin.

NE YAPTINIZ?

İlk Deneme Sınavını bitirdiğiniz için, bundan sonra geliştirilmesi gereken bir veriye sahipsiniz. Diğer okuyucularla karşılaştırıldığında ne durumda olduğunuzu öğrenmek için aşağıdaki tabloya bakabilirsiniz. Bu tabloyu kitabı okudukça hedeflerinizi yenilemek için de kullanabilirsiniz.

	okuyucu	dss hızı	anlama
1	Zayıf	10-100	%30-5
2	Ortalama	200-400	%50-70
3	İşlevsel okuyucu	400	%70-80
4	100 kişi içinde birinci	800-1000	%80+
5	1000 kişi içinde birinci	1000+	%80+

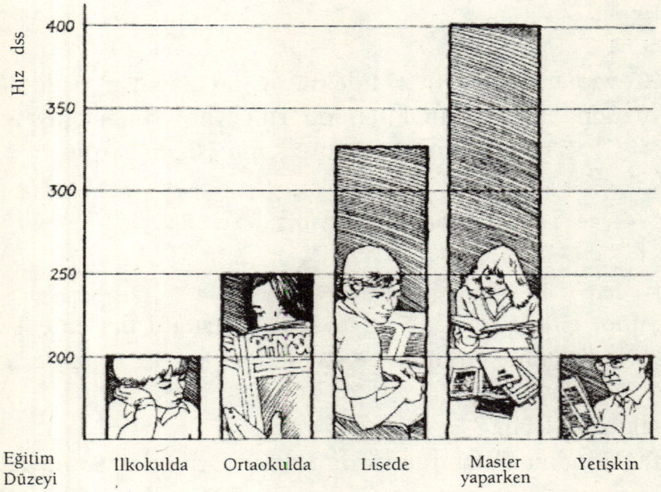

Şekil 1. Yaşamları boyunca insanların ortalama okuma hızını gösteren grafik.

Okuma hızlarına ilişkin bir diğer ilginç istatistiki veri de eğitim seviyesiyle hız arasındaki ilişkiyle ilgilidir (bkz. şekil 1). Eğitim seviyesinin yükselmesiyle birlikte bir artış meydana gelmesinin sebebi daha hızlı nasıl okunacağının öğrenilmesi değil, çok sayıda materyali sıkışık bir zaman dilimi içerisinde okuma zorunluluğudur. Diğer bir deyişle temel etken motivasyondur. Buna bir başka kanıt da yetişkinin okuldan ayrıldıktan sonra büyük ölçüde motivasyonunun düşmesi ve üzerindeki baskının azalmasından dolayı okuma hızının ilkokul düzeyine düşmesidir. Ortalama okuma miktarı da yılda bir kitaba kadar düşer.

Yukarıdaki araştırmadaki bireylerin aksine, siz, bu kitaptaki bilgileri özümsediğinizde, önceki düşük seviyelere dönmeyecek, hangi seviyeye ulaşmışsanız o seviyeyi koruyacak ve geliştireceksiniz.

ÖZET

- Şimdiki hızınız...............
- Şimdiki anlama düzeyiniz..................
- dss hesaplama formülü: kelime sayısı/süre
- Dakikada 1-1000+ sözcük arasında okuma hızları
- Ortalama okuma hızı dakikada 200-220 sözcük arasındadır.
- Eğitim düzeyi yükseldikçe okuma hızı artar. Fakat bunun nedeni, nasıl hızlı okunacağının öğrenilmesi değil, çok sayıda materyali sıkışık bir zaman dilimi içersinde okuma zorunluluğu ve motivasyondur.
- Herkes okuma hızı ve anlama düzeyini geliştirebilir.

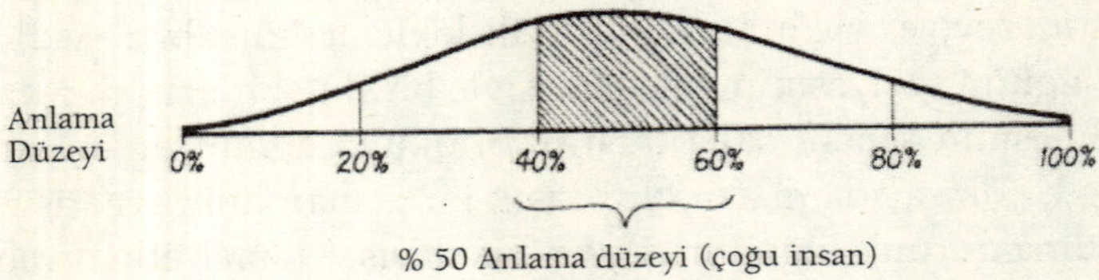

Şekil 2: Genel nüfus içinde hızlı okunulanı anlama oranını gösteren eğri

GÖZ ATILACAK ÖNEMLİ NOKTALAR

1. Hızınızı ve anlama düzeyinizi 273. sayfadaki İlerleme Tablosuna ve İlerleme Grafiğine kaydettiğinizden emin olun.
2. Günlüğünüzden bir sonraki hızlı okuma dersinin tarihine bakın.
3. Motivasyonunuzu yükseltin –ki hızınız artsın.
4. 2. bölümü okumadan önce hızlıca inceleyin.

SONRAKİ BÖLÜM

Artık giriş bölümünü bitirdiniz, tüm kitaba bir göz attınız ve ilk Deneme Sınavını tamamladınız. Şimdi sizi, ilk büyük adımınızı atmaya hazırlamak için hızlı okuma alanındaki son gelişmeleri vererek bilgilerinizi yenileyecek kısa bir tarihçe yer alacak.

BÖLÜM 2

Hızlı Okuma Tarihi

Hızlı okumanın sırları üzerinde yaptığımız araştırmalar, ilginç bir biçimde, gözlere ilişkin değil ama beyne ilişkin cevaplar bulmamıza yol açtı.

ÖNSÖZ

Bu bölümde, çağımızdaki **bilgi patlaması** açıklanacak, **okumayı öğrenme** yöntemleri incelenecek, **hızlı okumanın nasıl geliştiğinin** göz **kamaştırıcı tarihi** anlatılacak, **hızlı okuma alanındaki dünya rekortmenleri** tanıtılacak ve **sizin de onların seviyesine ulaşma potansiyeliniz** irdelenecek.

BİLGİ PATLAMASI

Son yıllarda, deyim yerindeyse, bardaktan boşanırcasına uluslararası basın alanına yağan dergi ve kitapların hacmi, bunların takibini olanaksız kılan boyutlara ulaştı. Bir de bilgisayarın icadı ve faksın da buna eklenmesiyle birçok kişi için tam anlamıyla bir bilgi patlaması meydana geldi.

Birkaç yıl önce, ortalama bir insan, bilgi nehirlerinde rahatlıkla seyahat edebilirken günümüzde bu nehirler bizi yutmakla tehdit eden çok şiddetli akıntılara dönüştüler.

Şimdi, okumayı nasıl öğrendiğinize, hızlı okumanın tarihsel gelişimine ve 'hızlılara' yetişebilme potansiyelinize bakalım.

OKUMAYI NASIL ÖĞRENDİNİZ?

Okumayı hangi yöntemle söktüğünüzü hatırlayabiliyor musunuz?

Ses Yöntemi

Ses yönteminde çocuğa önce a'dan z'ye alfabe öğretilir. Sonra her bir harfin sesi verilir. 'A' olur 'ah', 'b' olur 'buh'. Daha sonra, her harf ve ses çocuğa kelime içinde verilir. Yani, 'kedi' sözcüğü önce, ke-e-de-i olarak okunur. Çocuk doğru sesleri çıkarmayı öğrendiğinde, içinden okuması istenir. Bu son aşama genellikle uzun süre alır, çünkü birçok çocuk hatta yetişkin, okurken dudaklarını oynatma aşamasını geçemezler. Fakat bu aşamayı geçenler de hâlâ kendi kendilerine sözcükleri seslendiriyor olabilirler. Bu duruma alt-seslendirme denir.

Bak-ve-söyle Yöntemi

Bak-ve-söyle yöntemi de sözcük ve sesli karşılık ilkesine dayanır. Çocuğa bir resim gösterilir (örneğin bir inek). Bu resmin altında da okunur bir biçimde, çocuğa gösterilen nesneyi ifade eden sözcük yazar (inek). Öğretmen çocuğa, doğru cevabın ne olduğunu sorar. Eğer yanlış cevap verilirse (örneğin fil) çocuğa doğrusu öğretilir ve bir başka sözcüğe geçilir. Çocuk makul bir yeterlilik düzeyine ulaştığında, okumayı ses yöntemiyle sökmüş bir öğrenciyle aynı konumda olacaktır: Okuyabilen, hâlâ seslendirme yapan ve sessiz okuması gerektiği söylenen.

Gerçek Okuma Nedir?

Çocuk bir kere kelimeleri kavrayıp da içinden okumaya başladığında, okumayı öğrendiği düşünülür. Çocuk okumayı bir kere öğrenince bundan sonra geriye sadece öğrendiklerini uygulamak kalır, diye düşünüldüğü için bundan sonra çocuğa okumayla ilgili çok az şey öğretilir.

Okumayı sökmek, okumanın daha ilk evresi olduğu için gerçekle bu kadar ilgisiz bir düşünce olamaz. Çocuğu bu durumda bırakmak, emeklemeyi öğrenen bir bebeğin tüm hareketleri öğrendiğini varsaymak gibi bir şeydir. Halbuki daha yürümenin, koşmanın, dans etmenin öğretilmesi gerekir.

Bu örneği okumaya da uyarlayabiliriz. Sürünür vaziyette yere öylece bırakılıyoruz, artık yürümeyi, koşmayı ve dans etmeyi öğrenmenin zamanıdır.

HIZLI OKUMANIN GELİŞİMİ

Hızlı okuma, bu yüzyılın başında, okuyucuların, normal okuma hızıyla takip etmeleri mümkün olmayan bir yayın patlamasıyla karşı karşıya kalmaları sonucunda doğdu. Fakat bu konudaki ilk bilgiler çok şaşırtıcı bir kaynaktan, Kraliyet Hava Kuvvetleri'nden geliyor.

Birinci Dünya Savaşı sırasında hava kuvvetlerindeki taktisyenler fark ettiler ki birçok pilot, belli bir mesafedeki uçakları birbirinden ayıramıyor. Hava savaşının ölüm kalım mücadelesi içinde bu durum ciddi bir dezavantaj oluşturduğu için taktisyenler bir çözüm yolu bulmaya koyuldular. Bu çalışmalar sonunda, büyük bir ekranda kısa aralıklarla değişen görüntülerin yanıp söndüğü, taşitoskop[1] isimli bir alet geliştirdiler. Daha sonra dost ve düşman uçaklarının oldukça büyük resimlerini çok kısa aralıklarla oynatmaya başladılar. Bir süre sonra resimlerin gösterilme aralıklarını ve boyutlarını düşürdüler. Şaşırtıcı bir biçimde fark ettiler ki, eğitimle, ortalama bir insan, saniyenin beş yüzde biri kadar sürede ekran üzerinde beliren nokta büyüklüğündeki çeşitli uçak görüntülerini dahi ayrımsayabiliyor.

---

1) Tachistoscope.

Bu olağanüstü hızda dahi göz işlevlerini yerine getirebiliyorsa, okuma hızı köklü bir biçimde artırılabilirdi. Böylece bu alanda edinilen bilgiler hızlı okuma alanına aktarıldı. Aynı araç kullanılarak, önce ekran üzerinde görüntü itibariyle büyük bir sözcük beş saniye boyunca beliriyor daha sonra hem sözcüğün boyutu küçültülüyor hem de belirme süresi kısaltılıyordu. Sonunda, saniyenin beşyüzde biri kadar bir sürede ekran üzerinde aynı anda dört sözcük belirmesine rağmen, denekler hâlâ bunları okuyabiliyorlardı.

Bu bulguların sonucunda, çoğu hızlı okuma kursu, bu flaşkart ya da taşitoskop eğitimine (sabit ekran eğitimi de denir) dayandı.

Bu eğitim sayesinde, kişinin okuma hızı dakikada 200 sözcükten 400 sözcüğe çıkmaktadır. İlk bakışta kulağa müthiş geliyor: eski hızın iki katı!

Fakat, eğer matematik biliyorsanız bir şeylerin yanlış olduğunu hemen anlayacaksınız. Eğer göz, herhangi bir imgeyi (uçak ya da sözcük) saniyenin beşyüzde biri kadar bir sürede fark edebiliyorsa, bir dakikadaki okuma hızının 60 saniye x saniyede 500 sözcük = 30,000 (yani kısa bir kitap) olması gerekmez mi? 29,600 kelime nereye gitti?

Taşitoskopik eğitimciler, bu durumu fark etmeksizin çalışmalarına devam ettiler. Bu eğitimde, öğrencideki gelişim on birime bölünmüş dakikada 100-400 kelimelik grafiklerle ölçülürdü (bkz. şekil 3a). Düzenli eğitimle, çoğu insan ortalama 200 kelimeden 400 kelimeye sıçrayabilir. 24. sayfada gösterildiği gibi, ilkokul öğrencisi ile master öğrencisi arasındaki fark kesin olarak bunu ortaya koymaktadır.

Taşitoskopla eğitilen öğrenciler birkaç hafta sonra okuma hızlarına ilişkin memnuniyetsizliklerini dile getirdiler. Bu öğrencilerden çoğunun dediğine göre, kursu bitirdikten kısa bir süre sonra okuma hızları yine eski seviyesine dönmüştü. Standart yetişkin okuyucunun okuma hızının gerilemesine benzer bir durum (bkz s.24).

Son araştırmalarla anlaşıldı ki normal okuma hızı sınırı 200-400 kelime arasındadır ve çoğu insan bu sınırın altında bir hızla okumaktadır. Taşitoskop kurslarında gözlemlenen yüksek okuma becerisinin sebebi verilen eğitimden çok öğrencilerin kurs dönemi boyunca sağladıkları yüksek motivasyondu. Bu yöntemin başarısızlığına ilişkin bir başka açıklama da şu

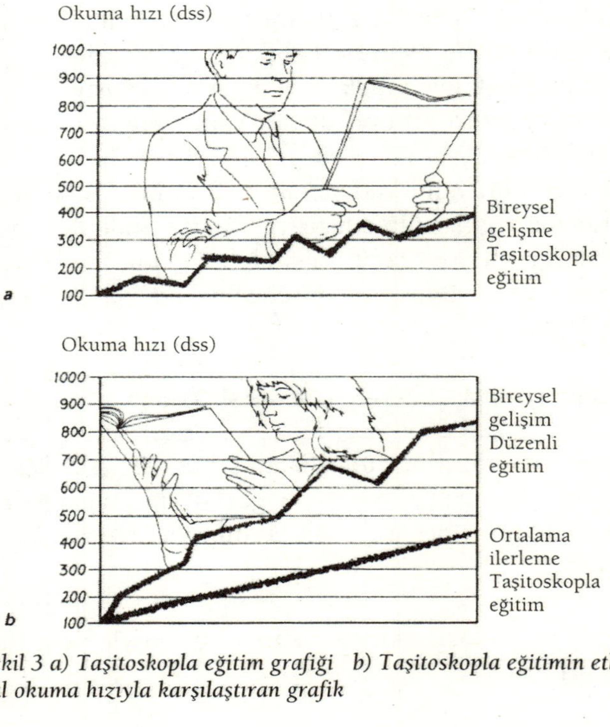

Şekil 3 a) Taşitoskopla eğitim grafiği b) Taşitoskopla eğitimin etkinliğini doğal okuma hızıyla karşılaştıran grafik

basit gözlem kuralına gönderme yapılarak verilebilir: *Bir şeyi net bir biçimde görebilmek için gözünüzün, bakılan nesne üzerine odaklanmış olması gerekir.*

Son 30 Yıl

Zaman geçtikçe taşitoskopun hızlı okuma için kapsamlı bir yaklaşım sunmadığının anlaşılmasına karşın, bu teknik temel eğitimin bir parçası olarak faydalı oldu.

1960'lara kadar, içlerinde Amerikalı Evelyn Wood gibi isimlerin de bulunduğu araştırmacılar, yeterli eğitimle gözlerin daha hızlı hareket edebildiğini, anlama düzeyinin dakikada 400 kelimelik sınırın üstüne çıkabildiğini keşfettiler.

Çeşitli dinamik okuma kurslarının da ortaya çıkışıyla ortalama hızlı okuma sınırı yeni bir Büyük Sınır'a doğru itilmeye başlandı –1000 dss.

Hızlı okuma yöntemini kullanarak başarılı olan ABD Başkanı, J.F. Kennedy gibi ünlü simaların da sayesinde dinamik okuma kursları çoğaldı ve çeşitli biçimlere ayrıldı. Bunlardan biri de gözün sadece fotografik yeteneğine odaklanan fotookuma kurslarıydı.

Yirmibirinci Yüzyıla Girerken – Beyinsel Okuma

Hızlı okuma kitabının bu güncellenmiş baskısındaki devrimsel yenilik, okumanın öncelikle gözleriniz aracılığıyla değil beyninizle gerçekleştirilen bir etkinlik olduğunun fark edilmesidir.

Bu önemli keşif, hızlı okuma alanına bütünüyle yeni bir yaklaşım getirmektedir.

Hızlı Okuma Kitabı'nda hem göz hem de beyin becerilerinizi geliştirmenize yardımcı olacak alıştırmalar verilecek. Böylelikle bu iki beceriyi, sizi bir zihinsel enerji deposu haline getirecek tek bir araç biçimine getirebileceksiniz.

ŞU ANKİ DÜNYA REKORU SAHİPLERİ

Bu aşamada, şimdi tanıtılacak kişilerin okuma hızları size muhtemelen şaşırtıcı ve ulaşılmaz gelecektir. Fakat bu kitabı bitirdiğinizde, onların rekorlarını kırmak için yanıp tutuşacaksınız!

Hızlı okuma testleri, temelde roman okumaya dayalı testlerdir. Okuyucu, bir romanı mümkün olduğunca hızlı okur. Daha sonra o roman hakkında, söz konusu kitabı derinlemesine incelemiş kişilere bir konuşma yapar. Bu konuşma, aşağıdaki anan hususlara ilişkin yorumları içermelidir: Karakterler, kurgu, konu, felsefe, semboller, dil düzeyi, edebi üslup, mecazlar, tarihsel kapsam. Hızlı okuma alanındaki İlk On :

1	Sean Adams	ABD	3850
2	Kjetil Gunnarson	Norveç	3050
3	Vanda North	İngiltere	3000
4	Cris van Aken	Hollanda	2520
5	Mithymna Corke	Hollanda	2100
6	Luc van Hof	Hollanda	1906
7	Michael J. Gelb	Hollanda	1805
8	Cinnamon Adam	ABD	1782
9	James Longworth	İngiltere	1750
10	Frank van dr Poll	Hollanda	1560

Eğer hızlı okuma alanındaki bu seçkinler kümesine katılmak istiyorsanız, bu kitabı kapsamlı bir biçimde okuyun, tüm

Göz-Ucu egzersizlerini yapın, dünyanın her yerindeki Beyin Klüplerinden birine üye olun, bize o güne kadarki en yüksek okuma hızlarınızı gönderin ve Dünya Hızlı Okuma Şampiyonasına katılın.

HIZLI OKUMA POTANSİYELİNİZ

Geliştirilecek hızlı okuma potansiyeliniz, şu anki hızınızın iki katıdır. Son kertede ise dakikada 1000 kelimelik bir hıza çıkabilirsiniz. Bu potansiyel yukarıda verilen hızlı okuma şampiyonlarında da aynıydı.

Her biri, sizin ve benim gibi, başlangıçta normal okuma hızlarından hoşnutsuz fakat bu en güçlü insani beceriyi geliştirmek için zaman ve çaba harcamayı göze almış kişilerdi. *Hızlı Okuma Kitabı* bu kişilerin göz-adımlarını takip etmeniz için size müthiş bir fırsat sunuyor!

ÖZET

1. Çocuklara okumayı öğretmenin başlıca iki yöntemi ses ve bak-söyle yöntemleridir.
2. Bu yöntemler bize sadece okumanın ilk aşamasını tamamlatır.
3. Hızlı okuma, Kraliyet Hava Kuvvetleri'ndeki hızlı algılama alıştırmaları ile başladı. Bu taşitoskopik yöntemler sayesinde, insanlar, birkaç hafta sonra yine eski hızlarına dönerek de olsa, okuma hızlarını ikiye katlayabildiler.
4. Dinamik okuma kursları 400 dss sınırını aştı.
5. Şimdi biliyoruz ki aslında okuma etkinliğini gerçekleştiren organ beynimiz.
6. Dünyadaki En Hızlı On okuyucunun hızları 1500 ile 3850 dss arasında.

7. Geliştirilmesi gereken okuma hızı potansiyeliniz onlarda da başlangıçta aynıydı.

GÖZATILACAK ÖNEMLİ NOKTALAR

1. Beş dakikadan daha az bir süre içinde, şimdiye kadar bu kitapta okumuş olduğunuz her şeyi çabucak gözden geçirin.
2. Bu bölümde okuduklarınız bağlamında hızlı okuma hedeflerinizi -belki bazılarını değiştirirsiniz- kontrol edin.
3. Günlüğünüzden bir sonraki hızlı okuma dersinin tarihine bakın.
4. Bir sonraki bölüme bir göz atmak için bir dakika ayırın.

SONRAKİ BÖLÜM

Artık kendi hedeflerinizi oluşturdunuz ve hızlı okuma tarihine ilişkin belli başlı şeyleri biliyorsunuz. Yakında uzmanı olacağınız hızlı okuma alanının bir tanımını yapmaya hazırsınız.

BÖLÜM 3

Okuma – Yeni Bir Tanım

Tanım belirginliğin, belirginlikse hedeflerinizin rehberidir.

ÖNSÖZ

Kendinize okumanın ne olduğunu sorun ve aşağıdaki boşluğa tanımınızı yazın:

....

....

....

....

Şimdi, kendi yaptığınız tanımı, 'okuma, yazarın ne demek istediğini anlamaktır', 'okuma yazılı kelimeleri kavramaktır', 'okuma, basılı bilgilerin özümsenmesidir' gibi ortak tanımlarla karşılaştırın.

Bu standart tanımların her biri, okuma sürecinin sadece bir bölümünü kapsamaktadır. Doğru tanım, tüm okuma becerilerini içermelidir.

3. Bölüm, okumayı, tüm okuma becerilerinizi geliştirmenize yarayacak şekilde tanımlayacaktır.

OKUMA – YENİ TANIM

Okuma aslında, aşağıdaki adımları kapsayan yedi bölümlü bir süreçtir:

1. Tanımlama

Alfabedeki simgelere ilişkin bilginizdir. Bu adım fiziksel okuma başlamadan hemen önce yer alır.

2. Özümseme

Sözcükten yansıyan ışığın, göz tarafından alındığı, sonra optik sinirler aracılığıyla beyne iletildiği süreçtir.

3. Ara-bütünleşme

Temel anlamayla eşdeğer ara-bütünleşme, okunan bilginin bütün parçalarıyla bağlantı kurulan aşamadır.

4. Üst-bütünleşme

Daha önceki bilgilerinizi, uygun bağlantılar, analizler, eleştiriler, değerlendirmeler, seçmeler ve reddetmeler aracılığıyla, okuduğunuz şeye bina ettiğiniz süreçtir.

5. Kaydetme

Bilginin depolanmasıdır. Çoğu okuyucu kafasında gerekli bilgilerle yüklü bir biçimde sınav salonuna girip de sınavdan çıktıktan sonra o bilgileri hatırlamadığı tecrübeler yaşamıştır. Öyleyse, depolama, tek başına yeterli olmayıp hatırlamanın kendisine eşlik etmesi gerekir.

6. Hatırlama

Gerekli bilgilerin, tercihan ihtiyaç duyulduğunda geri getirilebilmesidir.

7. İletişim

Bilginin hemen veya sonradan kullanılmasıdır. İletişim, yazılı ve sözlü olabileceği gibi, sanat, dans ve diğer yaratıcı ifade biçimlerini de içerir.

İletişim, yaşamsal öneme sahip ama sıklıkla ihmal edilen bir işlevi: düşünmeyi de kapsar. Düşünme, sizin sürekli bir üst-bütünleşme etkinliğinizdir.

Bu tanım ışığında, esas olarak *Aklını Kullan* kitabında verilen aşağıdaki okuma ve öğrenme sorunları ile:

görme	yorgunluk	hatırlama
hız	tembellik	sabırsızlık
anlama	bıkkınlık	sözcük bilgisi
süre	ilgi	alt-seslendirme
miktar	analiz	yazı biçimi
çevre	eleştirme	edebi üslup
not tutma	motivasyon	seçme
depolama	değerlendirme	reddetme
yaş	düzenleme	konsantrasyon
korku	gerileme	geriye dönme

bu kitapta özetlenen daha genel öğrenme sorunlarının, yazıyı görmeyi ve onu özümsemeyi, kavramayı, anlamayı, depolamayı, hatırlamayı ve iletmeyi öğrenmiş bir okuyucu tarafından daha kolay aşılabileceği görülecektir.

ÖZET

1. Okuma çok-düzeyli bir süreçtir.
2. Her düzey, eğer etkili bir hızlı okuyucu olacaksanız geliştirilmelidir.

GÖZATILACAK ÖNEMLİ NOKTALAR

1. Okumanın yedi düzeyini sizin için geliştirilmesi en önemli olandan başlayarak sıraya koyunuz.

2. Okuma sorunları listesinden sizde de olan ve çözmek istediğiniz sorunu belirleyin.
3. Beş dakikadan daha az bir sürede bir sonraki kısma bütünüyle göz atın.

SONRAKİ KISIM

Bilgi temelleriniz atıldı. Şimdi, kainattaki en şaşırtıcı kameraları kullanmayı ve onlara egzersiz yaptırmayı inceleyeceğimiz **İkinci Kısım – Şaşırtıcı Gözleriniz**'e geçiyoruz.

İKİNCİ KISIM
GÖZLERİNİZİN ŞAŞIRTICI GÜCÜ

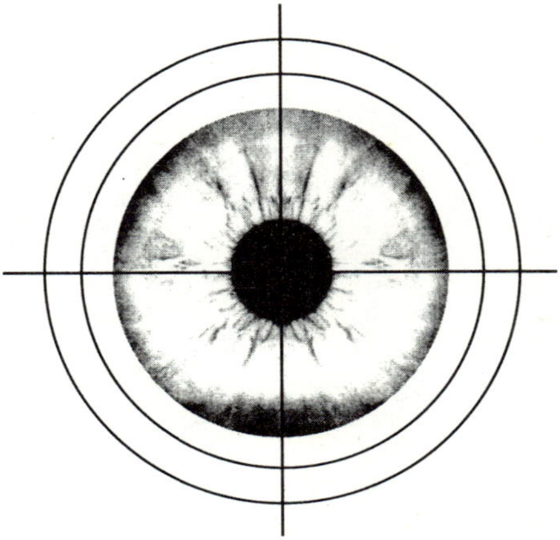

BÖLÜM 4

Hızınızın ve Anlama Düzeyinizin Artması İçin Göz Hareketleriniz Üzerinde Denetim Sağlanması

Gözleriniz, insanoğlunca bilinen en büyüleyici optik araçlardır. En gelişmiş teleskop ve mikroskoplarla kıyaslandığında bile gözler büyüleyiciliğini yitirmemektedirler. Bu harikulade organın doğasının anlaşılması ve denetlenmesiyle olağanüstü sonuçlar elde edilebilir.

ÖNSÖZ

Bu bölümde gözlerinize ilişkin bazı gerçekleri keşfedeceğiz, okurken gözlerinizin nasıl hareket ettiğini inceleyecek ve okuma hızınızı ve anlama düzeyenizi hemen artırmanız için size beş yeni yöntem tanıtacağız.

GÖZLERİNİZ HAKKINDA BAZI ŞAŞIRTICI GERÇEKLER

Gözleriniz kainattaki harikalardan bir tanesidir! Aşağıdaki şaşırtıcı gerçekler üzerinde bir düşünün:

Gözlerinizin her biri 130 milyon ışık alıcısına sahiptir. Her bir ışık alıcısı saniyede en az beş foton (ışık huzmeleri) algılayabilir.

Gözleriniz on milyonun üzerinde farklı rengi ayırdedebilir.

Uyum içinde çalışan ışık-alıcılarınız, bir saniyeden daha az bir sürede, milyarlarca bilgi parçası içeren bir görüntüyü, süper-fotografik bir doğrulukla deşifre edebilir.

İsviçre'deki Cerne Laboratuvarı'nın tahminine göre, gözlerinizin çarpıcı mükemmelliğine sahip bir makineyi yapabilmek 68 milyon dolara patlardı.

Laboratuvar'a göre bu mekanik 'göz' sabit ve bir ev büyüklüğünde olurdu.

Göz Bebeği Büyüklüğündeki Değişmeler

Bazen göz bebeklerimizin ışığın yoğunluğuna ve nesnenin yakınlığına göre büyüyüp küçüldüğünü fark ederiz. Işık ne kadar parlak ve bakılan nesne ne kadar yakın ise, göz bebeği de o kadar küçük olur.

Batılı bilimadamları, göz bebeği büyüklüğünün duygulara bağlı olarak da değiştiğini fark ettiler. Örneğin, ilginizi çeken bir görüntüyle (karşı cinsten çekici biriyle) karşılaştığınızda, göz bebeğiniz büyüyecektir. Göz bebeğindeki bu tür değişiklikler ufaktır ancak dikkatli bir gözlemle fark edilebilirler. Çin'deki mücevheratçılar, yıllardır bu bilgiyi kullanmaktalar. Müşteriye incelemesi için bir mücevher veren satıcı, müşterinin göz bebeklerinindeki büyümeyi yakalayabilmek için onun gözlerine bütün dikkatiyle bakar. İstediği büyümeyi göz bebeklerinde yakalayan satıcı bilir ki müşteri 'kanca'ya takılmıştır ve istenilen ücreti ödeyecektir.

Bir hızlı okuyucu olarak, eğer bir şeyle ilgileniyorsanız, göz bebekleriniz içeriye daha fazla ışık girmesini sağlayacak şekilde büyüyecektir. Diğer bir deyişle, bir şeyle ne kadar ilgiliyseniz, beyniniz, gözlerinizin arkasındaki perdeleri daha fazla kaldıracak; böylelikle ek bir çaba gerekmeksizin, gözlerinizin (ve sizin) saniyede aldığı veri miktarı artacaktır.

Kafanızın Arkasındaki Gözler

Retinanızdaki ışık alıcıları tarafından algılanan çok karmaşık imgeler, optik sinirlere (bkz Levha II) gönderilir ve beyninizin görmeyle ilgili bölümüne (arka loba) iletilir. Arka lob gözlerinizin değil kafatasınızın arka bölümündedir. Doğal olarak çok gözlemci bir kişiyi tarif ederken sanki kafasının arkasında gözleri var deriz!

Okuma etkinliğini gerçekleştiren, bilgi toplamak için sayfa üzerinde gözlerinizi yönlendiren arka lobdur. Bu bilgi ileriki bölümlerde açıklanacak olan devrimsel nitelikli hızlı okuma yaklaşımının temelini oluşturur.

Gözlere ilişkin bu şaşırtıcı yeni bilgiler sayesinde, geleneksel okuma alışkanlıkları ve okuma hızları yanlış eğitim ve yanlış kullanım araçları haline gelecektir. Eğer gözlerimizin çalışma biçimi kavranır ve uygun bir biçimde eğitebilirsek, işlevleri önemli ölçüde gelişecektir.

GÖZLERİNİZ GERÇEKTE NASIL OKUR?

Okurken gözlerimiz küçük ve düzenli sıçramalar yapar. Bu sıçramalar, bir duraklama noktasından diğer duraklama noktasına doğru gerçekleşir ve her bir duraklama noktası arasında genellikle bir kelimeden daha fazla kelime bulunur. Yani gözler sayfa üzerinde düz bir biçimde hareket etmez. Soldan sağa küçük sıçramalarla, bir başka sıçrama yapmadan önce bir veya iki kelimeyi okuyabilmek için kısa bir süre ara vererek okuma sürecini devam ettirir. (bkz Şekil 4a, s.45).

Göz hareket ediyor ve duraklıyorken, bilgi yalnızca duraklama anında algılanır. Okuma süresinin çoğunu bu duraklamalar alır götürür. Her bir duraklama çeyrek saniye ile bir buçuk saniye arasında sürdüğü için bu duraklamalara daha az süre ayırarak okuma hızınızı hemen artırmanız mümkündür.

Şekil 4b zayıf bir okuyucunun göz hareketlerini göstermektedir. Bu okuyucu iyi bir anlama için gerekli olanın iki katı kadar duraklama yapmaktadır. Fazla duraklamaların sebebi, yavaş okuyucunun, kelimeleri yeniden okuması, doğru anlamın çıkarıldığından emin olabilmek için bazen geriye dönmesidir. Bu geri dönme (bir alışkanlık olarak daha yeni okunmuş kelimelere dönme) ve tekrar okuma (okuyucunun kaçırdığını veya yanlış anladığını düşündüğü kelimelere bilinçli olarak geri dönmesi) alışkanlıkları zayıf bir okuyucunun aşırı sayıda duraklama yapmasına neden olmaktadır.

Bu konuda yapılan bir araştırmaya, okuyucuların geri dönmesine ve tekrar okumasına izin verilmediği takdirde, araştırmaya katılan deneklerin % 80'ninin aslında bilgiyi algıladığını ve sonraki cümleleri okurken bunları özümsediğini ortaya koymaktadır. Hızlı okuyucu, okuma hızını aşırı derecede düşüren bu gereksiz tekrarlara çok nadiren gerek duyar. Eğer her bir geri dönme ve tekrar okuma, kabaca bir saniye alıyorsa ve her satırda en az iki kere yapılıyorsa, ortalama 40 satırda, bir dakika 20 saniye boşa harcanıyor demektir. 300 sayfalık normal bir kitapta, bir dakika 20 saniye x 300 sayfa = 400 dakika = 6 $^{2}/_{3}$ saat okurken boşa harcanıyor demektir.

HIZLI OKUYUCU

Şekil 4c geri dönmeler ve tekrarlamalar değil uzun sıçrayışlar yapan hızlı bir okuyucunun diyagramını göstermektedir. Hızlı bir okuyucu her bir duraklamada tek değil üç, dört ya da beş kelimeyi birden algılar.

Bir an için her bir duraklamanın yarım saniye aldığını varsayarsak ortaya ilginç bir tablo çıkar. 12 kelimelik normal bir satırda, her bir duraklamada tek bir kelime algılayan ve iki kere geri dönen veya tekrar okuyan zayıf bir okuyucu, 1/2 + 1/2 + 1/2 + 1/2 + 1/2 + 1/2 + 1/2 + 1/2 + 1/2 + 1/2 + 1/2 + 1/2 + 1/2 + 1/2 = 7 saniye harcarken, her bir duraklamada üç veya dört kelime algılayan ve hiç geri dönmeyen ya da tekrar okumayan hızlı bir okuyucu ise 1/2 + 1/2 + 1/2 + 1/2 = 2 saniye harcar.

Gözün işleyiş mekanizmasındaki küçük bir ayarlama sayesinde hızlı okuyucu, yavaş okuyucudan % 350 daha fazla ve daha hızlı okumaktadır.

Anlama

'Hey bir dakika. İyi anlamak için yavaş ve dikkatli bir biçimde okumalıyım. Hızım ne kadar artarsa anlama düzeyim o kadar düşmez mi?' dediğinizi duyar gibiyim.

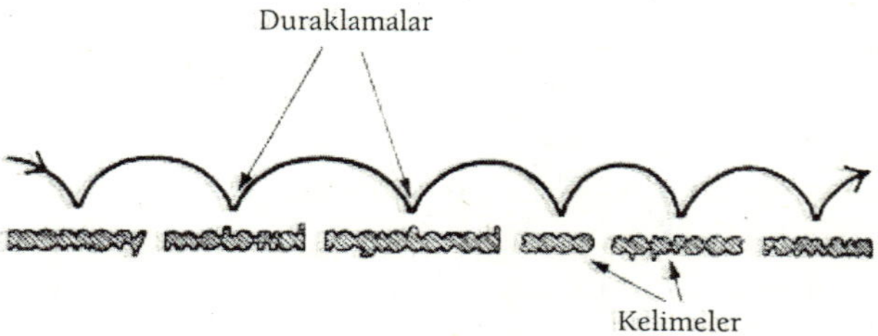

Şekil 4a: Okurken gözün temel ilerleyişini gösteren diyagram

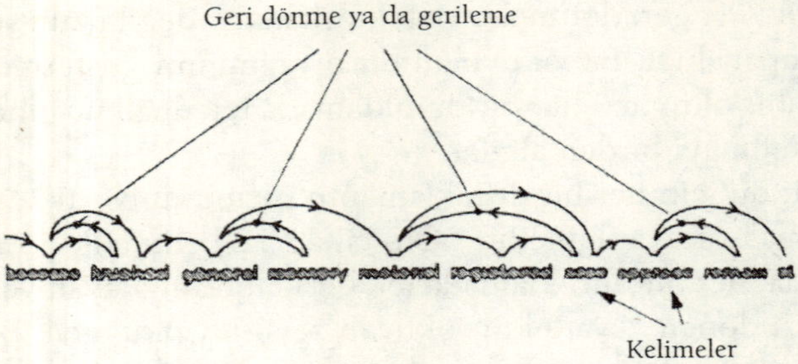

Şekil 4b: Zayıf bir okuyucunun göz hareketlerini gösteren diyagram

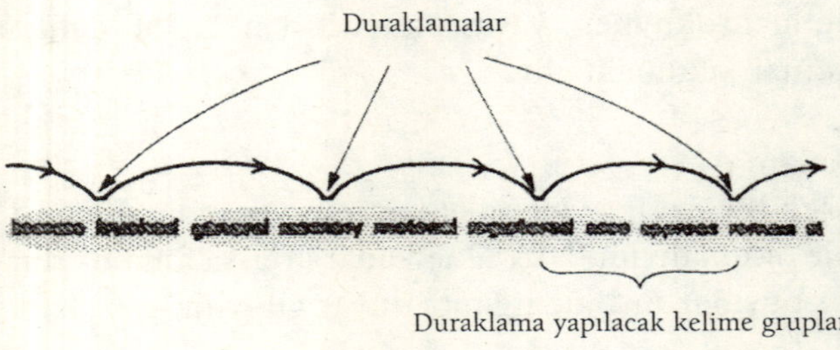

Şekil 4c: İyi bir okuyucunun göz hareketlerini gösteren diyagram

Bu varsayım mantıklı gibi durmakla birlikte, küçük bir araştırma bütünüyle yanlış olduğunu ortaya koyacaktır.Aksine ne kadar hızlı okursanız o kadar iyi anlarsınız. Bunu teyit etmek için aşağıdaki cümleyi yazıldığı şekliyle, yavaş ve dikkatlice okuyun:

Hızlı oku ma nın daha iyi an lama dü zeyi i
çin ya vaş oku madan da ha iyi ol duğu anla
şıl mıştır.

Zor değil mi? Elbette? Çünkü, beyniniz, bu yıpratıcı derecede yavaş hızda okumak için yapılandırılmamıştır. Yavaş ve dikkatli okumak, gittikçe azalan bir anlama düzeyi, gittikçe artan sıkıntıyla birlikte, beyni gitgide daha yavaş okumaya özendirir.

Şimdi aşağıdaki cümleyi gruplandırılan sözcüklere göre okuyun:

İnsan beyninin, gözlerin yardımıyla, bilgiler uygun bir biçimde anlamlı diziler halinde gruplandığında bunları daha kolay algıladığı anlaşılmıştır.

Beyniniz 400 dss ve üzerinde bir okuma hızına çok rahat ulaşabilir (parmak takibiyle yapılan okumanın, 400 dss ve üzerinde bir hızla gerçekleştiğini okuma hızlarını merak edenlere ilginç bir not olarak söyleyelim).

Dolayısıyla okuma hızındaki bir artış anlama düzeyindeki bir artışı beraberinde getirecektir. Bu, cümlelerin anlamlı sözcük kümeleri biçiminde gruplandırılmasıyla beynin bilgileri daha kolay algılaması sayesinde gerçekleşir.

Elde ettiğiniz bu yüksek anlama becerisi, belli bir süre sonra, daha iyi hatırlamanıza yardımcı olur çünkü hafıza, beynin bilgileri anlamlı gruplara ayırma becerisine dayalıdır.

Öyleyse ilk işiniz, geri dönme, tekrar okuma, her bir duraklamada çok az sözcük algılayabilme gibi kötü alışkanlıklardan kurtulmak olacaktır.

Bu kötü alışkanlıklardan kurtulmanın dışında, hızınızı artırmanın bir dördüncü yolu daha bulunmaktadır. Eğer duraklama süreniz, her bir duraklamada, bir saniye ise bu süreyi yarım saniyeye indirerek (gözün bilgiyi saniyenin beşyüzde biri kadar bir sürede algılayabildiğini hatırlayın) okuma hızınızı ikiye katlayabilirsiniz.

ALGILAMA EGZERSİZİ 1

Aşağıdaki alıştırma, daha hızlı duraklamalar yapabilmeniz ve her 'görsel lokmada' daha fazla bilgi algılayabilmenize yardımcı olmak için tasarlanmıştır. Böylece kendinize güveniniz gelecek; geri dönme ve tekrar etme alışkanlıklarından kurtulmak için gerekli yüksek motivasyonu elde edeceksiniz. Bu alıştırma, ayrıca, okurken bir bakışta daha fazla bilgi algılamanızı sağlayacaktır.

Alıştırma, hem sağ hem de sol elini kullananların yapabileceği şekilde tasarlanmıştır. Sayıların üstünü kapamak için bir kart kullanın. Her bir sayıyı, görmek için ek süre vermeksizin mümkün olduğunca kısa sürede açın. Sayıyı açar açmaz kapatmayı da unutmayın.

Sonra sayının yanındaki boşluğa gördüğünüzü düşündüğünüz sayıyı yazın ve yazdığınız sayının doğru olup olmadığını kontrol edin. Bunu, son sayıya kadar tekrarlayın ve sayıları kartla kapatarak önceden görmemeye çalışın. Sayfalar ilerledikçe egzersizin zorlaştığını göreceksiniz çünkü sayıların basamak sayısı artacak. Altı basamaklı sayıları, az bir hatayla tamamladığınızda, alıştırmayı başarılı bir biçimde bitirmiş olacaksınız.

Bol pratikle, tek bakışta altı basamaklı sayıları hatırlayabilecek, bu size güven kazandıracak ve okurken iki ya da daha fazla kelimeyi algılayabileceksiniz. Aşağıdaki alıştırmalar, bir sonraki seviyeye geçmeden önce gözünüzün/beyninizin o seviyeye alışması için gerekli sayıda basamak gruplandırma örneğini içermektedir.

............26...........
............74...........
............82...........
............91...........
............22...........
............35...........
............66...........
............25...........
............46...........
............13...........
............72...........
............20...........
............50...........
............23...........
............40...........
............96...........
............77...........
............45...........
............21...........
............83...........
............99...........
............58...........
............18...........
............277..........
............833..........
............013..........
............736..........
............226..........
............129..........

............53...........
............79...........
............63...........
............73...........
............53...........
............29...........
............24...........
............31...........
............02...........
............85...........
............43...........
............67...........
............76...........
............06...........
............28...........
............88...........
............84...........
............15...........
............60...........
............49...........
............78...........
............87...........
............03...........
............864..........
............825..........
............953..........
............425..........
............736..........
............490..........

...........903...........
...........271...........
...........736...........
...........813...........
...........413...........
...........908...........
...........862...........
...........832...........
...........864...........
...........865...........
...........837...........
...........747...........
...........109...........
...........251...........
...........982...........
...........825...........
...........211...........
...........267...........
...........837...........
...........108...........
...........411...........
...........716...........
...........975...........
...........779...........
...........744...........
...........764...........
...........216...........
...........077...........
...........865...........
...........877...........
...........755...........
...........866...........
...........199...........
...........8638..........
...........7875..........

...........363...........
...........646...........
...........726...........
...........411...........
...........361...........
...........058...........
...........864...........
...........956...........
...........525...........
...........737...........
...........635...........
...........737...........
...........107...........
...........747...........
...........837...........
...........215...........
...........847...........
...........880...........
...........626...........
...........103...........
...........217...........
...........870...........
...........544...........
...........656...........
...........458...........
...........168...........
...........562...........
...........641...........
...........655...........
...........668...........
...........302...........
...........110...........
...........617...........
...........7475..........
...........7356..........

............1178............
............2277............
............7426............
............7655............
............7777............
............5433............
............7657............
............9880............
............8612............
............9871............
............8766............
............3777............
............7544............
............1074............
............7654............
............8764............
............5325............
............6423............
............0653............
............8644............
............6118............
............7703............
............5423............
............8762............
............8277............
............7272............
............0177............
............8767............
............7654............
............6511............
............1075............
............9841............
............3753............
............8297............
............9275............

............1088............
............2436............
............8656............
............6423............
............6555............
............6545............
............5433............
............8702............
............0188............
............0677............
............3343............
............2244............
............7702............
............7653............
............7623............
............5433............
............6543............
............7056............
............8765............
............7655............
............1154............
............8674............
............7534............
............5734............
............7374............
............8862............
............1761............
............2345............
............5433............
............6531............
............7120............
............1106............
............2754............
............1173............
............4828............

............5702............
............3089............
............2850............
............76542...........
............75252...........
............19866...........
............44904...........
............37621...........
............95412...........
............95.339..........
............15155...........
............85369...........
............36438...........
............47721...........
............76201...........
............51915...........
............68224...........
............01678...........
............82102...........
............44627...........
............50664...........
............27392...........
............99266...........
............56439...........
............14733...........
............38657...........
............63644...........
............30080...........
............17533...........
............16843...........
............93867...........
............84611...........
............12548...........
............62938...........
............47250...........

............8567............
............9861............
............8422............
............46533...........
............64322...........
............98011...........
............66255...........
............64533...........
............27549...........
............86422...........
............08436...........
............18643...........
............74323...........
............52741...........
............79285...........
............29477...........
............13655...........
............29371...........
............35727...........
............64652...........
............45610...........
............82547...........
............21420...........
............47539...........
............49763...........
............95079...........
............91637...........
............26091...........
............14161...........
............08222...........
............49653...........
............42983...........
............60258...........
............46104...........
............51252...........

............52952..........
............07650..........
............29332..........
............345783.........
............201896.........
............456782.........
............569832.........
............387513.........
............984764.........
............298436.........
............090769.........
............954137.........
............759484.........
............656892.........
............332558.........
............476831.........
............219575.........
............857393.........
............386280.........
............619474.........
............219575.........
............487615.........
............764973.........
............114874.........
............576330.........
............657894.........
............349715.........
............496511.........
............392588.........
............567682.........
............284191.........
............767936.........
............432615.........
............816155.........
............764130.........

............83704..........
............15733..........
............62969..........
............987104.........
............916846.........
............376520.........
............238755.........
............452876.........
............045018.........
............112785.........
............234743.........
............564220.........
............887632.........
............876926.........
............031410.........
............517195.........
............376490.........
............438753.........
............875316.........
............219564.........
............376982.........
............085377.........
............387520.........
............978564.........
............103866.........
............984372.........
............769103.........
............041673.........
............643192.........
............638726.........
............116794.........
............436795.........
............998665.........
............654732.........
............284938.........

...........084503.........
...........278402.........
...........801019.........
...........342988.........
...........865014.........
...........987655.........
...........765839.........
...........965411.........
...........356794.........
...........763297.........
...........090808.........
...........5778392........
...........578343.........
...........013677.........
...........284680.........
...........998577.........
...........334877.........
...........876653.........
...........189568.........
...........987564.........
...........958747.........
...........836753.........
...........001579.........
...........378696.........
...........276460.........
...........287655.........
...........765844.........
...........563982.........
...........876944.........
...........932548.........
...........478902.........
...........543790.........
...........037686.........
...........258765.........
...........423699.........
...........175894.........
...........538722.........
...........443245.........
...........121377.........
...........987532.........
...........467832.........
...........538763.........
...........105790.........
...........857644.........
...........664893.........
...........356543.........
...........467558.........
...........465379.........
...........556794.........
...........567833.........
...........189696.........
...........354673.........
...........801568.........
...........968477.........

Şimdi Deneme Sınavı 2'ye geçin. Bu bölümde öğrendiklerinizin hepsini uygulayın. Yani geri dönme, tekrarlama gibi alışkanlıklardan kurtulun, daha kısa süre duraklayın, her bir duraklamada daha büyük kelime grubunu algılamaya çalışın. Okumaya başlamadan önce saatinizi çalıştırın ve okumayı testi bitirir bitirmez de durdurun.

Artı Bir Kuralı

Artı Bir Kuralı basit bir ifade ile şudur: Daha hızlı okuma çabası içine girdiğinizde, önceki en yüksek hızınızdan en az bir kelime fazla okumaya çalışın. Bu yolla gereksiz yere strese girmeyecek, dakikada on sözcükten daha fazla hızınızı artırdığınızı farkedecek ve böylece daha hızlı ve daha etkili okuyabildiğiniz için kendinize olan güveninininiz artacak ve rahatça hedeflerinize ulaşacaksınız.

Aşağıdaki testi ve sonraki testleri çözerken, hedefinizin, okuma hızınızı dakikada on kelime artırmak olduğu Artı On kuralını benimseyin.

DENEME SINAVI 2 – İlkel Dönemlerden Hıristiyanlığa Sanat

Giriş

Sanat insan beyninin en etkileyici ifadelerinden biridir. Tarihin başlangıcından beri, elin ve fırçanın ardındaki düşünce, düşlenebilir çözümleme ve ifadenin en mükemmel ve girift biçimleriyle meşgul olmuştur. Aşağıdaki bölümler, sanat tarihinin en ilginç olduğunu düşündüğüm dönemlerinden bazılarına değinmektedir.

İlkel Sanat

Tüm sanatların temeli tarih öncesi dönemlerde yatar. Fakat fildişine ve kemiğe oyulan hayvan figürleri, Kuzey İspanya ve Güney Fransa'daki mağaraların duvar ve tavanlarına çizilen resimler olağanüstü güçleri ve görünürdeki 'modernlikleri' ile hâlâ ilgi uyandırmaktadırlar. Çoğu eser İÖ 40,000 ile İÖ 10,000 yılları arasında üretilmiştir. Bu eserlerin fotoğraflarında ve taslak kopyalarında dikkatimizi çeken, sanatçıların, mamut, bizon, geyik, vahşi domuz, vahşi at gibi hayvanların, seçtikleri ve vurgulamak istedikleri özelliklerini yansıtma biçimleri; onların anatomilerine ilişkin bilgileri; azıcık siyah ve kırmızı toprak boyasından başka bir şey kullanmaksızın hayvanların iri cüsselerini ve hareketlerini yansıtabilme becerileridir.

Çok daha sonraları benzer hayatı yaşayan insanlar tarafından yapılan, karşılaştırmaya değer resimler ve çizimler bulunmuştur. Dolayısıyla, Afrikalı orman adamı, mağarasında, bizim ilk Avrupalı sanatçılarımızınki kadar güzel ve onlarınkine üslup bakımından benzeyen hayvan figürleri bırakmış ve bunların bazıları da ondokuzuncu yüzyıl gibi geç bir dönemde yapılmıştır. Uygarlığın bir sonraki aşamasında, avcılık daha önemsiz hale gelmiş ve toplumsal yaşam daha kesin bir şekle dönüşmüştür. Taş ve bronzdan yapılmış araçlar mükemmelleşmiş, çömlekçilik ve dokumacılıkla uğraşılmış; tarımın gelişmesiyle de kötü ruhları yatıştıran çeşitli ritüeller ve seremoniler ortaya çıkmıştır. Polinezya'daki gibi hâlâ birkaç örneği bulunan tipik bir ilkel topluluk, büyük ölçüde kendi ilkel diniyle ilişkili sanatlarla ilgilenmektedir. Oymacılık ve yontuculuk önem bakımından resmi geçmiştir: üç boyutlu heykellerin, ilkel yaşamı etkilediği varsayılan güçleri temsil ettiği düşünülmüştür. Resim ve çizim ise bir işaretler ve semboller dizisi haline gelmiştir.

Antik Akdeniz Dünyası

Antik Akdeniz Dünyasında resim ve çizimin üç yönü bulunmaktadır. Birincisi, koyu çizgileri ve düz renkleriyle, bir ölçüde tekniği modern posterlere benzeyen duvar resimleridir. Antik Mısırlılar, duvar resimlerini tapınaklarının dış yüzeylerini süslemek için kullanırlardı. Bu resimler, parlak renklerle süslenmiş, belirgin alçak kabartmalar şeklindedir. Yaşayan Mısır resimlerinin çoğu Mezar duvarlarında bulunmaktadır ve bunlar ölen kişinin yaşamından kesitler içermektedir. Bu resimlerde birçok sanatsal gelenek kullanılmaktadır. Örneğin erkek figürü, kırmızı; kadın figürü sarı renktedir; kafa ve bacaklar daima profilden, vücudun geri kalan kısmı ise dönük durumda resmedilir. Mısırlı sanatçıların, ziyafet, dans, Nil kıyısında avlanma ve balık tutma temalarını işledikleri resimlerdeki yaşam dolu gözlem güçleri, büyük bir kalite olarak göze çarpmaktadır. Knossos sarayında bulunan antik Girit Minoan uygarlığına ait duvar resimleri, parlaklık, düz renkler ve belirgin çizgiler bakımından antik Mısır'dakilere benzemektedir. Fakat Knossos'takiler bütünüyle dünyevi niteliklidir.

Antik Yunan'daki resimli çömlek sanatı da bu sanatsal geleneklere küçük çaplı bir diğer örneği teşkil etmektedir. Erkek figürünün koyu, kadın figürünün açık renkte olduğu bu resimlerde çizgiler önemli rol oynamaktadır. Eserlerine genellikle imzalarını atan Antik Yunan sanatçıları, zarif bir sanatsal duyguya sahip başarılı ressamlardır.

Fakat Klasik dönemde, vazo süsleme sanatı önemli bir yer tutmaz oldu. Modern anlamdaki resimlere ilişkin ilk kayıtlarımız, maalesef, Zeuxis ve Apelles gibi efsanevi sanatçıların özgün eserlerine değil, Antik Roma şehirleri Pompei ve Herculaneum'da yapılan kazılarda çıkarılan Eski Yunan resimlerinin kopyalarına dayanmaktadır.

Antik Yunanlı ressamlar, eserlerine, Mısır ve Minoanlı ressamların düşlemedikleri bir içerik ve karakter kazandırmışlardır. Bu sanatçıların eserleri artık düz olmayıp ışığı ve gölgeyi içermektedir. Yunanlılar, etkileyici kompozisyonlar düşlemişler, eserlerine bireysel bir karakter kazandırmakla ve figürleri, jestler ve mimiklerle canlandırmakla ilgilenmişlerdir. İS birinci yüzyıldaki zengin Roma villalarını süsleyen Greko-Romen çalışmalar, manzara (daha önce bilinmeyen) ve yerleşik yaşama ilişkin resimlerin ilk örneklerini oluşturmaktadır. Bunlar, daha sonra İtalya'da resim sanatında meydana gelecek gelişmelerin müjdecisidir.

Bizans Sanatı

Roma İmparatorluğu'nun dağılması, eski Bizans'ta (Konstantinapol) yeni bir Roma İmparatorluğu'nun kurulması ve Batının evrensel inanışı olarak Hıristiyanlığın doğuşu, resim sanatına yeni bir karakter, ruh ve amaç kazandırdı. Hıristiyanlık sanatçıların teması oldu. Bizans üslubu olarak bilinen, kendi ciddiyetini ve yerleşik kalıplarını ifade etmeye uygun bir üslup doğdu. Konstantinapol'ün, zengin renkler ve geometrik şekillerde etkisi görülen doğuyla birçok bağı bulunmaktaydı.

Bizans resim sanatında asıl başarıya, Bizans kiliselerinin ve tavanlarının süslemesinde kullanılan mozaikte ulaşıldı. Bu sanatın diğer biçimlerinden birincisi, ikon; ikincisi ise incil ve diğer liturjik metinlerin resim ve altın yaldızla süslenmesiydi. İkon, İsa ve Meryem tasvirlerinin dinin sabit doğasını yansıtır biçimde, geleneksel değişmez bir üslupla işlenmesiydi. Kutsal metinleri süsleme üslubu da ikondaki gibi değişmezdi. Bizans başkenti dördüncü yüzyılda kurulduktan sonraki binyüz yıl boyunca, dokunulmaz, müreffeh ve sabit bir biçimde kaldı. Bu nedenle birbirine birçok bakımdan benzeyen fakat yapılış tarihleri arasında büyük farklar bulunan eserlere rastlanabilmektedir. Bizans sanatının etkisinin bulunduğu alan Bizans İmparatorluğunun nüfuz alanına karşılık gelir: yani Doğu Akdeniz kıyıları, Yunanistan ve Yunan adaları. Bizanslı misyoner ve ustalarla bu etki bir ölçüde batıya da taşınmıştır. Ünlü onsekizinci yüzyıl İrlanda elyazması Book of Kells'in üslubu doğu Akdeniz'den izler taşır. Floransa, Siena ve Piza gibi ünlü İtalyan şehirleri, bitişi, onüçüncü yüzyılda Floransalı Cimabue ve Sienalı Duccio'nun yaptığı resimlerle vurgulanan Bizans geleneğine sahiptir. Doğu Avrupa'da, şimdi Hırvatistan olarak bilinen yerde, oniki ila ondördüncü yüzyıllara ait önemli Bizans duvar resimleri bulunmaktadır. Yunanlı ressamlar Rusya'ya ikonculuğu tanıtmışlardır. İkon sanatında Rus Andrew Roublev (1360-1430) muhteşem eserler vermiş ve bu sanatı geliştirmiştir. Onaltıncı yüzyıla kadar Girit bir merkez olarak kalmıştır. El Greco'nun (1545-1614) resimlerindeki Bizans geleneğinin izleri burada hâlâ bulunmaktadır.

Batıdaki Hıristiyan Sanatı'nın Erken Dönemleri

Doğu ya da Batı fark etmeksizin erken Hıristiyan Sanatı, Klasik sanatın bir özelliği olan insan vücudunun gerçekçi tasvirinden kaçınmıştır. Bu durum, söz konusu döneme ait sanat eserlerinin basit ya da kusurlu olduğu anlamına gelmez ama dünyevi ilişkilerden sıyrılmış olma bakımından daha tinsel ve soyuttur. Dolayısıyla erken Hıristiyan Sanatı bu bakış açısı sayesinde bugün daha uygun bir biçimde değerlendirilmektedir.

Erken Hıristiyan sanatının, karmaşık bir tarihi vardır. Erken Hıristiyan sanatı, Roma mezarlarında bulunan resimlerin de gösterdiği gibi, Greko-romen geleneğin sonrasında başlar. Sonraları, Roma İmparatorluğu'nun bölündüğü çeşitli bölgelerin yerel özellikleriyle değişikliğe uğramıştır. Doğu İmparatorluğuyla olan dini ve ticari bağlardan da etkilenmiştir.Uzun bir süre, süslenmiş el yazmalarından oluşan manastır sanatı, Kelt ve Anglo-Sakson Britanyasında ve Şarlman İmparatorluğunda görüldüğü üzere, resim sanatının başlıca türü olmuştur.

Tedrici olarak iki olgu açık bir biçimde ortaya çıkmıştır: Hıristiyanlık Avrupa'daki tek birleştirici ve eğitici güçtür; ve resimler, değişik diller konuşan veya okuma yazma bilmeyen insanlara, Hıristiyanlığın mesajını etkili ve evrensel bir biçimde iletmenin başlıca aracıdır. Onbirinci yüzyılda başlayan kilise yapımı dönemiyle birlikte, Romanesk olarak bilinen uluslararası Batı tarzı gelişti. Bu tarzın en muhteşem eserleri, kiliselerdeki duvar resimleridir. Geniş bir alanda çalışan ressamlar, muhteşemliğin cesur ve basit bir tarzını geliştirdiler.

Modern Sanat ve Sonrası

Modern Sanatın Babası olarak bilinen Fransız sanatçı Cezanne, sanatı bir adım daha ileri götürdü. O, sadece ne gördüğüyle değil nasıl göründüğüyle de ilgilendi. Işığın bir nesne üzerine düşüş ve bunun insan beyni/gözü tarafından algılanış biçimini araştırmaya başladı. Nesnelere bakacak ve tuvale sadece gördüğü ışık ve rengin küçük parçalarını çizecekti. Bir parçalı bulmacayı tamamlar gibi, gerçek görüntü ortaya çıkana kadar aşama aşama resmi tamamlayacaktı.

Cezanne'ın çalışmalarından Kübizm ekolü doğdu. Kübist ressamlar yalnızca ışık parçalarını değil değişik perspektiflerden hatırladıkları biçimiyle imgeleri de çizerlerdi. Dolayısıyla, kübist sanatçının kafasındaki insan şekli, tüm açılardan görülen insan şeklinin bileşimi olabilirdi. Böylece, kübistlerin resimleri, gerçeklikten değil daha çok 'insan zihninden doğan imgeler' haline geldi.

Wassily Kandinsky ve Lorraine Gill, renk ve renk, çizgi ve çizgi, çizgi ve renk arasındaki ilişkiyi inceleyerek nasıl ve ne gördüğümüzü araştırdılar.

Yirmibirinci yüzyılda, muhtemelen, sanatla, matematik, fizik ve diğer bilimler arasında daha yakın ilişki kuran yeni teorilerin geliştirildiğini göreceğiz.

****

Saatinizi Durdurun

Geçen Süre:......dakika

Sonra, okuma hızınızı, parçadaki sözcük sayısını (bu örnekte 1100 sözcük), süreye (dakika) bölerek dakikada sözcük sayısı(dss) olarak hesaplayın.

Okuma Hızı Formülü

dakikada sözcük sayısı (dss) = sözcük sayısı/süre

Hesapladıktan sonra, bulduğunuz sayıyı paragrafın sonundaki dss için ayrılmış bölüme ve 273. sayfadaki İlerleme Tablonuza ve İlerleme Grafiğinize kaydedin.

Dakikada sözcük sayısı:.........

DENEME SINAVI 2: ANLAMA

1. Tüm sanatların kökleri
(a) Afrika'da
(b) Tarih öncesi dönemlerde
(c) Tunç Devrinde
(d) Nil Deltasında
yatar.

2. Bildiğimiz kadarıyla, ilk sanatsal 'eserler'
(a) İÖ 100,000-50,000
(b) İÖ 50,000-40,000
(c) İÖ 40,000-10,000
(d) İÖ10,000-5,000
tarihleri arasında üretilmiştir.

3. Afrikalı orman adamı, mağara adamının aksine, hayvanlarla çok fazla ilgilenmemiştir.
Yanlış/Doğru

4. Tipik bir ilkel topluluk, sanatta
(a) resimle
(b) avcılıkla
(c) dinle
(d) savaşla
ilgilenir.

5. Antik Akdeniz duvar resimleri
(a) ince çizgiler ve parlak renkleriyle
(b) ince çizgiler, düz renkleriyle
(c) kalın çizgiler, parlak renkleriyle
(d) kalın çizgiler, düz renkleriyle
ayrılır.

6. Mısır 'daki mezar duvarlarında bulunan resimlerde kadın figürleri
(a) kırmızıya
(b) sarıya
(c) kahverengiye
(d) maviye
boyanmıştır.

7. Modern anlamdaki resimlere ilişkin ilk kayıtlarımız;
(a) Zeuxis ve Apelles'in özgün eserlerine
(b) Yunan vazo sanatçılarına
(c) Antik Roma şehirleri Pompei ve Herculaneum'da bulunan Eski Yunan resimlerinin kopyalarına
(d) İtalyan Rönesansına
dayanmaktadır.

8. Manzara resminin ilk örneklerine
(a) Yunan şehirlerindeki kazılarda
(b) Mısır mezarlarında
(c) Zengin Romalıların villalarında
(d) Minoanlıların eserlerinde
rastlanmıştır.

9. Bizans sanatında Hıristiyanlık başlıca temadır.
Doğru/Yanlış

10. Bizans resim sanatında büyük başarılara
(a) mozaikte
(b) vazoda
(c) kilimlerde
(d) Bizans İmparatorluğunun zaferlerinin tasvirinde
ulaşılmıştır.

11. İkon Bizans sanatında değişmez bir gelenekti.
Doğru/Yanlış

12. Bizans sanat ekolü yaklaşık olarak
(a) 110 yıl
(b) 500 yıl
(c) 1000 yıl
(d) 1100 yıl
sürdü.

13. Erken Hıristiyan sanatı
(a) Klasik sanatı taklit etti
(b) İnsan vücudunun gerçekçi tasvirinden kaçındı
(c) İnsan vücudunun resmedilmesini güçlendirdi
(d) İnsan vücuduyla ilgilenmedi

14. Modern sanatın babası
(a) Duccio
(b) El Greco
(c) Cezanne
(d) Picasso
'dur.

Cevaplarınızı sayfa 269'dekilerle karşılaştırın. Anlama yüzdenizi hesaplamak için doğru cevaplarınızın sayısını 14'e bölün ve çıkan rakamı 100'le çarpın.

Anlama Yüzdesi: 14'te......
%.......

Şimdi elde ettiğiniz skoru, 273. sayfadaki İlerleme Tablonuza ve İlerleme Grafiğinize kaydedin.

ÖZET

1. Gözleriniz, çeyrek ila yarım saniye süren duraklamalar veya sabitlenmelerle okur.
2. Yavaş bir okuyucu, her bir duraklamada ortalama bir kelime algılar.
3. Ortalama bir hızlı okuyucu, her bir duraklamada üç ila beş kelime algılar.

4. Geri dönme ve tekrar okuma gereksizdir.
5. Yavaşça ve dikkatlice okumak anlamayı engeller.
6. Hızlı ve anlamlı gruplandırmalarla okumak anlama düzeyini artırır.

GÖZATILACAK ÖNEMLİ NOKTALAR

1. Geri dönme ve tekrar okuma alışkanlıklarınızdan kurtulun. Gözleriniz sadece ileriye doğru hareket etsin.
2. Her bir duraklamada geçen süreyi kısaltın.
3. Kelimeleri büyük, anlamlı gruplar halinde okuyun.
4. Odaklanın.
5. Motivasyonunuzu artırın.
6. Yakın bir zamanda Algılama Egzersizi 1'i tekrar yapın.
7. 5.Bölümü hızlı bir biçimde gözden geçirin.

SONRAKİ BÖLÜM

Gözlerinizin işleyiş biçimini geliştirmeye yönelik ilk önemli bölümü bitirdikten sonra, bazı temel bilgilerle artık okuma hızınızda olağanüstü artışlar meydana gelebilir. Beşinci Bölüm, her biri okuma hızınızda köklü artışlar meydana getirmeyi hedefleyen bu tür dört bölümden birincisidir. Diğer üçüne geçmeden önce, gözlerinize ve beyninize, mükemmelliği ve başarıyı yakalamanız için gerekli okuma ortamının sağlanması esastır. Bu, sonraki bölümün konusudur.

BÖLÜM 5

Gözü Etkileyen Dış ve İç Çevresel Hızlı Okuma Koşulları

Olumlu bir iç çevre, olumlu bir dış çevreyle daha olumlu etkiler meydana getirmek üzere sinerjik bir etkileşim içinde olur (1+1=2,3,5+). Yine aynı şekilde, olumsuz bir iç çevre, olumsuz bir dış çevreyle olumsuz etkiler ortaya çıkaracak bir biçimde sinerjik olarak etkileşir. Bu ilkeyi anlamak ve uygulamak formüldeki sonucun yaratılması için esastır.

ÖNSÖZ

5. Bölüm'de, okuma pozisyonu ve ışık gibi etkenlere dikkat çekilerek, **uygun dış koşulların oluşturulması** suretiyle okuma ve anlama hızının artırılma yöntemlerine değinilecek. Bu bölümde ayrıca, gerginlik ve sağlık bozukluğu gibi **iç müdahalelerden nasıl kaçınılacağı** da tartışılacak.

EN İYİ DIŞ KOŞULLARIN YARATILMASI

Konum ve Işığın Yoğunluğu

Çalışmak için en elverişli ışık gün ışığıdır. Dolayısıyla, eğer mümkünse, çalışma masanız pencere kenarına yakın bir yere yerleştirilmelidir. Eğer bu mümkün değilse ve günün loş ışıklı

Şekil 5 Okuma sırasında ideal oturma biçimini ve ışık kaynağının konumunu gösteren diyagram.

bir saatiyse, parlama ve gölgelerden korunmak için, ışık, yazı yazdığınız elin çaprazındaki omzunuzun arkasından gelmelidir (bkz. Şekil 5). Masa lambaları, eğer uygun bir biçimde yerleştirilmediyse, gözleri yorabilir. Işık, okunan materyali yeterli bir biçimde aydınlatacak kadar olmalı, odanın diğer kısımlarıyla büyük bir kontrast oluşturacak kadar parlak olmamalıdır. Diğer bir deyişle kitabın üzerine doğrudan ışık veren çok parlak bir lamba tavsiye edilmemektedir. Masa lambasına ek olarak, en iyisi dengeli bir genel aydınlatma sisteminin olmasıdır.

Materyallerin Erişilebilirliği

Beyninizin rahat çalışması için, çalışma ortamınızda, ihtiyaç duyabileceğiniz her türlü materyal uygun bir biçimde yerleştirilmiş ve kolay ulaşılabilir bir yerde olmalıdır. Bu, sadece konsantrasyonunuzu değil anlama düzeyinizi de artırır ve psikolojik destek sağlar. Materyallerinizi göze hoş gelen ve işlevsel bir biçimde yerleştirmek elinizdeki işten aldığınız zevki artırır onu yerine getirmenizi kolaylaştırır.

Fiziksel Rahatlık

Çalışırken rehavete kapılmayın! Çoğu insan, evdeki en rahat ve davetkar koltuğu bulur, onu, yumuşak yastıklarla kabartır, daha rahat yayılabilmek için önüne bir ayaklık koyar, bir sıcak içecek hazırlar veya bir kutu bira açar ve iki saatlik yoğun bir çalışma için koltuğa yerleşir. Fakat iki saat boyunca yapılan tek şey uyuklamaktır!

Koltuğunuz çok yumuşak ve çok sert olmamalı, arkası düz olmalı (eğimli bir koltuk oturma pozisyonunuzu bozar ve rahat yazı yazmanızı engeller) yani ne çok rahat ne de çok rahatsız olmalıdır. Koltuk, rahat bir çalışma konumu sağlamalı ve çalışmayı teşvik edici nitelikte olmalıdır.

Koltuk ve Masanın Yüksekliği

Koltuğunuzun ve masanızın yüksekliği önemlidir. Koltuk, baldırlarınızın yerle paralel olmasını sağlamalıdır. Böylelikle, oturma sırasındaki basınç kalçalardaki oturma kemikleri tarafından hafifletilebilecektir. Bazen küçük bir tabure veya kutu, ayakların yerden ideal yükseklikte olmasına yardımcı olabilir. Ortalama masa yüksekliği 73-81 cm ve masanın koltuktan ortalama yüksekliği 20 cm olmalıdır.

Okuma Mesafesi

Okuma mesafesi, yaklaşık olarak 50 cm olmalıdır. Bu mesafe, üstte tarif edildiği şekilde oturan biri için doğal mesafedir.

Okunan materyali bu uzaklıkta tutmak, gözlerinizin kelime grupları üzerine odaklaşmasını kolaylaştırır (s.100-101'deki çevresel görüntü hakkındaki tartışmaya bakın). Bu mesafeden okumak, gözlerin yorulmasını ve okurken meydana gelen baş ağrılarını büyük ölçüde azaltır. Bu varsayımı kendi kendinize kanıtlamak için, baş parmağınız burnunuza değer vaziyetteyken ona bakmayı deneyin ve sonra tüm elinize yaklaşık 46 cm.'lik bir uzaklıktan bakın. Birinci durumda gözlerinizde fiziksel yorgunluk meydana geldiğini, ikinci durumda ise daha fazla algılamanın, gözlerinizi yormaksızın gerçekleştiğini fark edeceksiniz.

Okuma Pozisyonu

Otururken, her iki ayağınız da yere paralel uzanmalı, sırtınız dik olmalı ve kaslarınızı fazla germemelisiniz. Koltuğunuzun arkasındaki hafif eğimler otururken size rahatlık sağlar. Sırtınızı dikleştirmek için koltuğunuzu yükselttiğinizde ya da arkanızdaki eğimleri düzleştirdiğinizde yorgunluk hissiniz sona erecektir.

Eğer bir sandalye ya da taburede oturuyor ve yazmak yerine daha çok okuyorsanız kitabı elinize alarak okumak size daha rahat gelebilir. Eğer masaya doğru biraz eğilmeyi tercih ediyorsanız, kitabı bir şeyin üstüne dayayabilir böylelikle hafif bir açıyla okuyabilirsiniz. En önemlisi, oturduğunuz yer çok yumuşak ve rahat olmamalı biraz sert olmalıdır. Altınızda yumuşak bir yastık bulunması uyumanıza yol açabilir.

Okuma pozisyonunuzun düzgünlüğü şu faydaları sağlar:

• **Beyninize, azami oksijen ve kan akışı sağlanır.** Eğer üst omurganız özellikle de boynunuz eğik bir durumdaysa, nefes borunuz ve boynunuzdaki damarlar sıkışır. Dik oturduğunuzda ise oksijen ve kan akımı kolaylaşır.

- **Omuriliğinize yönelen elektrik enerjisi akımı, beyin gücünüzü artırır.** Bel kemiğinizin doğal ve hafif kavisler çizdiği dik bir oturma pozisyonunda omuriliğinizin daha fazla enerji aldığı kanıtlanmıştır. Omuz ve sırt ağrıları da dik oturarak azaltılabilir.
- **Vücudunuz alarmdayken beyniniz de alarmda olur.** Vücudunuz dik olduğunda, beyniniz önemli bir şey olduğunu anlar. Vücudunuz öne eğilmiş ya da çökmüş vaziyette iken içinizdeki duyma ve denge mekanizması aracılığıyla, beyninize uykunun tam sırası olduğuna ilişkin sinyaller gider.
- **Gözleriniz, merkezi ve çevresel görüş açınızdan tam anlamıyla yararlanır.** Yazılı materyal, gözlerden en az 50 cm uzaklıkta olmalıdır.

Koltuğunuzun ve masanızın yüksekliği, gözlerinizle okunan materyal arasındaki mesafe, vücudunuzun rahatlığı ve pozisyonu birbiriyle bağlantılı konulardır. Sayfa 67'deki Şekil 5 ideal pozisyonu göstermektedir.

Ortam

Çalışma ortamınız, başarınızı etkiler. Okuduğunuz yer, aydınlık, çekici, göze hoş gelen, okuma amacına yönelik olarak düzenlenmiş, zevkinize hitap eden ve okumadığınız zamanlarda bile içinde bulunmaktan hoşlandığınız bir yer olmalıdır.

Okuma, öğrenme ve çalışma hep sıkı çalışma ve eziyetle özdeşleştirildiği için, çoğumuzun çalıştığı yer, boş, donuk ve loştur. Bu yetmezmiş gibi burayı, bir de en kalitesiz mobilyalarla döşeriz. Çalışma ortamınızı hapishane hücresine değil saraya dönüştürün!

Bunun önemi konusunda şüpheleriniz varsa, özel bir dostunuz sizi sıcak bir biçimde karşılayarak zevkli hazırlanmış bir odaya (dışsal çevre) davet ettiğinde neler hissettiğinizi (içsel çevre) düşünün. İşte bu, çalışma odanıza giderken içinizde uyanması gereken duygudur. Çalışma odası sizi davet etmeli ve hoşnut kılmalıdır.

İÇ MÜDAHALELERDEN KAÇINMA

Zamanlama

Zamanlama, okuduğunuzu bütünüyle anlama ve okuduğunuzdan hiçbir şey anlamama arasındaki farkı ortaya koyar. Okulda şekillenen alışkanlıklar nedeniyle çoğu kişi, okuma ve öğrenme düzeylerinin en verimli olduğu zamanları belirlemeyi denemez.

Değişik zamanlarda okumayı denemek, en verimli ve en verimsiz olduğumuz anları tespit etmek bakımından çok önemlidir. Bazıları sabah beş ile dokuz saatleri arasında çalışmayı verimli bulurken bazıları da sadece gece çalıştıklarında başarılı olduklarını fark edeceklerdir. Eğer kötü zamanlamanın konsantrasyon ve anlama eksikliğine yol açtığını düşünüyorsanız, bu varsayımı hemen deneyin.

Kesintiler

Bilinmeyen sözcüklerin ve zor metinlerin konsantrasyon ve anlama düzeyi akışını kesmesinde olduğu gibi, telefon görüşmeleri, gereksiz aralar, gürültüler, masanızdaki gereksiz şeyler, çöpler de dikkatinizi dağıtır.

Benzer şekilde, ruh haliniz de dikkatinizi dağıtabilir. Kişisel sorunlarınızla meşgulseniz, bedensel ve zihinsel rahatsızlığınız varsa yine konsantrasyonunuz ve anlama düzeyiniz düşecektir. Oturma pozisyonunuz doğru ise, derin ve rahat nefes alabilir ve kendinizi daha rahatlamış hissedebilirsiniz.

Çözüm, çalışma ortamınızın dokunulmazlığını sağlamaktır. Telefonu telesekretere bağlamak, kapınıza rahatsız edilmemenizi isteyen esprili işaretler asmak, uygun bir müzik seçimi, gereksiz kesintilere yol açabilecek etkenleri ortadan kaldırmak gibi önlemler size yardımcı olacaktır. Yaşamınızın genel olarak her zamankinden iyi olacağından ve okuma, öğrenme, anlama ve hatırlama düzeyinizin gelişeceğinden emin olun. İyi bir çalışma ortamı meydana getirme hususunda daha fazla bilgi için sayfa 66'ya bakın.

Sağlık Sorunları

Yoğun bir okuma ve çalışma programına girecekseniz, bedensel kaynaklarınızın bu programı tamamlamak için elverişli olup olmadığından emin olun. Soğuk algınlığı ve baş ağrısı gibi küçük rahatsızlıklar bile zihinsel performansınızda büyük bir değişim meydana getirecektir. Bu tür yarı kronik belirtiler başgösterdiğinde, doktorunuza danışın. Tıbbi tavsiye konusunda, hafif bir egzersiz programıyla başlamak faydalı olacaktır (bkz. Buzan'ın Dahiler Kitabı).

ÖZET

Çalışma ortamınız, okuma hızınızı ve anlama düzeyinizi geliştiren ya da düşüren en önemli etkendir. İçsel ya da dışsal çevrenizdeki her etkenin, zihinsel performansınızı azamileştirecek şekilde yapılandırılmasına dikkat edin.

GÖZATILACAK ÖNEMLİ NOKTALAR

1. Özellikle aydınlatma, masa ve okunan materyalin konumu ve sizin konumunuz dikkat etmeniz gereken dış etkenlerdir.
2. Kendiniz için günün en uygun okuma ve öğrenme vaktini tespit edin.
3. Sakin, barışçıl, istim üstünde ve çalışma arzusuyla dolu bir ruh halinde olduğunuzdan emin olun.

SONRAKİ BÖLÜM

Gözlerinizin çalışma mekanizmasını ve hangi ortamda en verimli şekilde çalıştığını öğrendikten sonra ikinci önemli adımı atmaya hazırsınız: Yeni devrimsel okuma teknikleri aracılığıyla mevcut okuma hızınızı ikiye katlamaya.

BÖLÜM 6

Gözlerin Yönlendirilmesi – Yeni Bir Hızlı ve Kapsamlı Okuma Tekniği

Zihinsel alanda genellikle ilk adım en zor adımdır. Sonraki adımlar daha kolaydır. Her ilerleme önceki ilerlemeden daha ileri götürür. Öğrendiğiniz her yeni bilgi başka bilgiler öğrenmenizi kolaylaştırır.

ÖNSÖZ

Bu bölümde, **okurken gözlerin bir 'yönlendirici'ye olan gereksinimini** ve **bu tür bir yönlendiriciyi en iyi şekilde nasıl kullanacağınızı** araştıracağız. Bu teknik, geri dönme ve yeniden okuma alışkanlıklarını azaltmakta, okuma hızını ve anlama düzeyini geliştirerek her duraklamada algılanan kelime sayısını artırmakta ve gözlerinizin daha da rahat okumasını sağlamaktadır.

HANGİSİ HAKLI – BEBEK Mİ YOKSA EĞİTİM SİSTEMİ Mİ?

Bir bebek veya küçük bir çocuk okumayı ilk öğrendiğinde, fiziksel olarak yaptığı ilk hareketlerden biri hangisidir?

Parmaklarını sayfa üzerinde gezdirmek.

Biz ise bu tekniğin hızlı okumasını engelleyeceğinden korkarak çocuğa parmağını sayfadan çekmesini söyleriz.

Peki çocuk parmağını sayfaya niye koyar?

Odaklanmak ve yoğunlaşmak için.

Öyleyse, çocuğa parmağını çekmesini söylediğimizde mantıklı hareket ediyor muyuz? Eğer parmakla takip, çocuğun okuma hızını yavaşlatıyorsa, tabiki mantıklı olan odaklaşması ve yoğunlaşması için hemen parmağını sayfadan çekmesini istemektir!

Şimdi aşağıdaki soruların yardımıyla bu konuyu daha yakından inceleyelim:

Parmağınızı, kaleminizi ya da herhangi bir aracı aşağıdaki etkinliklerde hiç kullandınız mı?

1. Telefon rehberindeki bir numarayı ararken
Evet/Hayır
2. Sözlükte bir sözcük ararken Evet/Hayır
3. Bir ansiklopedi ya da herhangi bir başvuru kaynağında bir şey ararken Evet/Hayır
4. Sayıları toplarken Evet/Hayır
5. Not almak istediğiniz bir konuya odaklaşırken
Evet/Hayır
6. Kitapta önemli olduğunu düşündüğünüz bir hususu bir başkasına gösterirken Evet/Hayır
7. Okurken Evet/Hayır

Birçok kişi bu sorulardan en az yarısına 'Evet' derken, çoğu kişi de sonuncusu hariç tümüne 'Evet' diyecektir.

Gündelik okuma hariç hemen her durumda, doğal olarak meyilli olduğumuz ama kullanmamamızın söylendiği çeşitli yönlendiricileri kullanmamız garip değil mi?

Bu konudaki önyargı o kadar kemikleşmiştir ki, örneğin üst düzey bir yöneticiyi ofisinde parmağını kullanarak kitap okurken görseniz hemen zekâsı hakkında şüphe duyarsınız!

Öyleyse işin doğrusu ne? Bir yönlendirici yardımıyla mı yoksa yönlendiricisiz mi okumak daha iyidir?

Bunu bir deney aracılığıyla öğrenelim.

Deney

İki kısımdan oluşan bu deneyi yapmak için bir partneriniz olmalıdır.

Deneyin birinci kısmında, partneriniz ve siz, kollarınız birbirine kavuşmuş ve başlarınız sabit bir biçimde birbirinizden yaklaşık 60 cm uzaklıkta karşılıklı olarak oturacaksınız.

Partnerlerden biri 46 cm çapında büyük bir daire olduğunu hayal etsin. Hayali daire yaklaşık olarak gözlerin 30 cm önünde olmalı. Daireyi hayal eden kişi, gözleriyle dairenin dış çizgilerini takip ederken diğer partner de çok yakından birinci partnerin gözlerine bakarak onların nasıl hareket ettiğine baksın.

Daireyi hayal eden partner, sanki gözleri bir dairenin çevresinde hareket ediyormuş gibi hissetmelidir.

Bu aşamada partnerinize ne gördüğünüz ya da ne hissettiğiniz konusunda herhangi bir bilgi vermeyin.

Şimdi rolleri değişin ve ikinci partner bir daire hayal ederek gözlerini bu hayali dairenin çevresinde gezdirsin. Birincisi de onun göz hareketlerini izlesin. Bu deneyi bitirdiğinizde her ikiniz de birbirinizin gözlerinde ne gördüğününüzü ve hayali daireyi takip ederken neler hissettiğinizi söyleyin.

Yaptığınız bu ilk deneyde, hemen hemen istisnasız bir biçimde, daireden çok farklı bir şekil ortaya çıkacaktır. Bu şekil, daha çok Şekil 6a'daki gibi girintili çıkıntılı olacak ve çoğu kişiye bu deneyi yapmak çok zor gelecektir.

Deneyin ikinci kısmında, yine partneriniz ve siz daha önceki gibi oturun. Bu sefer biriniz parmağıyla hayali bir daire çizerken diğeriniz de parmağın hareketlerini gözleriyle takip etsin. Hayali daire çizen partner diğer partnerin göz hareketlerini gözlemlesin.

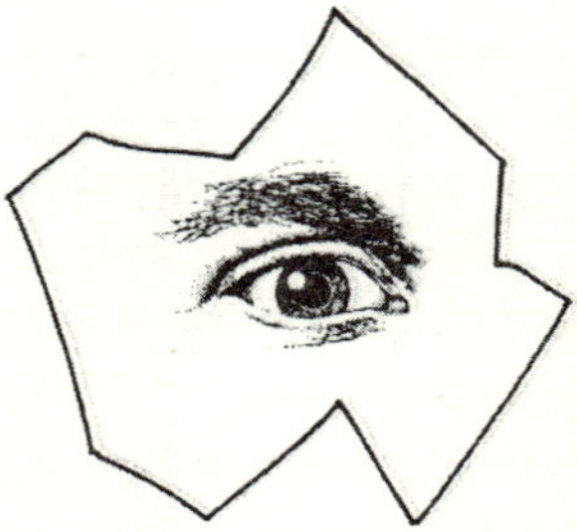

Şekil 6a: Parmak yardımı olmaksızın çizilen hayali dairenin çevresini takip etmeye çalışırken gözlerin hareketlerini gösteren şekil. Bkz. 75.

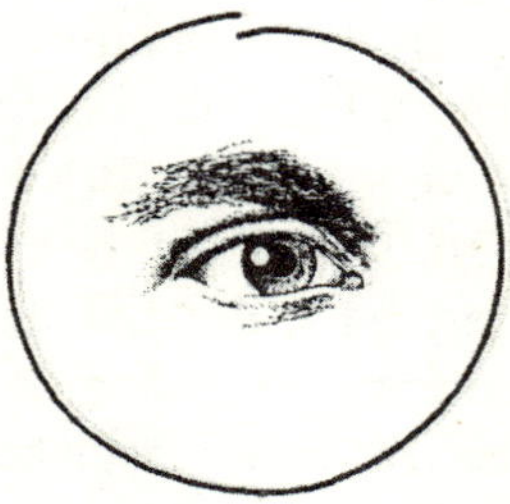

Şekil 6b: Parmak yardımıyla çizilen hayali dairenin çevresini takip eden gözlerin hareketlerini gösteren şekil.

Partnerinizle rolleri değiştikten sonra, birbirinizin göz hareketlerini izlerken gözlemlediğiniz noktaları tartışın.

Bu deney esnasında, parmağınızı çok hızlı hareket ettirerek veya parmağınızla birden fazla daire çizerek partnerinizi hipnotize etmeye yeltenmeyin!

Deneyi yaptıktan sonra gözlerin yönlendiriciyi daha rahat takip edebildiğini ve bunu yaparken de yorulmadığını fark edeceksiniz (bkz. Şekil 6b).

Bunun nedeni gözlerin ortamdaki hareketi algılayan bir yapıya sahip olmasıdır. Zira çevredeki hareketler en yaşamsal bilgileri verir.

Dolayısıyla, okurken parmağını kullanan çocuğun yaptığı hareket doğrudur. Bilgi toplarken herhangi bir yönlendiricinin yardımına başvurduğunuzda siz de doğru hareket ediyorsunuz. Bu deneyin de gösterdiği gibi, bir yönlendiriciyi izleyen gözler daha az yorulur ve daha etkili okur.

BİR YÖNLENDİRİCİ KULLANMANIN EN İYİ YÖNTEMİ HANGİSİDİR?

Gözleriniz bir yönlendiriciyi izlemek üzere yapılandırıldığı, muhtemelen çocukluğunuzda bir şey okurken bu tür yönlendiricileri kullandığınız ve yaşamınız boyunca her türlü okuma esnasında bu yönlendiricilere başvurduğunuz için, bu beceriyi yeniden edinmek hiç de zor olmayacaktır.

Kurşun veya tükenmez kalem, tığ veya şiş gibi uzun ve ince bir nesneyi kullanmak en iyisidir. Böylece yönlendirici, sayfa görüntünüzü engellemez ve yazıları kolayca görebilirsiniz.

Bu nedenle eğer başka hiçbir araç yoksa elinizi veya parmağınızı kullanmanız önerilmez çünkü parmaklarınızın ve avucunuzun kalınlığı görüntünüzün çoğunu kapatacaktır.

Yönlendiriciden en iyi şekilde yararlanmak için, onu okuduğunuz satırın altına yerleştirin ve okurken yavaşça hareket ettirin. Yönlendiricinizi ideal duraklama noktalarına göre hareket ettirmeyin çünkü beyniniz gözlerinize, satır boyunca hareket eden yönlendiriciye göre durması talimatını verir.

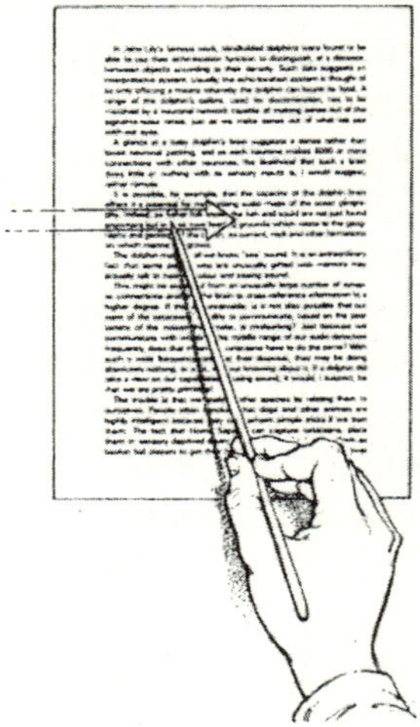

Şekil 7 Okuma yönlendiricisinin doğru kullanım pozisyonunu gösteren resim.

Bu bağlamda akla önemli bir soru gelmektedir: Yönlendiriciyi tüm satır boyunca hareket ettirmemize gerek var mıdır? Bu soru, hızlı okuyucuların, sayfanın ortasından aşağıya doğru okuduklarına ilişkin genel bilgi yardımıyla cevaplanabilir. Bu teknik, çoğunlukla yanlış bir biçimde bu okuyucuların gözlerini sayfanın ortasından aşağıya doğru düz bir biçimde hareket ettirdikleri şeklinde düşünülür. Halbuki yapılan bu değildir. Hızlı okuyucuların yaptıkları sayfanın orta bölümünden aşağıya doğru okumaktır.

Gözler bir kerede beş – altı sözcük görebildiği için satır başlangıcından sonra ve satır sonundan önce kolayca sabitlenebilir ve böylelikle kenarda kalan bilgileri algılayabilir (bkz. Şekil 7).

Yönlendirici, gözlerin çalışma zorunluluğunu asgariye indirir, beynin yazıya odaklaşmasını sağlar ve yüksek anlama düzeyiyle birlikte okuma hızınızı artırır.

Bu zihinsel alışkanlığı yeniden edinmeniz bir saatten daha az bir süre alacaktır. Bu bölümün sonundaki Gözatılacak Noktalar'da bunu uygulamaya geçirecek öneriler verilecek.

Aşağıdaki Deneme Sınavı'nda göz hareketleriniz hakkında öğrendiklerinizle, gözlerinizi yönlendirmeniz konusunda öğrendiklerinizi birleştirebilirsiniz. Sınava başlamadan önce iki dakika kadar bu kitapta şu ana kadar okumuş olduklarınızı bir yönlendirici kullanarak okumanız ve sonra sınava başlamanız önerilir.

DENEME SINAVI 3: Hayvanlarda Zekâ

I. Kısım Balinaların İletişim Aracı

Kanadalı bir bilim adamı katil balinaların çok sayıda dili üstelik değişik lehçelerle konuştuklarını keşfetti. Lehçeler arasındaki farklılıklar, bir ulusal dilin bölgesel lehçeleri arasındaki ayrım kadar küçük, diller arasındaki farklılıklar ise Asya ve Avrupa dilleri arasındaki farklılıklar kadar büyük olabilmekteydi.

Yüksek Zekâlılar Dil Kulübü

Bu bulgu balinaları, üyeleri arasında insanlar, maymunlar ve fokların bulunduğu, yüksek zekâlılar dil kulübüne yerleştirmektedir. (Son araştırmalar, memeliler tarafından çıkarılan seslerin genetik olarak belirlenmiş ve çoğu memelinin dilsel zekâlarının bizim önceki tahminlerimizden daha yüksek olduğunu ortaya koymaktadır. Bilim adamlarına göre memeliler hem tüm tür bakımından hem de tekil olarak birbirleriyle iletişim konusunda çok yaratıcılar.)

British Columbia'daki Vancouver Akvaryum'unun Deniz Memelileri Müdürü John Ford, on yıldır katil balinalar arasındaki iletişim üzerinde araştırmalar yapmaktadır. Ford, ıslıklardan ve çığlıklardan oluşan katil balina dilinin su altında iletişim kurmak için kullanıldığını gözlemledi. Bu çığlıklar, balinaların çevresel yankı ortamında ilerlerken çıkardıkları yüksek enerjili sonar kliklerinden oldukça farklıdır.

Katil balinalar aslında yunus familyasının üyeleri olup, bu familyadaki en büyük cüsseli memelilerdir. Adları yanıltıcıdır çünkü insanlara saldırdıklarına dair hiçbir kayıt yoktur. Aksine, balinaların tıpkı yunuslar gibi insanlara yardımcı olduklarını birçok olaya rastlanmıştır.

Islıkçı Balinalar

Belki de balinaları, ıslıkçı ya da ıslık çalan balinalar diye yeniden adlandırma hareketi başlatılmalıdır. Bu, hem onlar için daha uygun hem de çıkarttıkları seslerin çağrıştırdığı bir isim olacaktır.

Islık çalan balinalar, tropik sulardan kuzey ve güney kutup denizlerine kadar dünyanın belli başlı okyanuslarında bulunmaktadır. En büyükleri ise İzlanda ve Kanada gibi soğuk ülkelerin açıklarında yaşamaktadır.

Ford, çalışmalarında, British Columbia ve Kuzey Washington eyaletinin açıklarında yıl boyu yaklaşık 350 kadar balinanın bulunduğuna işaret etmektedir. Bu balinalar civar bölgelere gidip gelen iki ayrı topluluktan oluşmaktadır.

16 aileden ya da 'pod'dan oluşan 'kuzey topluluğu', Vancouver Adası'ndan Alaska'nın güney doğu ucuna doğru uzanan

bir bölgede bulunmaktadır. Daha küçük olan 'güney topluluğu' ise üçe ayrılarak kuzey topluluğunun sınırlarından Puget Sound ve Gary Limanı'na kadar uzanan bir bölgede dolaşmaktadır.

Neyse ki Islıkçı Balinaların çıkardığı çoğu ses insan kulağının duyma eşiğindedir. Bu nedenle Ford, araştırmalarını kolaylıkla yürütebilmiştir. Geminin iki yanından denize doğru hidrofonlar sarkıtmış ve sesleri elektronik olarak yükselterek teyp kasedine kaydetmiştir.

Ford yaptığı araştırmayla, her bir balina ailesinin farklı bir lehçeyle konuştuğunu ve her ailenin ortalama olarak 12 farklı çığlık attığını fark etmiştir. Ailenin her üyesi tüm ıslıkları ve çığlıkları çıkartabilmektedir. Bu ıslıklar ve çığlıklar sistemi, gerek nicelik gerekse de nitelik itibariyle diğer balina ve yunuslarınkilerden farklıdır.

Çoğu çığlık sadece bir aile içinde kullanılırken bazen bir veya daha fazla çığlığın aileler arasında ortak bir biçimde kullanıldığına rastlanmaktadır.

Ortak Atalar

İlginç olan Ford'un, bu dillerin her aile içinde kuşaktan kuşağa geçtiğini fark etmesi ve aynı çığlıkları atan grupların ortak bir atadan veya atalardan geldiğini düşünmesidir. İki aile ne kadar ortak çığlığa sahipse o kadar yakın aile ilişkilerine sahip demektir.

Aile ve dil arasındaki bu genetik-dilsel ilişki, Ford'un bir dilin ne kadarlık bir süre içinde meydana geldiğini tahmin etmesini sağladı. Ford'a göre 'değişim çok yavaş gerçekleşti ve bir dilin oluşması muhtemelen asırlar aldı'. Yani bazı dillerin binlerce yıllık olabileceğine işaret eden bir sav.

Ford araştırmasındaki yeni bir nokta da Islıkçı Balinaların davranışları ile attıkları çığlıklar arasındaki bağıntıdır. Şimdiye kadar büyük bir bağıntı bulamamasına karşın, heyecanlandıklarında daha hızlı, yüksek sesli ve daha sık çığlıklar attıklarını saptadı.

Ford'a göre, balinaların attıkları çığlıklar mensubu oldukları aileye aidiyetin önemli bir kodudur ve aynı aileye mensup balinalar birbirlerini bu çığlıklar yardımıyla tanımaktadırlar. Bu, özellikle tüm ailelerin biraraya gelerek yüzdükleri toplantılarda çok önemlidir.

Ford henüz Islıkçı Balinaların iletişim araçlarındaki dilbilgisi yapısını belirleyemedi. Fakat kullandıkları dilin akustik mükemmelliğinden çok etkilendi: 'Bizler şu anda bu çok gelişmiş ve etkili iletişim aracının ancak belli bir kısmını anlamaktayız. Sanırım zaman geçtikçe, balinaların çevrelerine nasıl uyum sağladıklarını daha iyi anlayacağız.'

II. Kısım Hayvanlarda Zekâ - Yunuslar

Rudyard Kipling öğrenmeyi 'ne, niçin, ne zaman, nerede ve kim' sorularının cevabı olarak tanımlamaktadır. Bu tanım karşısında çoğu insan balinaların en az üç bakımdan insanlardan eksik olduğunu düşünebilir çünkü onların ne zaman, nasıl ve niçin sorularına ilişkin iletişim kurdukları hususunda herhangi bir kanıt bulunmamaktadır. Birkaç yıl önce, yunusların planlanmamış bir gösterisi sırasında Whipsnade Hayvanat Bahçesi'nin müdürüydüm.

Akvaryumda bulunan üç şişe burunlu yunustan (Tursiops truncatus) biri hasta gibi durmaktaydı ve onu yakalamak için uğraşmaya başladık. Arkadaşları girişi kapayarak onun her iki tarafında yüzmeye başladılar ve ağa yakalanmasını engellediler.

İşi kolaylaştırmak için diğer iki yunusu kenardaki küçük havuza alıp bu havuzun kapağını kapadık. Yunuslar içinde bulundukları bu rahatsızlık verici durumdan kurtulmak için biraraya gelerek dibe daldılar ve burunlarıyla kapağın altına vurarak onu kaldırdılar. Böylece yine özgürlüğe yüzebildiler.

Bu anlattığım durum, yunusların 'nasıl' ve 'ne zaman' sorularıyla ilgilendiklerini ve elbette bu iki sorudan önce, 'niçin' konusunda bir sonuca ulaştıklarını ortaya koymaktadır.

Sonuç olarak, Homo Sapiens'in beyinsel işlevlerini, temel kuralları tanımlamaksızın Tursiops truncatus'unkilerle karşılaştırmak saçmalıktır. 'İşlev'e ilişkin bir karşılaştırma zekânın karşılaştırılmasından daha doğru bir yaklaşım olabilir. Değişik türlerin değişik sorunları bulunmaktadır dolayısıyla bunları çözmek için farklı işlemciler gerekmektedir. LISP gibi bazı işlemciler, düşünceleri ele alma konusunda çok yetkin olabilmekteyken, bazıları da sayılar konusunda mükemmeldir. Yani, bir LISP programını bir BASIC programıyla karşılaştırmak çok yararsızdır.

Yunus familyasındaki bu yüksek dereceli beyinsel gelişim bu hayvanların üç boyutlu düşünebilme becerileriyle açıklanabilir.

John Lily, ünlü eserinde, gözleri bağlı yunusların, belli bir uzaklıktaki nesneleri, yoğunluklarına göre birbirinden ayırt etmek için, çevresel yankı işlevini kullandıkları saptamasında bulunuyor. Genellikle, çevresel yankı sistemi sadece yunusların yiyecek bulurken yararlandıkları bir araç olarak düşünülür. Yunusların ayrımsama yeteneklerinin kapsamı, bizim gözlerimizden yararlanma yeteneğimizle kıyaslanabilir.

Yavru bir yunusun beyni incelendiğinde, gevşek değil yoğun bir nöron ağıyla karşılaşılır. Her bir nöron, diğer nöronlarla 6000'den fazla bağlantı kurar. Böyle bir beyne duyumsal bilgi girişi olma olasılığı bana göre bir hayli zayıftır.

Örneğin muhtemelen, yunus beyni okyanus coğrafyasının işitsel haritalarını hatırlama yeteneğine sahiptir. Gerçekten de balıklar beslenme alanlarının dışındaki bölgelerde bulunmazlar.

Yunuslar, hepimizin bildiği gibi, sesleri 'görebilmek'tedir. Olağandışı hafızası olanların sesleri görüp renkleri duyabildiklerinden bahsettiklerini duymuşuzdur.

Bu durum, çok sayıda sinirsel bağlantı aracılığıyla beynin bilgilere dolaylı gönderme yapmasıyla açıklanabilir. Yunusların düşük yoğunluklu sesler çıkardıkları için iletişim kuramadıklarına ilişkin görüşümüz yanıltıcı olamaz mı? Sırf bizler orta yoğunluklu ses algılama özelliğine sahip olduğumuz ve kelimelerle iletişim kurduğumuz için yunusların da mı öyle olması gerekiyor? İnsanların sesleri kullanabilmeleri konusunda eğer yunuslar bir görüş sahibi olsaydı, muhtemelen bizim çok ilkel varlıklar olduğumuzu düşünürlerdi.

Sorun, diğer türleri incelerken, kendimizle ilişkilendirerek çözümlemelere girişmemizdir. İnsanlar, eğitildikleri takdirde bazı basit hareketleri yapabildikleri için köpeklerin ve diğer hayvanların çok zeki olduklarını düşünürler. Homo sapiens'in yunusları yakalayarak yalıtılmış ortamlara kapatması ve yiyecek elde etmek için onları bir basketbol oyuncusu haline getirmesi bu tür tekniklerin gücünü göstermektedir.

Bu muhteşem hayvanların müthiş zekâsını sadece gösterilere indirgemek, minimalist, alçaltıcı ve faydasız bir yaklaşımdır.

Zekâmızı ve insanlığımızı, diğer yaratıkların geniş çaplı becerilerini daha insanca ve akıllı bir biçimde inceleyerek gösterebiliriz.

****

Saatinizi Durdurun

Geçen Süre:......dakika

Sonra, okuma hızınızı, parçadaki sözcük sayısını (bu örnekte 1079 sözcük), süreye (dakika) bölerek dakikada sözcük sayısı(dss) olarak hesaplayın.

Okuma Hızı Formülü

dakikada sözcük sayısı (dss) = sözcük sayısı/süre

Hesapladıktan sonra, bulduğunuz sayıyı paragrafın sonundaki dss için ayrılmış bölüme ve 273. sayfadaki İlerleme Tablonuza ve İlerleme Grafiğinize kaydedin.

Okuma hızı:.........

DENEME SINAVI 3: Anlama

1 Katil balinalar

(a) Birçok dili değişik lehçelerle konuşmaktadırlar

(b) Bir dili değişik lehçelerle konuşmaktadırlar

(c) İki dilin her birini tek bir lehçeyle konuşmaktadırlar

(d) Aynı dili çok sayıda değişik lehçeyle konuşmaktadırlar

2 Yunuslar, insanlardan, maymunlardan ve fok balıklarından değişik bir 'dil kulübü'ne mensupturlar.

Doğru/yanlış

3 Katil balinalar,

(a) Çevresel yankı ortamında ilerlerken

(b) Su altında iletişim kurarken

(c) Sevişirken
(d) Tehlike anında
ıslıklardan ve çığlıklardan oluşan bir dil kullanmaktadır.

4 Kayıtların gösterdiğine göre katil balinalar
(a) Ara sıra insanlara saldırmaktadır
(b) Düzenli olarak insanlara saldırmaktadır
(c) İnsanlara hiç saldırmamıştır
(d) İnsanlara saldırmış ama öldürmemiştir

5 Islıkçı balinalara
(a) Sadece sıcak okyanuslarda
(b) Sadece soğuk okyanuslarda
(c) Atlantik Okyanusunda ve Kuzey kutup denizinde
(d) Dünyanın belli başlı tüm okyanuslarında
rastlanabilir

6 Balina ailesine................denmektedir.

7 Islıkçı balinaların çıkardığı çoğu ses
(a) İnsanın duyma eşiğinin üstündedir
(b) İnsanın duyma eşiğinin altındadır
(c) İnsanın duyma eşiğindedir
(d) Algılanamamaktadır

8 Bir balina ailesi ortalama kaç farklı çığlık atmaktadır?
(a) 8
(b) 10
(c) 12
(d) 20

9 Balina dilleri
(a) Yanlış bir tabirdir.
(b) Kuşaktan kuşağa geçer
(c) Kuşaktan kuşağa değişmektedir
(d) Temelde aynıdır

10 Ford, bir dilin oluşmasının ne kadar zaman aldığını düşünmektedir?
(a) Bir yıl
(b) 10 yıl
(c) Bir kuşak
(d) Asırlar

11 John Ford, 'Islıkçı Balinaların akustik mükemmelliği' isimli çalışmasıyla bu hayvanların iletişim araçlarının gramatik yapısını belirleyebildi. Doğru/Yanlış

12 Yunus familyasındaki yüksek dereceli beyinsel gelişim bu hayvanların
(a) İletişim için büyük bir beyne gereksinim duymalarıyla
(b) Üç boyutlu düşünebilme becerileriyle
(c) Yaşadıkları okyanus ortamının daha büyük bir beyne sahip olmalarını sağlamasıyla
(d) Geçirdiği evrimin insanların geçirdiği evrim sürecinden daha fazla zaman almasıyla
açıklanabilir.

13 John Lily, ünlü eserinde, gözleri bağlı yunusların, belli bir uzaklıktaki nesneleri,
(a) Şekillerine göre
(b) Dokularına göre

(c) Yoğunluklarına göre
(d) Renklerine göre
birbirinden ayırt etmek için, çevresel yankı işlevini kullandıkları saptamasında bulunuyor

14 Yavru bir yunusun beyni incelendiğinde, gevşek bir nöron ağıyla karşılaşılır. Doğru/Yanlış

15 Yunus beyni
(a) Renkleri işitebilmektedir
(b) Sesleri tadabilmektedir
(c) Sesleri görebilmektedir
(d) Renkleri tadabilmektedir

Cevaplarınızı sayfa 269'dakilerle karşılaştırın. Anlama yüzdenizi hesaplamak için doğru cevaplarınızın sayısını 15'e bölün ve çıkan rakamı 100'le çarpın.

Anlama yüzdesi: 15'te......
%.......

Şimdi elde ettiğiniz skoru, 273. sayfadaki İlerleme Tablonuza ve İlerleme Grafiğinize kaydedin.

ÖZET

1. Çocukların okurken bir yönlendirici kullanma güdüleri doğru bir harekettir.
2. İnce kalemler, tığlar hatta şişler yönlendirici olarak kullanılabilir.
3. Yönlendirici, satırların altında yavaşça hareket ettirilmelidir.

4. Gözlerinizi sadece sayfanın orta bölümünden alta doğru yönlendirmelisiniz.
5. Yönlendirici hızı artırır, konsantrasyon ve anlama düzeyini geliştirir ve gözleri dinlendirir.

GÖZATILACAK ÖNEMLİ NOKTALAR

1. Bir yandan ideal bir yönlendirici ararken şu anda elinizin altındaki en iyi yönlendiriyi kullanın.
2. Bir yönlendirici kullanarak bu bölümü hızlı bir biçimde tekrar okuyun.
3. Bundan sonra okuduğunuz gazete ve dergiyi bir yönlendirici yardımıyla okuyun.
4. Arada bir yönlendiriciyle normalden biraz daha hızlı okuyarak kendinizi zorlayın. Bu alıştırma tıpkı, jimnastiğin kaslarınızı güçlendirmesi gibi hız ve anlama düzeyinizi aşamalı olarak yükseltecektir.

SONRAKİ BÖLÜM

Normal hıza sahip bir okuyucunun alt basamaklarından hızlı okuyucu merdiveninin ilk basamağına geçtiniz.

Bir sonraki bölümde, yönlendiriciyi daha gelişmiş bir biçimde kullanma yöntemlerini göstererek, sizi çok hızlı okuma alanına götüreceğiz.

BÖLÜM 7

Çok Hızlı Okumaya Geçiş – Hızlı Okuyan Şöhretler Kulübü

Büyük düşünürler, bilim adamları ve hatta bazı Başkanlar dakikada 1000 kelime okuyabilmektedirler. Öyleyse siz de okuyabilirsiniz.

ÖNSÖZ

7. Bölümde, tarihte çok hızlı okuyan kişileri, çevresel görüşünüzü nasıl geliştireceğinizi açıklayan hızlı okuma ustalıklarını ve 'beyinsel okumanın' sırlarını öğreneceksiniz.

HIZLI OKUMA USTALARI

Hızlı Okuma Alanındaki Şöhretler

Hızlı okuyan şöhretler klubündeki ünlüler, siyaset, bilim ve felsefe alanınındaki önde gelenlerin okudukları gibi okurlar – bu da hızlı okumanın anlama, hatırlama ve okunan materyalleri kullanma kabiliyetleriyle birleştirildiğinde başarıya ulaşmada ne kadar önemli bir rol oynadığını göstermektedir.

John Stuart Mill

Tüm zamanların en büyük 90. dahisi olarak gösterilen pragmatist İngiliz filozof John Stuart Mill'in kitap okurken tüm sayfayı 'bir bakışta yuttuğu' söylenir.

Mill'in durumu motivasyonun ve teşviğin önemini gösteriyor. Gençlik yıllarında kolej profesörü olan babası genç oğluna bir kitap verir ve ondan kısa bir süre için diğer odaya gitmesini, kitabı okumasını ve ne öğrendiğini gelip kendisiyle tartışmasını ister.

Delikanlının konsantre olması ve verilen materyali hızla okuması için üzerinde kurulan bu olumlu ve yüksek baskı çok hızlı bir okuyucu olmasını teşvik etmiştir.

Kendi motivasyonunuzu ve becerinizi artırmanın iyi bir yolu da, John Stuart Mill'in babasının yaptırdığı alıştırmayı kendinize uygulamaktır. Okuduğunuzdan neler öğrendiğinizi bir arkadaşınıza anlatabilirsiniz.

Başkan Franklin D. Roosevelt

Franklin D. Roosevelt en hızlı ve doymak bilmez bir okuyucu liderdir. Bir paragrafı bir bakışta, bir kitabı bir oturuşta bitirdiği söylenir.

Başlangıçta ortalama okuma hızıyla okuyan başkan daha sonra bunu geliştirmiştir. İlk başta okuma aralığını geliştirmeye çalışmış, dört kelimede bir duraklayarak okuyabiliyorken daha sonra bunu altıya ve hatta sekize çıkarmıştır.

Roosevelt daha sonra, küçük paragrafları yalnızca göz hareketleriyle okuyarak, iki satırı bir anda okumaya ve sayfayı zikzak yaparak okumaya çalışmıştır. Yöntemi bugünkü hızlı okuma konusunda önde gelenlerin yöntemleriyle tıpa tıp aynı idi.

Profesör C. Lowell Lees

Profesör Lees 1950'lerde Utah Üniversitesinde Konuşma Bölümü Başkanıydı. Profesör, kendisi farkında olmasa bile onun hızlı okuma becerisi bu alanda önemli ilerlemelere neden olmuştur. Evelyn Wood isimli genç bir öğrencisi profesöre 80 sayfalık bir dönem ödevi getirmiş. Profesörün boş zamanlarında okuyup değerlendireceğini düşünen öğrenci profesörün 10 dakika sonra ödevi değerlendirip iade etmesine hayret etmiştir. Daha sonra Dinamik Okuma Hareketinin öncülerinden olan Evelyn, Profesör Lees'in ödevi gerçekten okuduğunu belirtmiştir. Çünkü, profesör yalnızca Evelyn'in yazdığı herşeyi hatırlatmakla kalmamış, aynı zamanda tüm eksik noktaları da söyleyebilmiştir!

Her sayfada 200-250 kelimenin olduğu varsayılırsa, Profesör Lees'in dakikada 2500 kelime okuyabildiği ortaya çıkmaktadır.

Bundan esinlenen Evelyn Wood bu alanda daha kapsamlı araştırmalar yapmış ve daha sonra Utah Üniversitesinde okuma dersleri vermeye başlamış ve kendi Dinamik Okuma Enstitüsünü kurmuştur.

Başkan J. F. Kennedy

Başkan J. F. Kennedy belki de hızlı okuyucuların en ünlüsüdür, çünkü, kendisi kampanyalarında zekâsını ve zihinsel kapasitesini sürekli vurgulamıştır. Normal bir okuyucu olduğunu, dakikada 284 kelime okuyabildiğini ve bunun için hızlı okuma üzerinde çalıştığını biliyoruz.

Dakikada 1000 kelime okuyabiline kadar çok sıkı çalıştığı bilinmektedir. Başkan her gün okumak zorunda kaldığı çok çeşitli belgelerden dolayı değişik okuma hızı rakamları geliştirmiştir.

Sean Adam

Şu anda dünya hızlı okuma rekorunu elinde bulunduran Sean Adam, diğer birçok kişi gibi, ortalama bir okuyucu olarak başlamıştır. Sean çocukken ciddi görme problemi yaşamış ve uzunca bir süre bu sorunuyla uğraşmıştır.

Gözündeki sorunları hallettikten sonra, Sean, 1982'de okuma hızını artırmak için çalışmaya başlamıştır. Şu anda dakikada 3850 kelimeyle dünya rekorunu elinde tutmaktadır. Kurucusu olduğu Avrupa Alpha Learning Enstitüsü'nden gelen son haberlere göre, tüm rakiplerine meydan okumakta ve dakikada 4550 kelime okuyabilecek kadar kendisini geliştirmiştir.

Vanda North

Dünyada şu anda üçüncü olan Vanda North, hızlı okumayla Uluslararası Hızlandırılmış Öğrenme Organizasyonu başkanı iken ilgilenmeye başlamıştır. Böyle bir organizasyonun başkanının okuma hızını artırmaktan daha iyi yapacağı bir şey olabilir mi?

Vanda çalışırken bu kitapta anlatılan tüm teknikleri uyguladı. Çok kısa bir süre içerisinde dakikada 3000 kelimeyi rahatlıkla okumaya başlamıştı. Vanda, yıllarca 'normal', doğal ve değiştirilemez sandığı bir hızda okumuştu. Hızını artırabileceğini öğrendiği zaman aşırı heyecanlanmıştı. Tekrar okuma ve gerilemeyi azaltarak, göz hareketlerini hızlandırarak ve her bir duraklamada algılanan kelime sayısını artırarak işe başlamıştır.

Yedi dakika sonra okuma hızını dakikada 200'den 400'e çıkarmıştır. Performansına şaşıran Vanda mutlulukla karışık derin bir öfke duymuştur. Çünkü, 21 yıl boyunca şu ana kadar okuduğu kitap sayısının iki katını okuyabilir ya da yine aynı miktarda kitap okuyup artan bir yılını arkadaşlarıyla geçirebilir, seyahat edebilir ve daha çok eğlenebilirdi.

Beklenenin aksine Vanda, bir materyali kontrol etmek için okuduğunda ortalama bir okuyucunun beş on katı daha hızlı ve iyi kontrol edebiliyordu. Yüksek hızla okuma tekniklerini uygulayın ve Vanda'yı yakalayabiliyorsanız yakalayın... Aslında Vanda, okuduğunuz kitabın dışarıdaki Editörü sayılır!

İKİ FANTASTİK HIZLI OKUMA ÖYKÜSÜ

Antonio di Marco Magliabechi

Antonio di Marco Magliabechi, Spinoza'nın, Cristopher Wren'in, Sir Isaac Newton'ın ve Leibniz'in çağdaşıdır. Antonio, 29 Ekim 1633 günü Leonardo da Vinci'nin memleketi Floransa'da doğmuştur. Ailesinin fakirliği nedeniyle resmi bir eğitim alamayan Antonio bir meyve satıcısının yanında çıraklık yaptı. Magliabechi dükkanda meyve sebze kasalarının üzerindeki gazeteleri ve mecmuaları okumaya çalışırdı.

Dükkanın düzenli müşterilerinden birisi bir kitap satıcısıydı. Adam Antonio'nun garip şekilleri ve resimleri okuma çabasını fark etti. Kitap satıcısı onu kendi dükkanına götürdü. Magliabechi, kitabevinde gördüğü tüm kitapları hemen tanıyor ve hatırlayabiliyordu. Kitapçının da yardımıyla, Magliabechi düzgün bir şekilde okumayı öğrendi. Okuma yeteneğini kendi olağanüstü teknikleriyle birleştiren Magliabechi okuduğu her şeyi hatırlayabiliyordu (noktalama dahil).

Septik bir yazar hızlı okuma ve ezberlemede ünü gittikçe artan bu gence bir test yapmaya karar verir ve Magliabechi'ye daha önce hiç görmediği bir metin verip ondan okumasını rica eder. Magliabechi metni müthiş bir hızla okur ve hemen geri verir ve tamamını okuduğunu söyler. Birkaç gün sonra yazar metni kaybettiğini söyleyerek birazını hatırlatması için Magliabechi'den yardım ister. Yazar, genç adamın tüm kitabın aynısını yazdığını, tüm cümle, kelimeleri ve noktalama işaretlerini aynen orijinalinde olduğu çıkarıp kendisine verdiğini görünce şaşkınlığını ve hayranlığını gizleyemez.

Zaman geçtikçe Magliabechi çok büyük sayıda kitabı çok büyük bir hızla okumaya başlar. Sonunda Magliabechi okuma ve özümseme hızıyla herkes tarafından bilinen birisi haline gelir. Kendisine sorulan soruları okuduğu kitapları otomatik olarak hatırlayarak ve aynen alıntı yaparak cevaplamaktadır.

Şöhreti gittikçe yayılan Magliabechi sonunda Toskana Dükü'nün kişisel kütüphanesinde çalışmaya başlar. Magliabechi kütüphanedeki tüm kitapları okuyabilmek için okuma hızını daha da artırmaya karar verir ve insanüstü bir çabayla okumaya başlar. Onu okurken izleyen çağdaşları Magliabechi'nin bir çırpıda sayfanın sonuna geldiğini ve okuduğunu tam anlamıyla anladığını bildiriyorlar. Magliabechi tüm kütüphaneyi okuyan ve hatırlayabilen bir kişi olarak da ün yapmıştır!

Çoğu dahi gibi Magliabechi de yaşlanıncaya kadar kabiliyetlerini daha da geliştirmeye çalıştı. Daha çok okuyup ezberledikçe daha hızlı okuyup hatırlamaya başlamıştı. Son yıllarında etrafı ciltlerle sarılı bir yatakta yatıp her cildi yarım saate yakın bir sürede bitirip uykuya dalıncaya kadar ezberliyordu. Bu 1714 yılında 81 yaşında ölümüne kadar sürdü.

Eğer Magliabechi'nin beyin/göz sistemi böyle inanılmaz bir okuma ve ezberleme kabiliyetine sahipse onunla kıyasla bizler neden cahil ve emekleme halinde kalıyoruz? Bu sorunun yanıtı yalnızca temel yetenek yoksunluğu değil kendimizi yavaş olana alıştırmamızdır. Başka bir deyişle biz, hızlı okuma yeteneğimizi ve anlayışımızı yok eden inanç sistemlerini ve okuma yöntemlerini benimsemişiz.

Eugenia Alexeyenko

Sınavları Nasıl Geçeriz adlı kitabında, Dünya Ezberleme Şampiyonu ve Büyük Ezber Ustası Dominic O'Brien, 350 yıl önce yaşayan Magliabechi'ye benzer inanılmaz başarıları olan Eugenia'nın hikâyesini anlatır.

Moskova Bilim Akademisi'ndeki eski bir araştırmacıya göre "bu inanılmaz kız parmaklarının sayfaları çevirmesinden çok daha hızlı okuyabiliyordu – ve sayfayı çevirmekten dolayı hızı kesilmese dakikada 416,250 kelime okuyabilecekti".

Kiev Beyin Geliştirme Merkezi'nde bilim adamlarının panelinde 18 yaşındaki Eugenia'ya bir test yapıldı. Eugenia'nın test materyallerini daha önce okumadığından emindiler çünkü Eugenia boş bir odada yalnız başına tutulurken, siyasi ve edebi dergiler, o günkü gazete ve dergi standlarından getirilmişti.

Bilim adamları işi daha da zorlaştırmak için Almanya'da yeni basılmış ve Eugenia'nın tek bildiği dil olan Rusça'ya çevrilmiş anlaşılması güç eski kitaplar getirtmişlerdi.

Eugenia tek başına tutulup eğlendirilirken, sınavı yapanlar test materyallerini birkaç kez okudular ve gerekli notları aldılar. Sonra ne kadar hızlı okuduğunu görmek için Eugenia'ya iki sayfa verdiler.

Sonuç, Dr. Lees'nin Evelyn Wood'u ve Antonio Magliabechi'nin çağdaşlarını şaşırtması kadar şaşırtıcıydı. Eugenia saniyenin beşte biri kadar bir zamanda – gözünü açıp kapayıncaya kadar - 1390 kelime okumuştu. Eugenia'ya birkaç dergi ve roman da verildi. Eugenia hiç gayret sarfetmeden hepsini okudu.

Sınavı yapanlardan birisi " Eugenia'yı ayrıntılı bir sınava tabi tuttuk. Normal bir gencin anlamayacağı teknik konuları dahi mükemmel şekilde anladığına şahit olduk."

15 yaşına kadar genç kızın bu eşsiz yeteneğini bilen yoktu. 15 yaşındayken babası Nikolai, Eugenia'ya uzun bir gazete makalesi verdi. Eugenia iki saniye sonra geri verip ilginç bul-

duğunu söyleyince babası kızının şaka yaptığını düşünmüştü. Ama makalenin içeriği hakkında soru sorunca verdiği cevapların hepsinin doğru olduğunu gördü.

Eugenia "Sırrımın ne olduğunu ben de bilmiyorum ama sayfalar birden aklıma giriyor ve ben metnin kendisinden çok 'anlamını' hatırlıyorum. Beynimde açıklayamadığım bir çeşit analiz gerçekleşiyor. Ama kafamda sanki koca bir kütüphane varmış gibi hissediyorum!" diyor.

GÖRSEL GÜCÜNÜZÜN GELİŞTİRİLMESİ

6. Bölümde gözünüzün her yatay duraklamada daha fazla kelime algılama yeteneğinin olduğunu keşfetmiştiniz. Şimdi ise şu andaki gelişmiş algılama kapasitenizi bile artırabilecek bir dizi alıştıma yapacaksınız (bkz. Şekil 8)

Yatay ve Dikey Görüş Açınızın Ölçülmesi

İlk önce, mümkün olduğunca uzak bir noktaya odaklanıp bakarak işaret parmaklarınızın uçlarını burnunuzdan 75 cm yatay uzaklıkta tutarak birbirine dokundurun. İşaret parmaklarınızın uçlarını oynatmaya devam ederek ve gözlerinizi, odaklandığınız uzaktaki noktadan ayırmaksızın, parmaklarınızı yatay olarak birbirinden yavaşça ayırmaya başlayın. Parmak uçlarınızın hareketlerini 'gözünüzün ucuyla' göremeyinceye kadar hareketi bırakmayın ve yatay görüş açınızı ölçün.

Alıştırmanın ikinci bölümünde, aynı hareketi bu kez parmak uçlarınızı dik tutarak ve görüş alanınızın alt ve üstünde bu hareketi göremeyinceye kadar parmaklarınızı yavaşça indirip kaldırarak tekrarlayın. Sonra durun ve dikey görüş açınızı ölçün. Şimdi bu egzersizleri yapın.

Sonuçlar

Şaşırtıcıydı değil mi? İnsanlar çoğunlukla yatay görüş açılarının kollarını açabildikleri genişlikte olduğunu keşfederler. Dikey görüş açısı ise kaş kemiği yüzünden biraz daha kısadır. Bu nasıl mümkün olabilmektedir?

Bunun cevabı insan gözünün yapısında yatar. Her bir gözün retinasında 130 milyon ışık alıcısı vardır. Bu, toplam 260 milyon alıcı demektir.

Sizce gözünüzün yüzde kaçı 'net' ya da merkezi odağa ayrılmış, yüzde kaçı 'yan' ya da çevresel odağa ayrılmıştır? Yanıtlarınızı aşağıya yazın:

Yüzde

Merkezi Odak: ....

Yan Odak: ....

Aslında net odağınız göz/beyin sisteminin kendisine ayrılanın yüzde yirmisine sahiptir. Halbuki çevresel odağınız, şaşırtıcı bir şekilde, yüzde seksenine sahiptir. Bu ise sizin için çalışan 260 milyon ışık alıcısının 208 milyonunun çevresel odağınıza ayrılmış olduğu anlamına gelmektedir.

Buna neden bu kadar geniş bir yüzde ayrılmıştır? Bunun nedeni, evrendeki olayların çoğunun merkez odağınızın etrafında olmasıdır. Beyninizin sizi ihtiyacınız olan şeye yönlendirmek ve tehlikeli şeylerden uzak tutmak için her türlü çevresel değişikliğin farkına varması, hayatta kalmanız için önemlidir.

Okumayı öğretmenin geleneksel yöntemlerinde sadece net odak görüşüne konsantre oluruz, böylece bize verilmiş yüzde yirmilik görüş kapasitesinden daha azını kullandığımız gibi bunu da tamamen yanlış kullanırız.

Antonio Magliabechi, John Stuart Mill ve başkan Kennedy gibi okuyucular, kendilerini çevresel görüşlerinin kullanılmamış geniş potansiyelinden yararlanmak için yetiştirdiler. Siz de aynısını yapabilirsiniz.

Beyninizin Gözüyle Görmek

Şimdi sizi şaşırtacak ve hayat boyu değiştirecek anlayışta bir deneyi yapmak üzeresiniz. Bu deneyde yapacağınız şey, beyninizle net odağınızın bağlantısını kesmek ve aklınızın gözüyle görmektir.

Bu paragrafı okuyunca sayfa 103'ü çevirin ve parmağınızı sayfanın ortasındaki '*satırı*' sözcüğünün altına koyun. Gözünüzü tamamen bu kelimeye odaklayarak:

1. Gözünüzü hareket ettirmeden bu sözcüğün iki yanındaki kelimelerden kaçını görebildiğinize bakın.
2. İşaret ettiğiniz sözcüğün üstünde ve altında kaç sözcüğü net olarak görebildiğinize bakın.
3. Sayfanın altında ve üstünde bir sayı görüp göremediğinize bakın, görüyorsanız ne olduğunu söyleyin.
4. Sayfadaki paragrafları sayıp sayamadığınıza bakın.
5. Yan sayfadaki paragrafları sayıp sayamadığınıza bakın.
6. Sayfalardan herhangi birinde bir şekil olup olmadığını görebiliyor musunuz?
7. Şekil ya da resmi görebiliyorsanız ne olduğunu net olarak mı yoksa kabaca mı tanımlayabilirsiniz?

Şimdi bu alıştırmayı yapın.

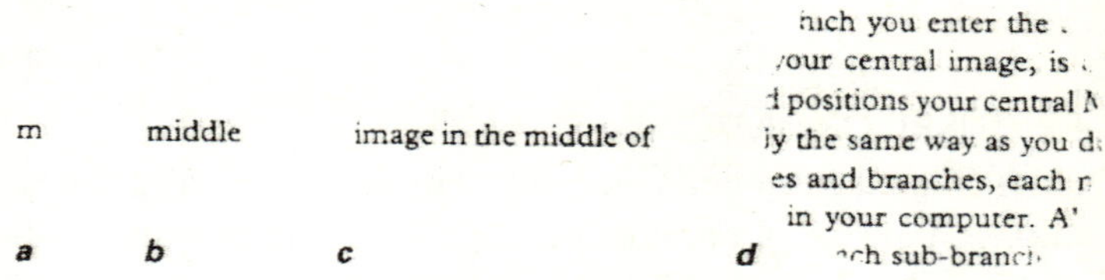

Şekil 8. İleri okuyucularda yüksek görüş alanının gelişimi. a. Tıpkı bir çocuğun ses yöntemiyle ilk defa okumaya başladığı gibi tek bir harf üzerine odaklanın. b. Tek bir sözcüğe odaklanın (zayıf – ortalama okuyucu). c. Bir seferde 4-5 sözcüğe odaklanın (iyi okuyucu). d. Sözcük grup ya da demetlerine odaklanın (ileri okuyucu).

Sonuçlar

Birçok insan çoğu soruya 'evet' cevabını verir. Bu basit egzersiz, beyninizin, gözünüzün merceği arkasında tüm dünyayı tarayan dev bir merkezi göz olarak hareket ettiğini gösterir. Birçok insan direkt odaklanmanın dar görüş açısına takılmış beyinleriyle yaşamlarını geçirirken, daha iyi okuyucular, beyinlerinin görüş becerilerini tam manasıyla kullanırlar.

Tepegöz Algılaması

Beyninizin merkezi göz ile görme yetisi, *Sihirli Göz* kitap serisiyle popüler arenada yayıldı. Bu kitaplar Bell Telefon Labaratuvarlarının Duyumsal ve Algısal İşlem Departmanında çalışan Profesör Bela Julesz'in çarpıcı eserleri üzerine kuruludur. Julesz'in görüntüleri noktalardan örülmüş iki setten oluşur. Her set görüntünün bir bölümünü oluşturur. Her göz bir bölümde yer alır ve düz bir şekli görür. Mükemmel beyniniz gerçekte görülmeyen fakat beyin tarafından algılanabilen üç boyutlu görünteleri verebilmek için iki görüntüyü birleştirerek çok karmaşık matematiksel ve geometrik ustalık gösterir (bkz. Levha III)

BEYİNSEL OKUMA

Hızlı Okuma Kitabı'nda size sunulan devrimsel nitelikli yeni yaklaşım gereği, şu andan itibaren, dikkatinizin odağı olarak beyninizle okuyacaksınız, gözünüzle değil. Gözleriniz çok yönlü kukladır; beyniniz ise usta kuklacıdır.

Geleceğin çok hızlı okuyucusu, Magliabechi'nin yaptığı gibi tüm paragraf ve sayfaları bir anda okuyabilmek için, çevresel görüş açısıyla tepegöz algılamasını birleştirebilen kişi olacaktır. Bu başarı, şu anda, daha fazla ulaşılabilir gözükmektedir.

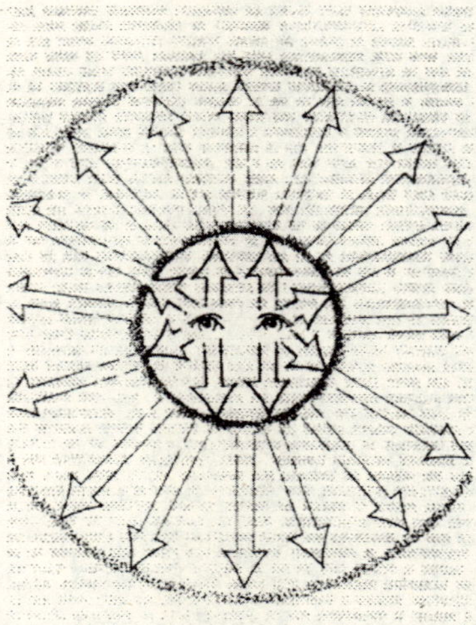

Şekil 9. Görüş alanları. İç daire alanı hızlı okuyucunun göz/beyin sistemini uygun kullandığı zamanki net görüş alanını gösterir. Dış daire alanı ise çevresel görüş alanını gösterir.

Bunu yapmanın kolay bir yolu da, yeni becerilerinizin yönlendiriciyle daha ileri yüksek-yönlendirme tekniklerine dönüşmesidir (bkz. 8. Bölüm)

Yüksek yönlendirme teknikleri kullanımına ek olarak, çevresel ve tepegöz algılamanız, kitabı normalde tuttuğunuzdan daha uzakta tutarak geliştirebilirsiniz. Böyle yaparsanız çevresel görüşünüz, okurken sayfayı daha net görmenizi sağlar.

Bunun en büyük avantajı şudur; net odaklanmanız, konsantre olduğunuz bir, iki, üç *satırı* okurken 'beyin okuyucunuz' okuduğunuz metni, çevresel görüş açınızı kullanarak tekrar gözden geçirir. Bu yöntemde, beyin okuyucusu yalnızca okuduğunuz materyalle ilgili hafızanızı çok genişletmekle kalmaz, aynı zamanda sizi, materyalin geri kalan kısmı için hazırlar; aynen keşif timinin önden giderek birliklerin bilinmeyen bir bölgeye daha güvenli ve daha hızlı girmelerini sağlaması gibi.

Bu 'yumuşak odaklanma' yönteminin bi diğer avantajı da, gözlerinizin daha az kasılmasını sağlamasıdır. Bu yüzden gözleriniz çok daha az yorulacak ve daha uzun süre okuyabileceksiniz. Birçok insan bu yöntemi kullanmakla boyun tutulmalarının ve başağrılarının (okuyucuların karşılaştığı ortak bir sorundur) kaybolduğunu belirtmektedir.

ÖZET

1. Dakikada 1000 kelimeden fazla okuyabilmek kesinlikle mümkündür – birçok tarihi kişilik 1000 kelimenin çok üzerine kolaylıkla çıkmıştır.
2. Gözlerinizde 260 milyon ışık alıcısı bulunmaktadır.
3. Işık alıcılarınızın yüzde sekseni çevresel görüş açınıza ayrılmıştır.

4. Çevresel görüş açınız çok geniş ve derindir.
5. Okuyan beyninizdir – gözleriniz yalnızca beynin kullandığı kompleks lenslerdir.
6. Geleceğin çok hızlı okuyucuları, çevresel görüşüyle ve tepegöz algılamasını birlikte kullanan 'beyinsel okuyucular' olacaktır.

GÖZATILACAK ÖNEMLİ NOKTALAR

1. Günlük yaşamınızda, beyinsel algılama amaçlarınızı belirleyin. Beyninizin gözüyle çevrenizdeki belirli bir nesne, renk veya şekil grubunu ayırt etmeye başlayın.
2. *Herhangi* bir şey okurken beyin gözünüzü kullanmaya gayret edin.
3. Yönlendiricinizle pratik yapmaya devam edin, arasıra, iki satırı birlikte alarak okuyun.
4. Materyali rahatça okuyabileceğiniz ve olabildiğince uzak bir mesafede tutun.

SONRAKİ BÖLÜM

Şimdi, normal hızlı bir okuyucudan (öncelikle gözlerine odaklanan) çok hızlı okuyucuya (öncelikle beyne odaklanan) geçiş yaptınız. Sonraki bölümde, çevresel görüşünüzü ve tepegöz algılamanızı şaha kaldıracak bazı yüksek-yönlendirme tekniklerini öğreneceksiniz.

BÖLÜM 8

Fotografik Hafızaya İlişkin Yüksek-Yönlendirme Teknikleri

İnsan gözünün fotografik canlandırma kapasitesi en gelişmiş kameradan binlerce kez mükemmeldir. Gözlerin fotografik yeteneği yeni yeni araştırılmaktadır.

ÖNSÖZ

Bu bölümde size çevresel görüntü ve tepegöz algılamanızı güçlendirmenize yardımcı olacak **başlıca dokuz tane pratik yönlendirme tekniği** verilecek.

FOTOGRAFİK HAFIZA KAPASİTENİZ

Bu kitabın herhangi bir sayfasını açarak bir iki saniye bakın. Herhangi bir şekil, kelime, grafik ya da cümle hatırlayabiliyor musunuz? Artık biliyoruz ki bilgileri algılayabiliyoruz. Eğer bundan şüphe ediyorsanız, bir dağ yolunda araba sürerken neler gördüğünüzü hatırlayın: Size doğru gelen ve sizinle aynı yönde giden birçok araba ve kamyon, milyonlarca ağaç, binlerce ev, kuş ve hayvan... Tüm bunların hepsi birkaç saniye içinde algılanır. Bir sayfa üzerindeki birkaç kelimeyle karşılaştırıldığında kelimeleri algılamanın ne kadar kolay olduğunu düşünün.

Şimdi edineceğiniz beceriler gelişmiş görsel yönlendiriciler kullanarak, dikey ve yatay çevresel görüş düzeyinizi artırmak suretiyle okumanızı hızlandırmanızı sağlayacaktır.

YÜKSEK YÖNLENDİRME – TEKNİKLER

Yüksek yönlendirme teknikleri, çevresel görüş ve tepegöz algılamasına ilişkin becerilerinizi geliştirerek göz/beyin sisteminin fotografik yeteneğini hızlandıracaktır.

İlk olarak bu tekniklerin hepsini, okuduğunuzu anlamayı amaçlamaksızın çok yüksek hızlarda uygulayın. Daha sonra hemen normal okuma hızınızda deneyin. Böylece beyniniz yüksek hızlara alışacaktır. Bu teknikleri daha önce okuduğunuz materyaller üzerinde deneyerek işe başlamanız en uygun yoldur. Göz/beyin sisteminizi daha sonraki görevlere hazırlarken okuduğunuz materyali de gözden geçirerek bir taşla iki kuş vurmuş olursunuz. Bu bölüm bittiğinde, yüksek yönlendirme tekniklerinin hepsini şimdiye kadar okuduğunuz tüm materyallerde uygulayın. Bu teknikleri sınırlarınızı zorlayan hızlarda deneyin.

Çift Satır Tarama

Çift satır tarama (bkz Şekil 10a) gözlerinizi yönlendirme tekniğine benzer. Buradaki tek fark, bir seferde iki satır birden algılamaktır.

Bu tekniği uygularken, yönlendiricinizi, iki satırın altında yavaşça kaydırın. Satırın sonunda yönlendiriciyi sayfanın boşluğuna biraz taşırarak bir sonraki çift satıra geçin ve bu satırları taramak üzere yönlendiriciyi yine yavaşça hareket ettirin. Çift satır tarama tekniği, beyni dikey ve yatay görüş becerisini kullanmaya alıştıran mükemmel bir yöntemdir. Bu teknik beklediğinizden daha kolaydır. Birçok kültür birincil olarak dikey görüş açısını kullanır. Örneğin, Japonlar ve Çinliler, binlerce yıldır dikey görüşü yatay görüşe tercih ederler.

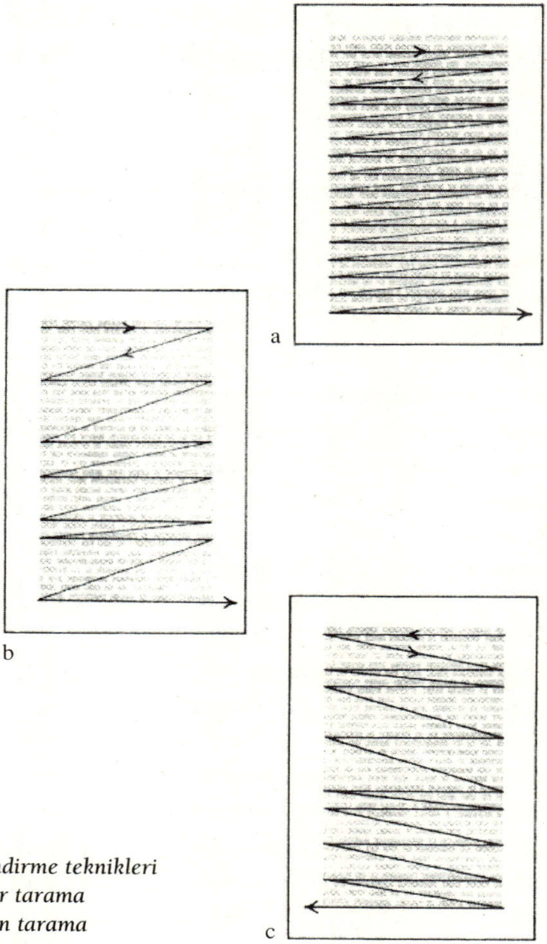

Şekil 10
üst yönlendirme teknikleri
a: çift satır tarama
b: değişken tarama
c: ters tarama

Benzer şekilde müzisyenler notaları okurken dikey görüşü yatay görüşle birleştirirler. Eğer nota okuyabiliyorsanız, kazandığınız becerileri çift satır tarama tekniğiyle okurken kullanabilirsiniz.

Değişken Tarama

Değişken tarama (bkz. Şekil 10b) çift satır taramaya benzer. Farklı olarak bu yöntemde, bir seferde algılayabildiğiniz kadar çok satır algılarsınız. İleri düzey hızlı okuyucular her bir taramada iki ile sekiz satır arasında değişen algılama düzeyi yakalayabilirler.

'Geriye Doğru' Okuma – Ters Tarama

Geriye doğru okuma, bir sonraki satırın başlangıcına dönmek yerine, o satırdaki bilgileri gözlerinizle geriye doğru tarayıp algılayarak, okuma hızınızı iki katına çıkarma avantajı sağlar.

'Ne! Komik olmayın. Geriye doğru okuma, beynimde anlamsız kelime gruplarından başka bir şey bırakmaz ki' dediğinizi duyar gibiyim.

Geriye doğru okuma düşündüğünüzden daha kolaydır. Arapça ve İbranice gibi birçok dil sağdan sola doğru okunmaktadır.

Geriye doğru okumanın sırrı aslında geriye doğru okumadığınız gerçeğinde yatmaktadır.Bir duraklamada beş ya da altı kelime algıladığınızda, algıladığınız kelime grubu, doğru sırada olacaktır. Dolayısıyla, geriye doğru okuma temelde tıpkı normal okuma gibidir. Beyninizin ek olarak yapmak zorunda olduğu tek iş büyük kelime gruplarını sıraya dizmektir. Beyniniz zaten bu işi her okuma esnasında yapmaktadır. Örneğin 'dakikada 1000 kelimelik okuma hızının normal olduğuna inanan kişiler haklıdır' cümlesinde olduğu gibi. Bu örnekte beyniniz, diğer bilgileri anlaşılabilir kılacak son parça bilgiyi alana değin tüm bilgileri beklemede tutmak zorunda kalacaktır. Geriye doğru okumada da süreç aynı şekilde işler. Bu yöntemi şaşırtıcı bir biçimde kolay ve tatmin edici bulacaksınız.

Tersine tarama yönteminde de el hareketleri çift satır tarama ve değişken tarama yöntemlerinde olduğu gibidir. Sadece teknik tersine işlemektedir (bkz. syf.107).

İleri Görsel Yönlendirme Hareketleri

'S', zik-zak, ilmek, dikey dalga, ve şişkin 'S' yöntemlerinin hepsi değişik hızlarla ve değişik açılarla uygulanabilir.

Derinlemesine okuyuş için sayfa başına 30 saniyelik bir süre gerekebilir. Eğitim, araştırma, göz gezdirme ve inceleme için sayfa başına en fazla 10 saniye yeterlidir.

Bir parmağınız sol marjdan aşağıya doğru ilerlerken yönlendiricinizin de sağ marjdan aşağıya kaydırıldığı çift marj tekniği, çalışma amaçlı okumalarda çok yararlıdır.

'S' Tekniği

'S' tekniğinde (bkz. Şekil 11a), ileriye ve geriye doğru taramalar birleştirilir ve bu teknik tek satır, çift satır veya değişken tarama yaparken kullanılabilir.

Zik-Zak Tekniği

Zik-zak tekniği (bkz. Şekil 11b), çevresel görüş alanınızın tümünden yararlanmanızı sağlayan çok ileri bir yüksek yönlendirme tekniğidir.

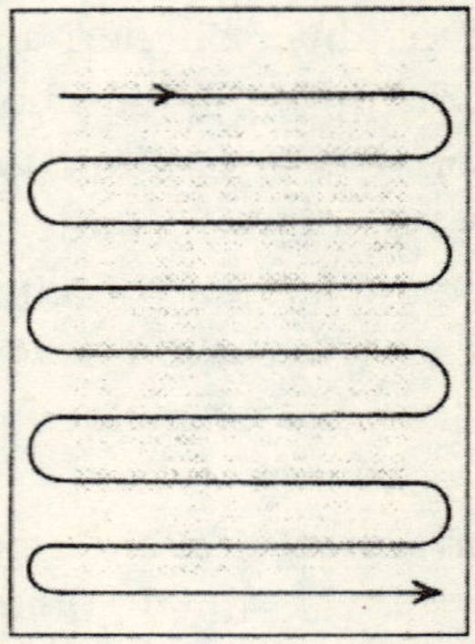

a

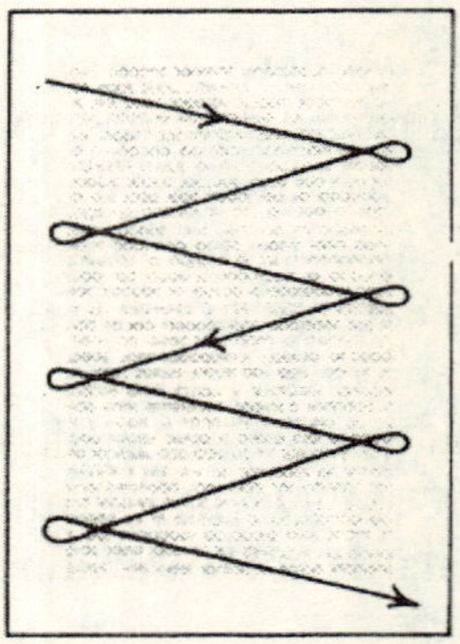

b

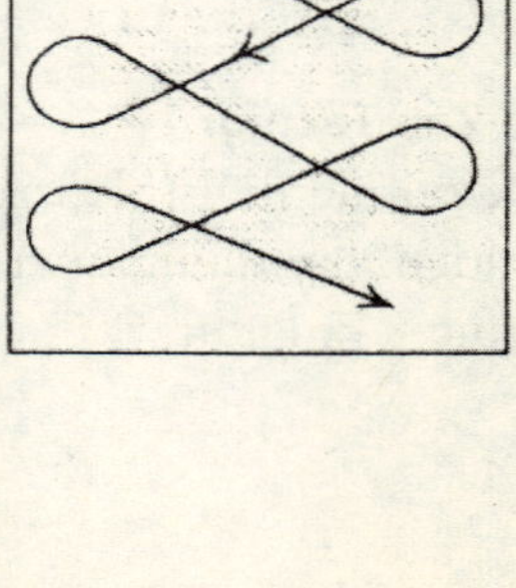

c

Şekil 11
İleri görsel yönlendirme hareketleri
a. 'S' Tekniği
b. Zik-zak Tekniği
c. İlmek Tekniği

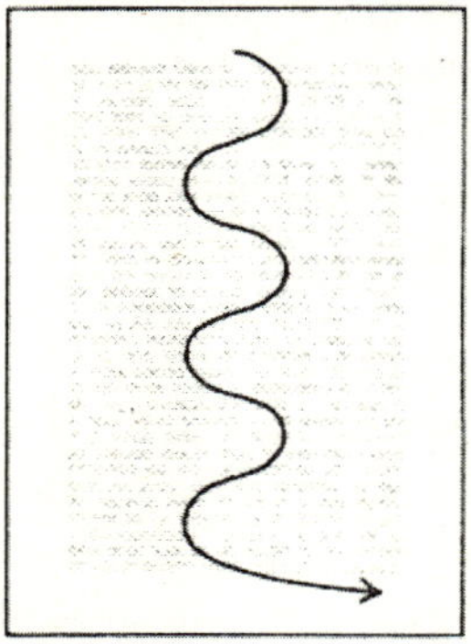

d

e

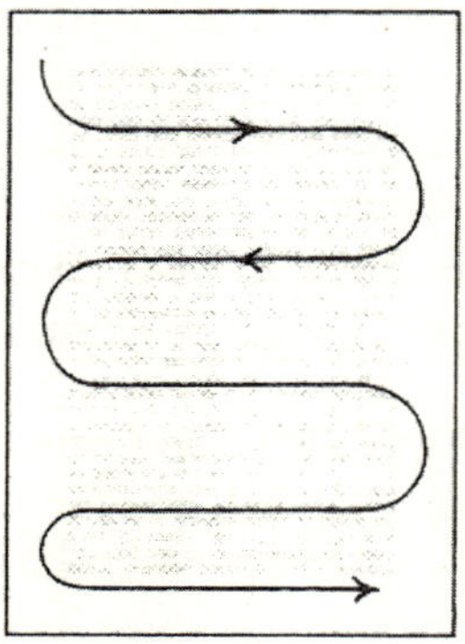

f

Şekil 11
İleri görsel yönlendirme hareketlerinin devamı
d. Dikey Dalga Tekniği
e. Çift taraflı Yönlendirme Tekniği
f. Şişkin 'S' Tekniği

Bu teknikte, yönlendiricinizi diyagonal olarak birkaç satır aşağıya doğru hareket ettirirsiniz, marjın kenarında iğne deliği büyüklüğünde bir ilmek oluşturup sayfayı yine diyagonal olarak ama bu sefer sağa doğru tarar ve sağ marjda bir diğer ilmeği oluşturduktan sonra süreci sayfanın sonuna kadar böyle devam ettirirsiniz.

İlmek Tekniği

İlmek tekniği (bkz. Şekil 11c) zik-zak tekniğine benzer. Tek fark, bu teknikte, ilmekler iğne deliğinden daha büyüktür. Yani bir ilmek, bir sayfanın daha geniş bir alanına karşılık geldiği için bir duraklamada daha fazla yazı algılanabilir. İlmek tekniği ritmik bir teknik olup, ileri hızlı okuyucular tarafından tercih edilmektedir.

Dikey Dalga Tekniği

Hızlı okuma konusunda pek bilgili olmayanlar dikey dalga tekniğinde (bkz. Şekil 11d), hızlı okuyucunun sayfanın ortasından aşağıya doğru düz bir hat üzerinde tarama yaptığını düşünürler. Aslında bu teknikte gözler, sayfanın orta bölümünden aşağıya doğru sağ ve sol marjlar arasında yavaşça hareket ederek ritmik dalgalar şeklinde kayar. Dikey dalga tekniği ileriye ve geriye doğru okumayı birleştirdiği için ideal bir tekniktir. Bu teknik ayrıca yatay ve dikey çevresel görüş açılarının azami ölçüde kullanılmasını sağlar.

Çift Taraflı Yönlendirme

Çift taraflı yönlendirme ya da çift marj tekniğinde (bkz. Şekil 11e), sayfanın bir tarafında parmağınız, diğer tarafında standart yönlendiriciniz olmak üzere gözleriniz bu ikisinin arasında kayarak bilgileri tarar.

Bu teknikte, beyniniz gözlerinize nerede hareket edeceğini dikte eder. Eğer okumaya ilişkin amaçlarınızı belirlemişseniz, tepenizdeki göz bilgileri araştıracaktır. Gözlerinizi belli alanlarda durmaya zorlamanıza hiç gerek yok bunu beyniniz sizin için yapacaktır.

Şişkin 'S'

Şişkin 'S' tekniğinde (bkz. şekil 11f); 'S', zik-zak ve dikey dalga yöntemlerinin unsurları birarada bulunmaktadır. Gerçekten bu yöntem, her birinin daha geniş bir versiyonu olarak düşünülebilir.

Bu teknikte, sayfanın başından sonuna kadar yapılan normal ve ters S'ler azaltılarak, bir sayfa beş yatay ve yavaşça yapılan dikey hareketlerle tamamlanır.

YÜKSEK YÖNLENDİRME TEKNİKLERİNİN UYGULANMASI

Bu teknikler önizleme, göz atma ve tarama, araştırma amacıyla, okuma hızınızı artırma, çevresel görüş açınızı geliştirme egzersizleri olarak kullanılabileceği gibi, gündelik okuma için de kullanılabilir.

Benim hızlı okuma kurslarımdan birine katılan bir hanımın öyküsü yüksek yönlendirme teknikleriyle ilgili çok çarpıcı bir öyküdür.

Kursta, yüksek yönlendirme teknikleri tanıtılırken sınıftakiler de ilmek, dikey dalga veya şişkin 'S' yöntemlerini bir roman üzerinde önizleme tekniği olarak kullanmak suretiyle uygulamak zorundaydı. Kitabın tümü için zaman sınırlaması beş dakikaydı.

Söz konusu hanım, kitabın her sayfasında istenilen teknikleri uygulamasına karşın, tek bir kelime bile aklında kalmadığını ve konuyu anlayamadığını söyleyerek düş kırıklığı içersinde sınıftan ayrıldı.

Sonraki haftalarda, aynı roman, öğrencilerin herhangi bir yönlendirme tekniğini kullanarak daha iyi bir anlama düzeyiyle okuma alıştırması olarak ele alındı. Daha önceki haftalarda düş kırıklığı yaşamış olan hanım da 'S' tekniğini seçmiş ve sınıftaki diğer öğrencilerle birlikte 15 dakikalık egzersize başlamıştı. Beş dakikalık bir konsantrasyon sessizliği bir çığlıkla bozuldu. Kadın çığlık çığlığa 'biliyorum, biliyorum, biliyorum!' diye bağırıyordu.

Bu bayan kursiyerimin sonradan anlattığına göre, kendisi yönlendiriciyle okumaya alıştığı için, kitap aniden, sanki daha önce seyrettiği bir filmi ikinci kez seyrediyormuşçasına gözünün önüne gelmiş.

Bu olayda meydana gelen şey, beynin tüm kitabın fotoğrafını çekerek görsel lobun ve tepedeki zihinsel gözün derinliklerine kaydetmesidir. Beyin tekrar uyarıldığında, gerekli bilgiye tekrar ulaşarak onu söz konusu hanımın kullanımına sunmuştur.

Bu bölümün sonundaki göz atılacak noktalarda, bu yeni okuma tekniklerini yerleştirmenize ve okuma hızınızı artırmanıza yardımcı olacak pratik ve ilginç yöntemler verilecek.

ALGILAMA EGZERSİZİ 2

Aşağıdaki sayı egzersizleri, dikey ve yatay görüş algılamanızı geliştirmenize yardımcı olacaktır. Bu nedenle sayfanın sağında ve solunda çift satırlı sayı blokları bulunmaktadır. Sayfanın sağındaki ve solundaki çift satırlı sayı bloklarını kapatın ve çok kısa bir süre açıp tekrar kapatın. Gördüğünüz sayıları, blokların yanındaki boşluklara yazarak doğruluğunu kontrol edin. Bu egzersizi bitirdikten sonra Deneme Sınavı 4'e geçin. Sınava başlamadan önce, tercih ettiğiniz yüksek yönlendirme tekniğini seçin, motivasyon düzeyinizi yükseltin ve kendi kişisel hızlı okuma rekorunuzu kırmaya hazırlanın!

28
92 ....

94
07 ....

93
12 ....

86
74 ....

06
93 ....

57
72 ....

30
66 ....

73
16 ....

03
48 ....

71
95 ....

84
21 ....

14
68 ....

35
56 ....

48
99 ....

18
10 ....

39
51 ....

74
33 ....

84
28 ....

98
32 ....

39
18 ....

39
68 ....

96
04 ....

53
18 ....

08
42 ....

41
40 ....

39
15 ....

83
40 ....

56
14 ....

94
016 ....

18
964 ....

68
922 ....

46
921 ....

04
962 ....

49
763 ....

47
13 ....

70
15 ....

94
75 ....

29
65 ....

78
70 ....

73
31 ....

14
77 ....

93
36 ....

18
936 ....

93
148 ....

25
096 ....

84
695 ....

98
277 ....

77
194 ....

91
217 ....

86
103 ....

93
184 ....

37
629 ....

94
060 ....

46
299 ....

37
276 ....

07
330 ....

13
966 ....

95
563 ....

52
380 ....

50
064 ....

11
693 ....

04
185 ....

27
976 ....

60
414 ....

22
050 ....

32
281 ....

18
504 ....

95
706 ....

20
063 ....

30
411 ....

84
392 ....

78
153 ....

72
927 ....

63
832 ....

695
802 ....

938
805 ....

463
592 ....

907
818 ....

953
832 ....

711
393 ....

512
937 ....

830
148 ....

602
935 ....

291
175 ....

784
421 ....

594
208 ....

440
618 ....

128
483 ....

592
033 ....

153
408 ....

916
863 ....

106
763 ....

909
753 ....

063
494 ....

508
342 ....

174
673 ....

725
163 ....

408
853 ....

591
744 ....

422
906 ....

807
945 ....

705
912 ....

058 983	614 937 ....
163 975	731 147 ....
805 194	853 902 ....
254 110	395 707 ....

Şimdi Deneme Sınavı 4'e hazırsınız. Bu sınavdaki parçayı okurken, her 'görsel lokma'da mümkün olduğunca geniş sözcük grupları algılayın, okurken yardımcı olmak üzere yönlendirici kullanın, kitabı, çevresel görüş açınızdan azami ölçüde faydalanabilecek ve 'beyinsel okuma' kapasitenizi kullanabilecek bir mesafede tutun.

DENEME SINAVI 4: Evrende Yalnız mıyız? Dünyanın Dışındaki Düşünen Varlıklar

1960 yılından beri, evrenin başka bir yerinde düşünebilen varlıkların yaşayıp yaşamadığına ilişkin 80'e yakın araştırma yürütüldü. Bu araştırmalar öylesine küçük çaplıydı ki hemen hepsi kaçınılmaz olarak başarısızlıkla sonuçlandı. Artık NASA, bu konuda yapılan araştırmaları öncekilerden on milyon kez daha etkili kılabilecek yeni araçlarla yürütmeye başladı.

İnsan aklı ve bilgisayarın dünya dışı düşünen varlıklara ilişkin araştırmalarda ortaklaşa kullanılmasıyla, bilimadamları, içinde bulunduğumuz yüzyıl bitmeden önce bu konuda kimi bulgulara rastlanacağını tahmin etmekteler.

Kolomb'un Amerika'yı keşfinin beş yüzüncü yıldönümünde, insanlık, sadece yeni dünyaları değil yeni varlıkları da keşfetme yolunda tarihin en büyük çabasını başlattı.

1992 yılının 12 Ekim günü saat 15'te, Porto Riko'nun Arecibo üssündeki gökbilimciler, o zamana değin inşa edilmiş en güçlü radyo teleskobu çalıştırdılar. Aynı anda, Kaliforniya Barstow yakınlarındaki Goldstone İzleme İstasyonu'nda da ikinci bir teleskop başka gökbilimciler tarafından faaliyete geçirilmekteydi. Yüzden fazla gökbilimci, bilgisayar programcısı, fizikçi ve teknisyen, süper bilgisayarlar, milyonlarca radyo kanalını dinleyerek çoğu gökbilimcinin yıllardır evrende yalnız olmadığımıza ilişkin varsayımlarını doğrulayan başka varlıklara ait işaretler taşıyan sinyalleri araştırırken umutlu bir bekleyiş içersindeydi.

DDZA (Dünya Dışı Zekâların Araştırılması) isimli 100 milyon dolarlık proje, bütünüyle NASA'ya ait olup en az 2000 yılına kadar devam edecekti. Dünya dışındaki varlıklardan yayılan radyo dalgalarının tespit edileceği umut edilmekteydi. Bu radyo dalgaları yolcuklarına dünyaya bir ışık günü kadar yakın bir mesafeden başlamış olabileceği gibi on milyar ışık yılı kadar uzak bir mesafeden de başlamış olabilirdi.

Dünya-dışı düşünen varlıkların araştırılmasına yönelik daha önceki en büyük girişim olan ve 1974'te Frank Drake'in çalışmalarından esinlenen araştırmalar bu projenin yanında cüce kalmaktadır. Drake, o zamanlar 20 trilyon vat gücünde olan Arecibo radyo teleskobunu, 24,000 ışık yılı uzaklıktaki Hercules takım yıldızının içindeki yıldız kümelerine şifreli mesajlar göndermek için kullanmıştı.

Bir tür kozmik IQ testi niteliğindeki bu mesajlar, Drake tarafından ilk kez, geçen senenin Yılın Beyni ödülü finalistlerinden gökbilimci Sagan'a Cornell Fakültesi'ndeki öğle yemeğinde gösterilmişti. Drake'in anlattığına göre, Sagan bu şifreli mesajların çoğunu çok kısa bir sürede çözmüştü.

Mesaj yukarıdan aşağıya şu unsurları içermekteydi:

1. İkili sayma sistemi
2. Dünyadaki yaşamın temelini oluşturan moleküller
3. Genetik şifremiz DNA'nın kimyasal formülü
4. DNA molekülünün çift sarmal şeklindeki grafiği
5. Güneşimizin ve dokuz gezegenin tanıtımı (Dünya yaşadığımız yer olarak gösteriliyor) ile Mesajları gönderen radyo teleskobun tanıtımı

Şu anki proje öyle geniş çaplı ve mühendislik bakımından öylesine harika ki üç günde, Drake'in 1970'lerde ilk deneylere başlamasından bu yana geçen 22 yıl içinde alınandan daha fazla mesaj alınabilecek. Yeni projede, dünya çapında altı radyo teleskop sürekli faaliyet halinde bulunacak. Bu amaçla Arecibo'da bulunan 3 km (1/5 mil) çapındaki çanağın duyarlılığı yüzde 300 artırıldı ve gelen sinyalleri yorumlamak üzere olağanüstü bir yazılım tasarlandı. 62 yaşındaki Drake, Kaliforniya Üniversitesi'nde Astronomi Profesörüdür ve DDZA Enstitüsü'nün de başkanıdır. Drake, 'hiçbir şey uzaydaki yabancı uygarlıklardan gelen radyo mesajlarının işitemediğimiz bir ıslık gibi şu anda ofislerimizden ve evlerimizden gelip geçtiği düşüncesi kadar daha sarsıcı olamaz.' diyor.

Gözler

Dünyanın bu en büyük radyo teleskobu, amatör gökbilimcilerin kullandıkları optik teleskoplardan ya da Kaliforniya Palomar ile Havai Mauna Kea'daki gibi belli başlı gözlemevleri ile dünyanın çeşitli bölgelerindeki dağlarda bulunan devasa borumsu teleskoplardan bir hayli farklıdır. Arecibo teleskobu, zemine kazılmış büyük bir çukur içindeki alüminyum set üzerine yerleştirilmiş 304 m (1000 fit) genişliğinde bir çanaktan oluşmaktadır. Çanağın üzerinde, çevre tepelerdeki destek kulelerine bağlı kablolara yüzlerce ton ağırlığındaki antenler asılı bulunmaktadır.

Şekil itibariyle çanak antenlere benzeyen radyo teleskop, merkezindeki toplanma noktasına çarpan ve oradan bir alıcıya aktarılarak işlenme sürecine tabi tutulan her radyo dalgasına odaklanabilmektedir.

'Dünyanın gözleri' olarak da nitelendirebileceğimiz bu teleskoplar o kadar duyarlıdır ki, 1972 kışında dünyadan fırlatılan Pioneer 10 isimli uzay aracından gelen 1 vatlık zayıf sinyali, 1987 yılında, Goldstone radyo teleskobuna bağlı yeni bir süper bilgisayar tespit edebilmiştir. Bu sinyal alındığı sırada, Pioneer uzayda, dünyadan 64 milyar km (4 milyar mil) uzakta bulunmaktaydı!

Radyo teleskoplardan dünya-dışı düşünen varlıkların araştırılmasında da çok faydalanılmaktadır. Yıldızlardan gelen radyo dalgaları hem düzensiz hem de rastlantısaldır. Zihinsel iletişim için kullanılan radyo dalgaları ise, osiloskop gibi araçların ekranları üzerinde kolayca tespit edilebilen şekiller oluşturmaktadır.

Düşünebilen varlıklara dikkat çeken rastlantısal olmayan dalgaların araştırılması fikri Drake'in ve Cornell Üniversitesi Fizikçilerinden Guiseppe Cocconi ile Philip Morrison'un zihinlerinde aslında 1950'lerde belirdi. Cocconi ve Morrison 1959'da Nature adlı bilimsel dergideki makalelerinde şöyle diyorlar: '...başarı olasılığını tahmin etmek çok zor, fakat eğer araştırmazsak başarı şansı sıfır.'

Tarihin En Kârlı İşi

Böyle bir çabaya değip değmediğini sorgulayanlar için Drake, DDZA için ayrılan 135 milyon Pound'un, NASA'nın 15 milyar Pound'luk yıllık bütçesinin yüzde birlik diliminin ancak onda birine karşılık geldiğine işaret etmektedir. Drake 'başarının sonuçlarıyla birlikte değerlendirildiğinde bu, tarihin en karlı işi olacaktır' diyor.

Bütçenin büyük bir bölümü, hem gelen sinyallerin kalitesini artıracak hem de bunların yorumlanmasına yardımcı olacak yeni bir bilgisayar sistemi için harcanmaktadır.

Bu devasa elektronik beyinler, milyonlarca kanaldan yayılan büyük miktarlardaki kozmik radyo bilgilerini alacak, onları eleyecek, işleyecek ve olasılıkları gözlemcilerin dikkatine sunacak.

Bu beyinlerin arkasındaki kişi ise çok sıradışı biri: Fizikçi Kent Cullers doğduğundan beri âmâ ve bırakın bir yıldızı, osiloskop ekranı üzerinde bir radyo sinyali dahi görmüş değil. Evrenin sırlarıyla ilgili istek, Cullers'ta, beş yaşındayken babasının okuduğu Astronominin Altın Kitabı'ndaki pasajlar sayesinde uyanmış. 'Keşfedilecek başka dünyaların da olabileceği ihtimali, hayal gücümü harekete geçirdi' diyor Cullers. Geniş hayal gücü sayesinde, Cullers, Dünyaya yeni bir göz kazandırdı: Life dergisinin 'ikinci göz' olarak nitelendirdiği otomatik sinyal işleme programını DDZA projesinin emrine sundu. Bu sistem, ıslık veya tıss sesinden başka bir şey olmayan sinyallerden, bir zihnin ürünü olduğundan şüphe edilenleri ayırabilmektidir.

NASA projesinin başı Profesör Jill Tarter, Dünyadan başka yerlerde de düşünebilen varlıkların bulunduğuna (diğer meslektaşları gibi) inanmaktadır. O ve diğer meslektaşlarının tahminine göre, galaktik bir düşünebilen uygarlıklar toplumu, birbiriyle ilişki kurmaktan, didişmekten ya da birbirini sömürmekten çok uzaklar. Bizim uygarlığımız henüz mevcut değilken bunların herhangi birinden gönderilen bir mesaj zamanın birinde bize ulaşabilir. Eğer proje başarılı olup da araştırılan sinyalleri ortaya çıkarırsa ne olur? Tarter: 'Ulaşan her sinyal insanlığın malıdır. Bu sinyaller Dünyaya gönderiliyor; NASA'ya değil. Binlerce yıllık bir meraktan sonra insanlık bilmelidir ki evrende yalnız değiliz.

Evrenin Koruyucusu Olarak İnsan

Uluslararası Uzay Üniversitesi'nin rektörü ve *2001-Uzay Yolculuğu*'nun yazarı Arthur C. Clarke, bu araştırmanın muazzam bir bilimsel ve ahlaki değer taşıdığına inanmaktadır.

Clarke, *Life* dergisinde şöyle yazıyor:

> 'Nasıl olursa olsun, Dünya-dışı düşünebilen varlıkların araştırılması evrene bakışımızı ebediyyen değiştirecektir. En azından, akşam haberlerinde gördüklerimize karşın insan zekâsının bazı ahlaki değerlere sahip olduğunu kanıtlayacaktır.
>
> DDZA projesi, çok yüksek bir araştırma merakının ürünüdür. Araştırmayı bıraktığımızda bu, insanlığımızı da bıraktığımız anlamına gelecektir.
>
> Bir an DDZA'nın tüm varsayımlarının yanlış çıktığını ve düşünebilen tek canlının Dünyada olduğunu düşünelim. Tabi ki bu durumda hâlâ ET'nin birkaç ışık yılı ötede bize sinyal gönderiyor olabileceğini kanıtlamak imkânsızlaşacaktır. Fakat gözlem ve dinlemeyle geçen asır-

lardan sonra dünya-dışı düşünebilen varlıklarla ilgili herhangi bir emareye rastlayamasak bile, düşünen tek varlığın biz insanlar olduğu varsayımını gerçekleyeceğiz. Ve bu, tüm olasılıkların en korkuncu olacak. İşte o zaman, Dünyayla ilgili sorumluluklarımızı değerlendirmeye başlayacağız: Eğer gerçekten galaksinin tek varisi isek, bu durum onun koruyucusu olma zorunluluğunu da beraberinde getirecek.'

Milyonlarca yıl kabuğuna çekilmiş bir biçimde yaşadıktan sonra, insanlık, belki sadece on yıl içinde fark edecek ki kozmosda yalnız değil.

****

Saatinizi Durdurun

Geçen Süre:......dakika

Sonra, okuma hızınızı, parçadaki sözcük sayısını (bu örnekte 1122 sözcük), süreye (dakika) bölerek dakikada sözcük sayısı(dss) olarak hesaplayın.

Okuma Hızı Formülü

dakikada sözcük sayısı (dss) = sözcük sayısı/süre

Hesapladıktan sonra, bulduğunuz sayıyı paragrafın sonundaki dss için ayrılmış bölüme ve 273. sayfadaki İlerleme Tablonuza ve İlerleme Grafiğinize kaydedin.

Okuma hızı:..........

DENEME SINAVI 4: Anlama

1. 1960 yılından beri, evrenin başka bir yerinde düşünebilen varlıkların yaşayıp yaşamadığına ilişkin kaç araştırma yürütüldü?
(a) 60
(b) 80
(c) 55
(d) 75

2. İnsanlık, kendisinden başka düşünen varlıklar olup olmadığını keşfetme yolunda tarihin en büyük çabasını ne zaman başlattı?
(a) Kolomb'un Amerika'yı keşfinin yüzüncü yıldönümünde
(b) İlk uydunun fırlatılmasının ellinci yıldönümünde
(c) Kolomb'un Amerika'yı keşfinin beş yüzüncü yıldönümünde
(d) belli bir özelliği olmayan bir günde

3. DDZA'nın açılımı Dünya Dışı Zekilerin Araştırılması'dır.
Doğru/Yanlış

4. NASA, yolculuklarına Dünyaya ne kadar ışık hızı uzaklıktaki bir mesafeden başlamış olabileceği düşünülen radyo dalgalarını araştırıyor?
(a) bir milyon yıl önce
(b) yüz milyon yıl önce
(c) bir milyar yıl önce
(d) on milyar yıl önce

5. Dünya-dışı düşünen varlıkların araştırılmasına yönelik daha önceki en büyük girişim 1974'te
(a) Frank Drake'ten
(b) Carl Sagan'dan
(c) Başkan Kennedy'den
(d) Mensa'dan
esinlenmişti.

6. 1974'teki araştırmalarda, hangi takım yıldızının içindeki yıldız kümelerine şifreli mesajlar gönderildi?
(a) Jüpiter
(b) Orion
(c) Hercules
(d) Scorpio

7. Bu şifreli mesajlarda güneşimizin ve dokuz gezegenin bir tanıtımı bulunmaktaydı. Doğru/Yanlış

8. Yeni projede, dünya çapında kaç radyo teleskop sürekli faaliyet halinde olacak?
(a) iki
(b) dört
(c) altı
(d) sekiz

9. Arecibo teleskobu, zemine kazılmış büyük bir çukur içindeki alüminyum set üzerine yerleştirilmiş bir çanaktan oluşmaktadır. Bu çanağın genişliği ne kadardır?
(a) 304 m (100 fit)
(b) 152 m (500 fit)

(c) 228 m (750 fit)
(d) 304m (1000 fit)

10. Radyo teleskop, merkezindeki toplanma noktasına çarpan ve oradan bir alıcıya aktarılarak işlenme sürecine tabi tutulan radyo dalgalarının ne kadarına odaklanabilmektedir?
(a) % 25'ine
(b) % 50'sine
(c) % 75'ine
(d) tümüne

11. Yıldızlardan yayılan radyo dalgaları
(a) düzensiz ve rastlantısaldır
(b) düzensizdir ama rastlantısal değildir
(c) rastlantısal değildir ama düzensizdir
(d) düzensiz olmadığı gibi rastlantısal da değildir

12. DDZA projesindeki beyinlerin arkasındaki kişi çok sıradışı biri. Çünkü:
(a) Dünyada en yüksek IQ'ya sahip insan
(b) aslında astronomiyle ilgilenmiyor
(c) doğduğundan beri ama
(d) aslında bir tıp doktoru

13. Dünya'ya göz kazandıran kişi olarak kim tanıtılmaktadır?
(a) Frank Drake
(b) Kent Cullers
(c) Jill Tarter
(d) Galileo

14. Profesör Jill Tarter, Dünyadan başka yerlerde de düşünebilen varlıkların bulunduğunu ummakta ama buna inanmamaktadır. Doğru/Yanlış

15. Arthur C. Clarke 'DDZA projesi, çok yüksek bir araştırma merakının ürünüdür. Araştırmayı bıraktığımızda bu, ...insanlığımızı...... da bıraktığımız anlamına gelecektir.

Cevaplarınızı sayfa 269'dakilerle karşılaştırın.
Anlama yüzdenizi hesaplamak için doğru cevaplarınızın sayısını 15'e bölün ve çıkan rakamı 100'le çarpın.

Anlama yüzdesi: 15'te......
%.......

Şimdi elde ettiğiniz skoru, 273. sayfadaki İlerleme Tablonuza ve İlerleme Grafiğinize kaydedin.

ÖZET

Yüksek yönlendirme tekniklerini kullanmak, görsel yönlendirmenin değerini büyük ölçüde artıracaktır. Başlıca yüksek yönlendirme teknikleri şunlardır:

- Çift satır tarama
- Değişken tarama
- 'Geriye doğru' okuma – Tersine tarama
- 'S'
- Zik-Zak
- İlmek
- Dikey Dalga

- Çift yönlendirici
- Şişkin 'S'

GÖZATILACAK ÖNEMLİ NOKTALAR

1. En az beş dakika boyunca bir yandan hızınızı ve anlama derinliğinizi değiştirirken diğer yandan yüksek yönlendirme tekniklerinden birini uygulayın. Beyninizin tekniğe alışması için gereken süre beş dakikadır.
2. Bu alıştırmayı yaptıktan sonra, tercih ettiğiniz üç yüksek yönlendirme tekniğini seçin ve bunları uygulayın. Bu alıştırmaları yaparken daha önce okuduğunuz materyaller üzerinde çalışmanız yeni alışkanlığı edinmenizi daha kolaylaştıracaktır. *Hızlı Okuma Kitabı*'nı sürekli gözden geçirmek, hem yeni teknikleri uygulamanızı hem de temel bilgileri tekrar etmenizi sağlayacaktır.
3. Kendinize beş dakikalık okuma süreleri ayırın. Bu sürelerin her birinde, yeni teknikleri kullanarak okuyun ve okuma hızınızı tedricen artırın. Böylelikle gözleriniz gitgide yüksek hızlara alışacak ve anlama düzeyiniz de artacaktır.
4. Üst yönlendirme tekniklerini değişen hızlarda deneyin. Çoğu kişi düşük hızlarda anlama düzeyinin de düşük olduğunu fark edecektir. Fakat bazı özel ritimlerde, anlama düzeyleri aniden artabilmektedir.

SONRAKİ BÖLÜM

Bu bölümde öğrendiğiniz üst yönlendirme tekniklerinin 9. Bölüm'de – Gözatma ve Tarama Becerilerinizin Geliştirilmesi- öğreneceğiniz becerilerin edinilmesine çok faydası dokunacaktır. Üst yönlendirme tekniklerini uygulayarak, gözatma ve tarama hızınızı ikiye katlayabileceksiniz.

BÖLÜM 9

Gözatma ve Tarama Becerilerinizin Geliştirilmesi

İnsanın görme sistemi, saniyenin yirmide biri kadar bir sürede bir kitabın tüm sayfasının, altı ile 25 saniye arasında standart uzunlukta bir kitabın tamamının ve bir saatten az bir sürede Britannica Ansiklopedisi'nin tüm ciltlerinin fotoğrafını çekebilir. İleri gözatma ve tarama becerileri size, bu etkileyici yolculuğa ilk adımı atmanızı sağlayacak.

ÖNSÖZ

İleri gözatma ve tarama becerileri, yeni öğrendiğiniz yüksek yönlendirme tekniklerini, zihninizde özel bir vurguyla birleştirmenizi sağlayacak. Bu bölümde, tarama ve gözatma arasındaki farklar tanımlanacak ve tarama becerinizi geliştirmenize ve bu kavramı açıklamanıza yardımcı olacak bir algılama egzersizi verilecek.

TARAMA

Tarama, beyninizin araştırdığı bilgi parçalarını bulmak için gözlerinizin materyal üzerinde tarama yapmasıdır. Tarama, gözatmadan daha kolay bir süreç olup, genellikle, sözlükte bir kelime veya telefon rehberinde isim ya da bir raporda belli bir bilgiyi ararken başvurulmaktadır. Bu tekniğin uygulanması basittir yeter ki tarayacağınız materyalin temel düzenini önceden bilin. Böylelikle aradığınız bilgiyi bulmak için kitabın yanlış bölümlerinde vakit harcamamış olursunuz.

Başkan Theodor Roosevelt, çağdaşlarından çok daha fazla okuma materyalini bitirebilme yeteneğiyle bilinen ünlü bir hızlı okuyucuydu. Dickens, Roosevelt'in en sevdiği yazardı ve başkan onun kitaplarını okurken bile tarama tekniklerini kullanırdı. Roosevelt'in, oğlu Kermit'e yazdığı mektuplarda söylediği gibi: 'Dickens'ın her tür ucuz ve sıradan soruna nasıl olup da bu kadar kendini kaptırdığı beni hep hayrete düşürmüştür. Yapılacak en akıllıca iş, beyhude şeyleri, zırvalıkları, bayağılıkları ve yalanları bir kenara bırakıp geri kalandan istifade etmektir'!

Tarama doğal bir beceridir. Günlük yaşamda, 'a' noktasından 'b' noktasına seyahat ederken, yönümüzü belirlerken, yiyecekleri, insanları, tehlikeli ve ilgimizi çeken nesneleri araştırırken hep tarama yaparız. Okumada ise tarama, uygulana uygulana hızla gelişen bir beceridir. Bu bölümün sonundaki algılama egzersizi bu becerinin gelişmesine yardımcı olacaktır.

GÖZATMA

Gözatma, taramadan daha karmaşık bir süreç olup daha sonraki bölümlerde anlatılacak önizleme tekniklerine benzemektedir. Gözatma, belli bir materyal hakkında genel bilgi edinmek için, önceden seçilmiş bölümlere gözatılan süreç olarak tanımlanabilir.

Gözatmanın başlıca amacı, üzerine bina inşa edilecek temeli sağlamaktır. New York Üniversitesi Okuma Enstitüsü'nden Dr Nila Banton Smith, gözatmayla ilgili mükemmel bir benzetmede bulunmuş. 'Kırlangıçlar Etrafa Gözatabiliyor – Siz de Yapabilirsiniz' başlıklı makalesinde şöyle devam ediyor:

Kırlangıç kanatlarını çırparak havada süzülürken bir yandan da etrafa gözatar ve bulduğu böcekleri de mideye indirir.

Hem uçup hem de derelere, göllere ve ırmaklara gözatarken gagasında topladığı suları da içebilir. Bu çok yönlü kuş, hiç ara vermez. Ne de tek bir böcek ve tek bir havuzla uğraşır.

Kırlangıçın yiyecek ve su bulmak için etrafa gözatması, aradığını bulabilmek için kitap sayfalarına gözatan becerili okuyucunun uyguladığı yönteme benzetilebilir. Bu konuda verilen talimatları uygulayan bir okuyucu, 'uçarken' 'avlanma' konusunda ustalaşabilir. Gözatma, çoğu kişinin, dakikada 1000 kelimelik bir okuma hızına ulaşabildiği ve okumuş olduklarının özünü tekrar edebildiği bir okuma şeklidir.

ÖZET

1. Tarama sürecinde belli bir bilgi araştırılır.
2. Gözatma sürecinde ise genel bir bilgi edinilir.
3. Her iki beceri de hızlı okuyucuların çoğu tarafından kullanılmaktadır.
4. Her iki beceri de ileri yüksek yönlendirme teknikleri kullanılarak güçlendirilebilir.

GÖZATILACAK NOKTALAR

1. Bildiğiniz ve hoşlandığınız ama anlamını kesin olarak bilmediğiniz sözcükleri sözlükte taramak için on dakika ayırın.
2. Bundan sonra tarama ve gözatma becerilerini okuduğunuz her materyalde uygulayın.

ALGILAMA EGZERSİZİ 3

3. Aşağıdaki ve 115.-119. sayfalar arasındaki tarama egzersizlerini tamamlayın. Her sayfada bazı sayı dizileri var ve bu sayı dizilerindeki rakamlar belli aralıklarla başka dizi-

lerde tekrarlanıyor. Göreviniz, bu tekrarlanan sayıları olabildiğince çabuk bulmak. Kendi kendinize süre tutun ve bir kalemle tekrarlanan sayıları işaretleyin. Sayfa üzerindeki dizilerin hepsini bitirdiğinizde, süreyi sağ alt köşede süre için ayrılan kısma kaydedin.

4. Egzersiz, gitgide zorlaşacak çünkü, sayılar büyüyecek ve birbirine benzemeye başlayacak. Bu eğitim sayesinde, gözatma ve tarama becerilerinizin gelişmesine katkıda bulunacak 'zihinsel göz'ün görüş kapsamını genişletebileceksiniz.

5. Bu egzersizlerin hepsini bir kerede yapabileceğiniz gibi aşama aşama küçük parçalar halinde de yapabilirsiniz. Bunları yaparken asıl önemli olan, zihinsel olarak istim üzerinde olmanızdır. Ayrıca gözleriniz yorgun olmamalı ve motivasyonunuz yüksek olmalıdır.

28	93	74	28	57	29	39	77
46	77	88	46	33	86	41	84
37	87	84	60	38	64	28	42
52	85	33	68	86	94	52	44
59	66	33	75	39	59	92	58
63	55	28	70	63	34	22	96
77	64	77	54	28	32	63	55
96	68	44	27	96	62	51	54
67	79	67	44	27	29	88	65
11	96	02	55	11	66	33	72
95	88	95	44	42	66	44	27
34	88	66	65	29	39	47	34
42	24	42	77	55	39	92	44
28	55	84	28	66	89	38	65
18	12	20	77	49	19	46	18
85	55	32	77	36	85	33	89
37	77	24	55	69	21	37	15
25	54	25	57	79	95	24	13

13	68	55	22	90	44	48	13
57	88	57	44	25	77	52	44
78	87	35	26	62	78	44	28
20	88	66	20	24	48	58	33
29	29	52	68	35	29	49	43

675	568	675	875	639	891	569
625	874	271	018	625	735	906
672	672	875	236	438	282	239
911	746	343	554	277	911	902
764	543	674	764	246	665	322
879	772	544	754	272	879	647
753	258	266	372	753	348	236
844	766	343	568	844	236	543
877	565	235	877	655	235	568
822	544	822	654	266	388	419
103	202	547	103	654	813	113
457	790	235	252	457	746	322
238	198	674	368	238	636	638
848	765	638	848	636	426	853
847	784	737	636	782	844	847
336	673	838	379	737	892	811
282	537	282	987	254	654	272
444	765	238	444	266	782	754
658	690	343	562	676	658	824

573	257	763	573	528	654	863
783	279	873	783	434	575	277
331	304	431	331	031	765	333
320	194	392	194	320	492	340
446	546	555	446	676	466	235
355	544	335	355	346	555	436
214	232	124	214	332	113	239
436	544	335	555	435	436	535

222	113	222	322	122	213	125
737	674	377	377	674	764	737
242	242	413	215	413	241	113
568	766	568	676	658	578	652
022	211	022	103	111	202	122
228	728	773	273	723	278	228
647	665	647	662	465	447	467
190	190	919	892	982	199	820
772	118	772	718	712	172	178
927	630	963	627	967	370	927
203	023	021	203	221	211	202
357	366	564	357	766	537	636

120	992	192	117	911	200	120
554	336	354	554	332	552	355
013	121	103	022	013	105	212
483	485	483	249	429	825	843
217	613	622	262	217	127	617
528	726	276	528	753	258	573
2435	4427	6579	6755	2346	2435	2344
7877	7876	7868	7877	4568	3426	1988
3457	3457	7820	5433	7690	4564	2346
5683	3247	5622	5683	7622	8733	1957
1895	1949	1895	4527	7633	7683	1673
2215	2242	5623	6783	2212	2215	4125
5463	5463	8727	5673	7890	6533	0014
6782	1986	6722	6782	7629	9653	1935
5673	6582	8727	6739	6258	5268	5673
1873	1837	1873	8727	7628	1827	7828
2002	1003	0012	2002	1774	1021	1030
2680	8767	8687	6547	6438	2680	7444
7555	8665	5379	8677	7555	7677	5435
0865	0865	8766	7555	8776	5442	1645

7524	6887	3568	4679	3479	5428	7524
8643	3569	8765	4589	8643	7544	3469
8541	8651	6752	5572	7645	1754	8641
7302	1852	7411	7633	7302	0176	3467
3469	8533	4682	8752	3469	7632	8643
2458	7642	8644	4677	2458	8764	2476
7532	8642	3569	7644	1036	7532	8634
1876	1734	0568	8754	1876	8642	7433
8744	7533	7634	5689	8744	8754	3468
8756	8756	8876	5690	9756	4582	9752
8737	8762	8737	7755	7448	3569	7352
3469	7644	8876	3469	8754	1766	8442
1752	1751	1752	1742	8727	8764	8742
1978	1192	1978	7920	9772	8762	7792
8755	6755	8755	8548	8458	8745	8756
7654	7654	3368	3568	3568	5764	5369
1975	1975	1965	9148	7492	1948	1750
7865	7879	1756	7847	7865	4688	8747
8644	8649	8764	3487	8348	8644	3478

8455	8456	8677	8455	4588	4585	8766
1176	1185	1766	1752	1158	1176	7642
8644	8638	8644	8642	4387	4369	8766
6433	2347	6434	6543	6433	3426	5433
8754	5785	8754	8763	4754	8736	3569
5242	8362	5413	7652	5242	8655	5243
7646	7655	7646	4766	5477	4578	5648
8412	2115	8412	1842	8712	4562	4812
8747	8765	4678	6489	7655	6875	8747
2575	2676	2676	2746	7453	4528	4453
7171	7702	7111	7172	7102	7171	0702
8742	7842	1875	8742	7815	1479	1785
4785	4789	4785	8748	8755	4785	4789
7633	7633	7624	2377	6738	2374	3729
3452	3435	3452	3542	1436	1544	5135

7634	7664	7337	7764	6734	7634	7637
8736	7854	6538	8736	8754	3579	9358

SONRAKİ BÖLÜM

Öğrenmiş olduğunuz gözatma ve tarama becerileri beyninizi, Olimpik atletlerin 'sınır' diye tanımladıkları yere yaklaştıracak. Sonraki bölümde tanıtılacak olan yeni Metronom Eğitim Yöntemiyle bu edindiğiniz becerileri ikiye katlamaya hazır olun.

BÖLÜM 10

Göreceli Organ: Beyin – Yeni Metronom Eğitim Yöntemiyle Hızınızın Artırılması

Beyniniz göreceli bir organdır.

BEYNİNİZ GÖRECELİDİR

Bir otoyolda saatte 100 mil hızla giderken arkadaşınız hızölçerinizi kapatsa ve sizden hızınızı saatte 20 mile düşürmenizi istese, sizce hangi hızda durur ve işte saatte 20 mil dersiniz?

Birçok kişi saatte 40 ila 60 mil arasını tahmin etmiştir ve doğrudur.

Bu açık farklılığın nedeni, beynin yeni bir norma alışması ve tüm deneyimlerini bu normla karşılaştırmaya başlamasıdır. Beyninizin yeni bir norma uyum sağlamasına ilişkin bu sıradışı yeteneği olimpik antremanlar dahil, birçok alanda kullanılmaktadır. Bir keresinde koşucular, destekleyici bir kemerle bir ayak değirmenine bağlanmışlardı. Koşucular bacaklarını makul hızda hareket ettirirken, ayak değirmeni kademeli bir biçimde hızlanarak onların bu güne kadar ulaştığı en yüksek hızı geride bırakmıştı. Bu tür bir dizi antremandan sonra, koşucuların bir çoğu önceki rekorlarını kırmayı başarmıştı, bunun nedeni ise beyin/vücut sistemlerinin bu yeni, daha hızlı norma alışmış olmasıydı.

METRONOMLA EĞİTİM YÖNTEMİ

Beyninizin bu göreceli yapısı çeşitli şekillerde kullanılabilen bir metronom sayesinde okuma hızınızı artırmanıza da yarayabilir. Görsel yönlendiricinizin satır boyunca yaptığı dokunuşları, metronomun her bir vuruşuna ayarlayabilirsiniz. Bu yolla, düzenli, sabit, düzgün bir okuma ritmi kurmak ve sürdürmek mümkün olabilir ve okuma hızınızda zamanla meydana gelebilecek olağan düşüş de engellenebilir. Bir kez uygun bir okuma hızı tutturduğunuz takdirde metronomun vuruş hızını dakikada bir vuruşa çıkartabilir ve böylece okuma hızınızda bir ilerleme kaydedebilirsiniz.

Metronomun ikinci temel kullanımı ise göreceli hızlı okuma çalışmaları içindir. Bu çalışma yönteminde, metronom anormal düzeyde yüksek bir hıza ayarlanır, böylelikle göz veya beyin sisteminizi, bu yeni çok yüksek düzeydeki norma alışması için zorlamış olursunuz.

Bu şekildeki bir çalışma yeni çok yüksek normlar belirlemek suretiyle hızınızı artırmanızı sağlar. Sonrasında bir kitabı daha rahat bir okuma hızıyla gözden geçirebilirsiniz ki, bu bile eski hızınızın iki katıdır.

Aşağıdaki önemli noktalar bölümü size yüksek hız ve anlama düzeyi kazandırmak üzere hazırlanmış bir dizi alıştırma içermektedir.

ÖZET

1 Beyniniz göreceli bir organdır ve hızlandırılmış normlara alışabilir.

2 Metronom ile okuma ve çalışma yöntemi size okuma hızınızı koruma ve artırma olanağı sunar.

GÖZATILACAK ÖNEMLİ NOKTALAR

Aşağıdaki alıştırmalarda size en uygun olduğunu düşündüğünüz bir yüksek-yönlendirme tekniği kullanın.

1 Bir kitaptan üzerinde çalışacağınız bir bölümü normal bir biçimde 5 dakika boyunca okuyun. Dakikada okuduğunuz sözcük sayısını sayfa 273'teki ilerleme grafiğine kaydedin.

2 Tercihinize göre ilginizi çeken kolay bir kitap seçin. Mümkün olduğunca yüksek bir anlama düzeyi hedefleyin ancak, bu alıştırmanın öncelikle hızla ilgili olduğunu aklınızdan çıkarmayın. Bu alıştırmada ulaştığınız son noktadan okumaya devam etmelisiniz.

(a) Bir dakika boyunca dakikada 100 kelime okumaya çalışın.
(b) a'dakinden dakikada 100 kelime daha hızlı okumaya çalışın.
(c) b'dekinden dakikada 100 kelime daha hızlı okumaya çalışın.
(d) c'dekinden dakikada 100 kelime daha hızlı okumaya çalışın.
(e) Yüksek Hız Çalışması 1-d'den daha hızlı okumaya çalışın.
(f) e'nin sonunuda ulaştığınız noktadan itibaren 1 dakika boyunca anlayarak okumayı deneyin. Dakikada okuduğunuz sözcük sayısını hesaplayın ve ilerleme grafiğine kaydedin.

3 Yüksek Hız Çalışması 1
(a) Kolay bir kitap seçin. Bölümün en başından başlayın.

(b) Görsel yönlendiriciyle 5 dakika boyunca dakikada en az 2000 kelime, bir defada 3 satır okumaya çalışın. Durduğunuz noktayı işaretleyin.
(c) 4 dakikada işaretlemek için yeniden okuyun.
(d) 3 dakikada işaretlemek için yeniden okuyun.
(e) 2 dakikada işaretlemek için yeniden okuyun.
(f) İşaretten sonraki kısmı 5 dakika boyunca b'deki gibi anlamaya yönelik yeniden okuyun.
(g) Normal anlama için 1 dakika okuyun. Dakikada okuduğunuz sözcük sayısını ilerleme grafiğine kaydedin.

4 Yüksek Hız Çalışması 2
(a) Kolay bir kitap seçerek bölümün en başından başlayın.
(b) Görsel yönlendirici kullanarak ve her sayfaya 4 saniye ayırarak 1 dakikalığına gözden geçirin.
(c) 5 dakika boyunca en başından dakikada en az 2000 kelime okumaya çalışın.
(d) Fırsat bulduğunuzda bu alıştırmayı tekrarlayın.
(e) 3.g'deki alıştırmanın aynısı.

5 Gözlerinizi, yatay ve dikey düzlemde sol üst köşeden sağ alt köşeye ve sağ üst köşeden sol alt köşeye doğru hareket ettirerek alıştırma yapın. Günden güne yavaşça hızınızı artırın. Bu alıştırmanın amacı gözlerinizi, işlevini daha doğru ve bağımsız bir biçimde yerine getirebilmesi için çalıştırmaktır.

6 Yaklaşık 2 saniyede bir sayfa olacak şekilde, gözlerinizi sayfanın alt kısmına çabuk bir biçimde hareket ettirerek 100 sayfa çevirmeyi deneyin.

7 (a) Bunu, anlama kaygısı gütmeden yapabildiğiniz kadar hızlı yapmayı deneyin.(Bunu 2'şer dakikalığına 2 kez yapın.)
(b) Bir dakika boyunca anlamak için okuyun.
(c) Dakikada okuduğunuz sözcük sayısını hesaplayın ve ilerleme grafiğine kaydedin.

Bu alıştırmaları zaman buldukça tekrarlayın.

Metronomla çalışma alıştırmalarını tamamladıktan sonra Deneme Sınavı 5'e geçin. Okumaya başlamadan önce, tüm sınav boyunca sayfa başına 2'şer saniyelik tarama ve gözden geçirme biçimindeki bir "Metronom Koşusu" harika bir fikir olabilir.

Esas okumanıza başladığınızda, beyniniz, "Metronom Koşusu"nda algıladıklarınıza ilişkin daha fazla bilgi toplamaya odaklanacaktır.

DENEME SINAVI 5: Bebek Beyni

Bebek beyninin başlangıç gelişimi, beyin hücreleri arasındaki bağlantıların müthiş bir hızla arttığı yoğun bir sinirsel etkinlik dönemidir. Beynin öğrenmeye başlaması için hiçbir zaman çok erken değildir.

Beyin Hamleleri

Başka bir organa göre beynin gelişimini tam olarak tamamlaması daha fazla zaman alır ve beynin gelişme biçimi belirgin bir biçimde farklılık gösterir. Diğer birçok organ temel gelişimini ana rahminde tamamlar. Boyut olarak büyüme vücut geliştikçe hücresel bölünme aracılığıyla olur. Öte yandan, beyin hücrelerinin oluşumu, doğum öncesi tümüyle tamamlanır-bu yüzden de bebeklerin kafaları vücutlarının diğer kısımlarıyla orantısız bir görüntü sergiler.

Son on yıldır yürütülen araştırmalar, beynin kendiliğinden meydana gelen sinyalleri kullanarak daha ana rahmindeyken hücreler arasındaki bağları incelikle meydana getirdiği görüşünü doğrulamaktadır. Ana rahmine düştükten , yaklaşık sekiz hafta sonra beyin hamlelerinin ilki başlar. ("beyin hamlesi" beynin artan gelişimiyle ilgilidir.) Sonraki beş haftada sinir hücrelerinin büyük bölümü oluşur. İkinci "beyin hamlesi" yaklaşık olarak, doğumdan 10 hafta önce başlar ve doğumdan sonra iki yıl kadar devam eder. İkinci hamle beyin hücrelerinin yoğun faaliyette olduğu bir periyottur: Hücreler arasındaki bağlar belirginleşir, düzenlenir ve genişler. Bağlardaki bu artış beynin çabuk gelişmesiyle sonuçlanır. Beynin hacmi doğumda bir yetişkinin beyninin % 25'i, altı aylıkken % 50'si, 2,5 yaşındayken % 75'i ve 5 yaşındayken de % 90'ı kadardır.

Dünya ile Tanışma

Çalışmalar çocuğun doğum sırasında özellikle de insan sesinin farklı tonlarına olumlu tepkiler verdiğini göstermiştir.Yeni doğmuş bir bebek ebeveyninden duyduğu seslere küçük jestlerle bütünleşen özel seslerle ve hecelerle karşılık verir. İnsan sesi dışındaki seslere bu tür bir karşılık vermez. Bu da dil yeteneğinin ana rahminde kazanıldığını göstermektedir. Annenin kalp atış sesleri ana rahminde duyulmaktadır, bu ses bebek tarafından tanınmaktadır ve bunun yatıştırıcı bir etkisi bulunmaktadır.

Edinburgh Üniversitesi'nden Tom Bower adında bir araştırmacının bebeklerin anlama kabiliyeti üzerine yaptığı bir araştırma, çocuğun doğumdan itibaren dünyayı üç boyutlu olarak algıladığını göstermektedir. Sağ ve sol gözün farklı imgeler görmesini sağlayan polarize gözlük kullanarak, bebeğin önünde somut bir cisim varmışcasına görsel yanılsama oluşturmuştur. Bower, yeni doğan bebeklerin bile bu görünen nesneye dokunabilmek için uzandıklarını ancak, somut bir nesne yerine havaya dokunduklarını fark ettiklerinde ağlamaya başladıklarını tespit etmiştir. Bu da göstermektedir ki bebekler görsel nesnelerin somut olmasını beklemekte, dokunma ve görme hislerini birleştirmektedirler.

Görüntü ve Ses

Edinburgh'daki diğer deneyler, görüntü ve ses arasında da bir ilişki olduğunu göstermiştir. Yeni doğan bir bebek başını sesin, özellikle de annesinin sesinin geldiği yöne doğru çevirir. Deneyler ayrıca bebeklerin kokuları hoş ve hoş olmayan biçimde ayırma yetisiyle doğduklarını göstermiştir ki, kokuya göre başlarını yaklaştırırlar veya uzaklaştırırlar.

Yeni doğan bir bebek insan yüzünü de tanımaktadır. Cleveland'daki Western Reserve Üniversitesi'nden Robert Frantz adında bir araştırmacı, bir günlük bir bebeğe bakması için insan yüzü, boğa gözü, gazete kağıdı ve renkli çemberlerden oluşan resimler göstermiş ve bebeğin insan yüzüne yönelik bir tercihi olduğunu ve bebeklerin çoğunun diğer nesnelere kıyasla yüz resmine daha çok baktıklarını saptamıştır. Carnegie Mellion Üniversitesi'nden Mark Johnson da, bebeklere henüz on dakikalıkken benzer testler uygulamış ve boş oval veya garip şekillere göre yüz resimlerinin tercih edildiğini gözlemlemiştir. Johnson'a göre bu durum, insanların yiyecek kaynağını, sıcaklığı ve korunmayı anlamasına yarayan bir yüz şablonuyla doğdukları anlamına gelmektedir.

Kendileriyle, bebek diliyle değil de yetişkin bir insan gibi konuşulan bebekler, o dili daha çabuk kavrarlar. Ebeveynlerden birinin veya her ikisinin birden bilinçli olarak çocuğun duyusal tecrübesini geliştirmeyi amaçladığı bir çevre bu gelişimi hızlandırır ve artırır. 1952'nin başlarında Aaron Stern, kızı Edith'in, teşvik edici bir ortamdan faydalanabileceğini düşünmüştür. Doğduktan sonra onunla mümkün olduğunca çok konuşmuş, (Bebek diliyle değil), klasik müzik dinletmiş ve kızına üzerinde sayılar ve hayvan resimleri olan ışıklı kartlar göstermiştir. Bu yöntem birçok sayısız ebeveyn tarafından uygulanmış ve kullanılmıştır, oldukça da olumlu sonuçlar vermiştir.

Rampalar, Merdivenler ve Tekerlekler

Berkeley'deki Kaliforniya Üniversitesi'nden Mark Rosenweig beynin gelişiminde zengin bir ortamın etkisini ortaya koymak için bir grup yavru fareyi içi rampa, merdiven ve tekerleklerle dolu bir kafeste bırakmıştır. İkinci grup ise yavan kafeslerde bırakılmıştır. 105 gün sonra her iki grubun da beyinleri incelenmiş ve kontrol grubuna göre, zengin bir ortamda yetişen farelerin beyinlerinde daha fazla bağ olduğu tespit edilmiştir. Buna ek olarak, çeşitli araçlarla dolu kafeste yetişen farelerde % 15 oranında daha fazla hücre olduğu ve nöronlarının % 15 oranında daha büyük olduğu ve belki de en önemlisi, diğer nöronlar ile aralarında daha fazla bağ olduğu ortaya çıkmıştır.

Bebek gelişimine ilişkin birçok araştırmanın temelinde çekirdek bilginin biyolojik olarak programlandığı inancı yatmaktadır. Bu yalnızca matemetikte ve fizikte değil, diğer bütün kavramaya ilişkin bilimlerde böyledir. Ancak, çekirdek bilginin ne zaman programlandığı konusu henüz kesinlik kazanmamıştır. 1998 yılından beri, Kaliforniya Teknoloji Enstitüsü'nde çok elektrodlu özel bir cihazın icat edilmesiyle, memeli ceninlerin ana rahmindeyken beyinlerindeki hücrelerin birbirleriyle etkileşimlerini, bağ oluşturmalarını, ayarlanma ve uyarlanma süreçlerini meydana çıkarmak ve ölçmek mümkün hale gelmiştir. Sinir hareketleri üzerinde yürütülen çalışmalar sinir bağlantılarının genlerimizde saklandığından çok, bu bağlantıların "beyin hamlesi" sırasında geliştiğini göstermektedir. Beyinde oluşturulması gereken milyonlarca bağlantı olduğu düşünülürse, eski teoriye göre saklanmak üzere çok daha az genetik bilgiye ihtiyaç vardır. Bundan da genetik kodların bebek ana rahmindeyken oluştuğu sonucu çıkarılabilir.

Yaradılışa Karşı Yetiştirme

Bu, nispeten yeni bir varsayımdır. Bunu geliştirmek ve kanıtlamak için daha çok çalışma yapılması gerekmektedir. Bu varsayım yaradılışa karşı yetiştirme anlayışına yeni ve önemli bir yaklaşım getirmektedir.

Bebeklerin henüz ana rahmindeyken ve ilk bir kaç aylıkken sahip oldukları zihinsel yeteneklere ve kabiliyetlere olan ilgimiz genetik programlama veya nöronlar arasındaki bağlar nedeniyle artmaktadır. Ebeveynler çocuklarının zihinsel gelişimlerini sağlamak ve artırmak için hangi yolu seçerlerse seçsinler, iki önemli noktayı göz önünde bulundurmalıdırlar.

İlk olarak, devamlılığın gözlemlenmesi gerekmektedir. Kendi yaşıtlarına göre yetenekleri daha gelişmiş bir çocuk onlardan farklı görünmemek için veya alay edilmemek için yeteneklerini kasıtlı olarak gizleyebilir.

İkinci olarak ise, gelişmekte olan bir çocuğun isteklerine ve ilgi alanlarına saygı göstermeye dikkat etmek gerekir. Zaman harcayan ve umut bağlayan ebeveynler emek harcadıkları çocukları üzerinde çok fazla denetim kurmamaları gerektiğinin bilincinde olmalıdırlar. Asıl mesele, çocuğun mutluluğunun sağlanması ve isteklerinin karşılanmasıdır ve ebeveyn olmanın mutluluğu da tüm bunlarda etkin bir rol oynamaktır.

****

Saatinizi Durdurun

Geçen Süre:......dakika

Sonra, okuma hızınızı, parçadaki sözcük sayısını (bu örnekte 943 sözcük), süreye (dakika) bölerek dakikada sözcük sayısı(dss) olarak hesaplayın.

Okuma Hızı Formülü

dakikada sözcük sayısı (dss) = sözcük sayısı/süre

Hesapladıktan sonra, bulduğunuz sayıyı paragrafın sonundaki dss için ayrılmış bölüme ve 273. sayfadaki İlerleme Tablonuza ve İlerleme Grafiğinize kaydedin.

Okuma hızı:.........

DENEME SINAVI 5: Anlama

1. İnsan beyninde:
(a) Hücrelerin tamamı çocuk ana rahmine düştüğü sırada oluşur.
(b)Hücrelerin tamamı doğumdan önce oluşur.
(c) Hücrelerin tamamı doğumdan 1 ay sonra oluşur.
(d) Hücrelerin tamamı doğumdan 2 yıl sonra oluşur.

2. "Beyin Hamleleri"nin ilki ne zaman başlar?
(a)Çocuk ana rahmine düştüğünde.
(b)Çocuğun ana rahmine düşmesinden sekiz hafta sonra.
(c)Çocuğun ana rahmine düşmesinden dört hafta sonra.
(d)Doğumdan bir ay önce.

3. İkinci "beyin hamlesi" yaklaşık olarak ne zaman başlar?
(a) Çocuğun ana rahmine düşmesinden sekiz hafta sonra.
(b) Çocuğun ana rahmine düşmesinden on hafta sonra.
(c) Doğumdan on hafta önce.
(d) Doğumdan dört hafta önce.

4. Çocuk doğduğunda beyninin ağırlığı bir yetişkinin beyninin yüzde kaçı kadardır?
(a)Yüzde 10'u
(b)Yüzde 15'i
(c)Yüzde 25'i
(d) Yüzde 40'ı

5. Altıncı ayda beynin ağırlığı bir yetişkinin beyninin yüzde kaçı kadardır?
(a)Yüzde 25'i
(b)Yüzde 40'ı
(c)Yüzde 50'si
(d)Yüzde 75'i

6. İki buçuk yaşındaki bir çocuğun beyin ağırlığı bir yetişkinin beyninin yüzde kaçı kadardır?
(a)Yüzde 50'si
(b)Yüzde 75'i

(c)Yüzde 80'i
(d)Yüzde 90'ı

7. Beş yaşındaki bir çocuğun beyin ağırlığı bir yetişkinin beyninin yüzde kaçı kadardır?
(a)Yüzde 85'i
(b)Yüzde 90'ı
(c)Yüzde 95'i
(d)Yüzde 100'ü

8. Bir bebek doğduğu ilk gün bile insan sesinin farklı tonlarına olumlu ve özel tepkiler verebilir. Doğru/Yanlış

9. Edinburgh Üniversitesinden Tom Bower'ın bebeklerin algılaması üzerine yaptığı araştırmanın ışığında aşağıdakilerden hangisi doğrudur?
(a) Bebekler sadece bulanık imgeleri görürler.
(b)Bebekler hemen annelerine odaklanırlar.
(c) Bebekler sesleri çok iyi algılarlar.
(d) Bebekler dünyayı üç boyutlu olarak hemen algılarlar.

10. Edinburgh Üniversitesinde yapılan diğer deneyler görüntüyle ses arasında bir ilişki olduğunu göstermiştir. Yeni doğan bir bebek üzerinde yapılan bir deneyde, bebek başını özellikle .anne sesine........doğru çevirmiştir?

11. Robert Frantz ve Mark Johnson yaptıkları deneyler sonucunda yeni doğan bir bebeğin aşağıdakilerden hangisine bakmayı tercih ettiğini keşfetmişlerdir?
(a)Annesinin resmi

(b)Renkli daire resimleri
(c)Yüz resimleri
(d)Hayvan resimleri

12. Kendileriyle bebek diliyle konuşulan çocuklar dili daha çabuk kavrarlar.
Doğru/Yanlış.

13. Mark Rosenweig'in fareler üzerinde yaptığı deneye göre daha zengin bir ortamda yetişen fareler için aşağıdakilerden hangisi doğrudur?
(a)Beyinleri daha küçüktür.
(b)Fiziksel olarak daha büyük olurlar.
(c)Beyinlerinde hiçbir değişiklik olmaz.
(d)Beyin hücreleri arasında daha fazla bağ vardır.

14. Bebek beynindeki sinir bağları ne zaman gelişir?
(a)"Beyin hamleleri" sırasında
(b) Doğum öncesinde
(c)Genlerimizdeki saklama bölümleri oluştuktan sonra
(d)Doğum sonrasındaki ilk iki yıl içinde

15.Ebeveyn olmadaki asıl mesele :
(a) Bir Dahi yetiştirmektir.
(b)İyi bir akademik eğitim sağlamaktır.
(c)Çocuğun mutluluğunu sağlamak ve isteklerini yerine getirmektir.
(d)Çocuğun doğal gelişimine müdahale etmemektir.

Cevaplarınızı sayfa 270'tekilerle karşılaştırın.
Anlama yüzdenizi hesaplamak için doğru cevaplarınızın sayısını 15'e bölün ve çıkan rakamı 100'le çarpın.

Anlama yüzdesi: 15'te......
%.......

Şimdi elde ettiğiniz skoru, 273. sayfadaki İlerleme Tablonuza ve İlerleme Grafiğinize kaydedin.

SONRAKİ KISIM

2.Kısım-Gözlerinizin Şaşırtıcı Gücü'nü tamamladınız. Yeteneklerinizin sınırını zorlamanız ve göz/beyin sistemini azami ölçüde kullanmanız için gereken bilgileri aldınız. Artık konsantrasyon eksikliği, metni anlayamama (çoğunlukla yanlış bir tanımlama olan 'öğrenme güçlüğü' sendromları' da denir) gibi başlıca okuma sorunlarını incelemeye hazırsınız

ÜÇÜNCÜ KISIM
YÜKSEK KONSANTRASYON VE ANLAMA DÜZEYİ

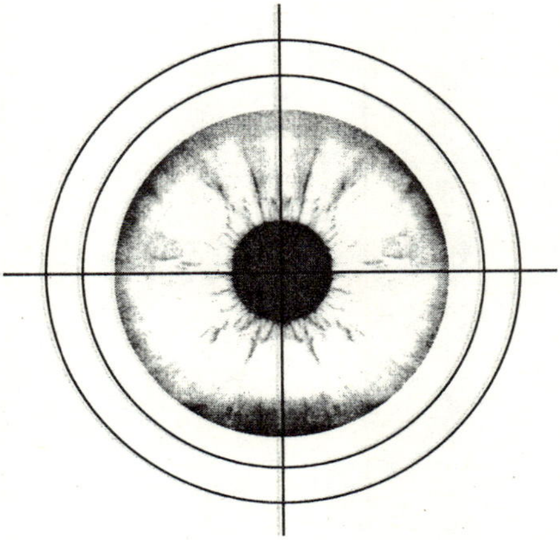

BÖLÜM 11

Genel Okuma Sorunları: Alt-Seslendirme, Parmakla Okuma, Yeniden Okuma ve Geri Dönme

Sorunlarla yüzleşmek, onları incelemek ve anlamak demek, bu sorunlara çözüm bulmak için olumlu enerjinin açığa çıkması demektir.

ÖNSÖZ

Bu bölüm, verimli okumanın en önemli engelleri olan **alt-seslendirme**, **parmakla okuma**, **yeniden okuma** ve **geri dönme** gibi son derece sık karşılaşılan sorunları ele almaktadır. Göz ile beyin arasındaki ilişki ve bu iki organın işlevleri hakkındaki en son araştırmalara dayanan yeni yaklaşımları ve bu konular çerçevesinde yazılmış olanları doğru olarak sunma amacını taşımaktadır.

Bu bölüm ayrıca sıkça karşılaşılan "öğrenme zorlukları" hakkında da bilgi vermektedir. Bunlar arasında **disleksi** ve DTS (Dikkat Toplayamama Sendromu) bulunmaktadır

OKUMA SORUNLARI

Alt-Seslendirme (İçten Seslendirme)

Alt-seslendirme, dudaklarınızı oynatarak okumaktır ve sıkça karşılaşılan okuma sorunlarından biridir. Bu sorun genellikle yeni okumayı öğrenen çocuklara okumayı yanlış yöntemlerle öğretmekten kaynaklanabilir. Bu yöntemler 2. Bölüm'de ele almış olduğumuz ses ve bak-söyle yöntemlerinden kaynaklanmaktadır.

Hemen hemen bütün hızlı okuma kursları ve kitaplarının vardığı ortak nokta, gelişebilmenin önüne çıkan en büyük engellerden birinin alt-seslendirme olduğu ve üstesinden gelinmesi gerektiğidir.

Ancak, alt-seslendirmeden yararlanabileceğimiz yerler de bulunmaktadır. Şüphesiz, alt-seslendirme okuyucuyu belli durumlar içine sokmaktadır; hele de okuyucu okuduğunu kavramak için buna bağımlıysa. Alt-okuma aslında tamamen yok edilemez ve yok edilmemelidir de. Sorunun ne olduğunu tam olarak anlamak, bu sorunlara karşı genel bir tavır almak bizi çok daha tatmin edici okuma alışkanlıklarına yöneltecektir. "Alt-okumanın" tam olarak yok edilmesi, kişilerin şevklerini kırarak okuma zevklerini ortadan kaldırabilir.

İzlenecek en iyi yol, bu sorunu kabullenmek ve tamamen yok etmek yerine onu "yarı-bilinçli" hale getirmektir. Başka bir deyişle, sorunu tam olarak ortadan kaldırmak yerine ona daha az bağımlı hale gelinmelidir. Alt-seslendirme endişe edilecek bir sorun değil sıkça karşılaşılabilecek bir sorundur. Yapılması gereken şey, okuduklarımızı daha iyi kavrayabilmek ve bu alışkanlığı azaltmaktır.

Bu alışkanlığın olumlu yönü okuduklarımızı hatırlamamıza yardımcı olmasıdır. Alt-seslendirmeye daha az bağımlı hale geldiğimizi farz edersek, artık bilinçli bir şekilde önemli kelime veya metinleri hatırlamak için içimizden sesimizi yükseltmeye başlayabiliriz (bu durum kelimeleri içinizden bağırarak okuma yoluyla meydana gelir)

Buna ek olarak, alt-seslendirmenin yavaş ve meşakkatli bir süreç olmadığını anlamanız gerekir. Beyniniz dakikada 2000 kelimeyi seslendirebilir. Şüphesiz dakikada 1000 kelimeden fazla konuşabilen insanlar var. O halde, eğer ille de endişe etmeniz gerekirse, bu hızlara ulaştığınız zaman endişe etmeye başlayın!

Parmakla Okuma

Okuyucunun hızını düşürdüğü gerekçesiyle parmakla okumak bir sorun olarak görülmektedir. Fakat, 6,7 ve 8. Bölümlerden de öğrendiğimiz gibi konsantrasyonu koruyabilmenin ve odaklanabilmenin en iyi yolu parmakla okumaktır. Bu alışkanlığın tek olumsuz yönü parmağın fiziksel yapısının, görüş açısını daraltmasıdır. Sorunlar çözümleri yaratır; ince bir yönlendirici aracılığıyla okursanız hem görüşünüz engellenmez hem de okuma hızınız artar.

Yeniden Okuma ve Geri Dönme

Yeniden okuma ve geri dönme benzer kavramlar gibi görünse de aslında birbirlerinden farklıdırlar. Geri dönme, okunan kelimelere, cümlelere veya paragraflara bilinçli olarak geri dönmek anlamına gelmektedir. Bu, kelimeleri ya da cümleleri kaçırmış olduğunuzu veya konuyu tam olarak anlamamış olduğunuzu düşünmekten ileri gelmektedir. Birçok okuyucu, konuyu tam olarak anlayabilmek için başa dönme gereğini hisseder. Yeniden okuma ise, daha çok görsel bir tik olup henüz okunmuş olan kelime veya cümlelere farkında olmaksızın yeniden dönme anlamını taşır. Çoğu zaman aynı cümleleri yeniden okuduğunuzun farkında bile olmazsınız.

Göz hareketlerine ilişkin 4. Bölümde belirtildiği gibi, yeniden okuma ve geri dönme okumayı yavaşlatmaktadır. Araştırmalar, cümleyi veya kelimeyi yeniden okuması gerektiğini düşünen kişilerle buna izin verilmeyen kişilerin anlama düzeylerinde son derece az bir fark olduğunu ortaya çıkarmıştır. Bu sorun bir anlama sorunu olmaktan çok, beyin gücünüze ilişkin güven sorunudur.

Bu sorunların yok edilmesine veya azaltılmasına ilişkin yaklaşım iki yönlüdür. Öncelikle, kaçırdığınızı düşündüğünüz bölümleri yeniden okumamak için kendinizi zorlamalısınız. İkinci olarak da göz hareketlerinizde bir ritim tutturarak, hızınızı artırmalısınız. Hız ve ritim, gerilemenize ve yeniden okumanıza izin vermeyeceği gibi anlama düzeyinizin artmasına da yardımcı olacaktır.

Alt-seslendirme, parmakla okuma, gerileme ve yeniden okuma gibi sorunlar, önemli engeller olmaktan çıkmaktadır. Bunlar, üstesinden gelinebilecek son derece basit alışkanlıklar olup bunları kendi lehinize çevirebilmeniz de mümkündür.

ÖĞRENME SORUNLARI

Disleksi

Disleksi, alfabedeki harfleri deşifre etmekte ve kelimeleri okumakta güçlük çeken kişiler için kullanılmaktadır. Böyle bir sorunu olan kişiler genellikle harfleri ters olarak algılarlar. El yazıları da kargacık burgacıktır. Kimi okullarda % 20'den fazla öğrencide bu "öğrenme sorunu" görülmektedir.

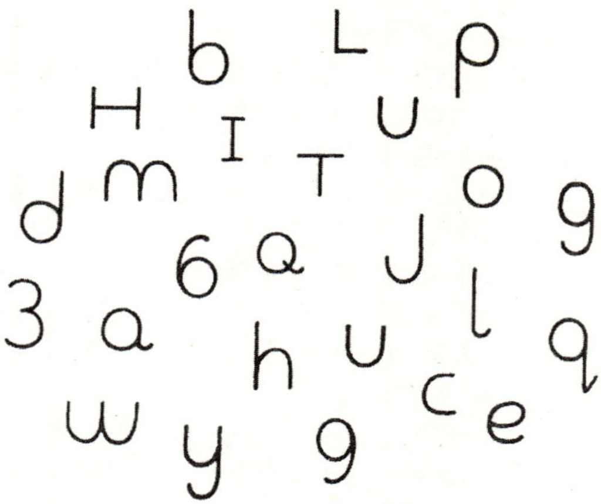

Şekil 12: Okumayı yeni öğrenen kişilerin şekilleri öğrenmekte zorlanması, disleksiden kaynaklanmayabilir.

Deneyimlerime göre, disleksi olduğu düşünülen kişilerin % 80'inde bu sorun aslında bulunmamaktadır. Bu kişiler, okumaya başladıkları ilk dönemlerde tökezlemişler ve bir daha da bundan kurtulamamışlardır.

Erken bir dönemde içine düşülen bir zorluğun kişiyi nasıl etkileyebileceğini anlamak için kendinizi bir Marslı olarak hayal edin. Tamamen masum bir şekilde dünya adlı gezegene iniyorsunuz. Birisi kısaca burada yaşayan varlıkların kelime oluşturmak için harf adı verilen sıralı şekillerden oluşan bir diziyi kullandıklarını anlatıyor. Durumu biraz daha zorlaştırmak için bu şekillerden pek çoğunun birbirine son derece benzer olduğunu düşünün (bkz. Şekil 12).

(Bu işin ne kadar zor olduğunu anlamanız için aşağıda sunulan egzersizi yapın. Yukarıda verilmiş olan şekilleri yüksek sesle ve mümkün olduğunca hızlı bir biçimde okuyun. Okurken şekilllerin hangi harfler olduğunu söyleyin. Bunu yaparken eninde sonunda şaşırdığınızı göreceksiniz.)

Yeniden bir Marslı olarak döndüğünüzü ve size bu eğri büğrü harflerin öğretildiğini düşünün. Sizden "oda" kelimesini yazmanızı istiyorlar. Hafızanızı tarıyorsunuz ve hayal meyal bu üç harfin yuvarlak olduğunu hatırlıyorsunuz. "000" olarak üç yuvarlak şekil yazıyorsunuz. Sonra bu şekillerin yanına, sağına, soluna çizgiler atıyorsunuz. Eğer yazdıklarınız doğru değilse, alay konusu olursunuz, disleksi damgası yapıştırılır, daha da kötüsü beyninizde ufak çaplı bir sorun olduğu düşünülür.

Bu durum, sizi, bir sonraki denemenizde de hata yapmanıza neden olabilecek zihinsel bir gerginliğe sokar.

Tüm bunlar, disleksi olduğu düşünülen kişilerin başına gelen olaylardır. Bu durum en başta, hafıza için gerekli araçların sağlanamamasından kaynaklanmaktadır, bu da harflerin isimlerini hatırlamamalarındaki en büyük unsurdur. Bu kişilerin disleksi ile damgalanması, akademik kariyerlerinde ilerleyememelerine ve gittikçe daha kötüye gitmelerine sebep olacaktır.

Disleksi olduğu düşünülen kişiler, okuduklarını daha iyi anlayabilmek için çok daha yavaş ve dikkatli okurlar ve bu durum da farkında olmadan kişilerin sorununu daha da zorlaştırır.

Eğer disleksi olduğunuzu düşünüyorsanız, aşağıdaki örnekler şüphesiz size umut verecektir.

Brüksel İskandinav Okulunda okuyan 16 yaşındaki bir kız, Zihin Haritası ve Eğitimi üzerine bir kursa katılmış ve kursun ilk gününde son derece başarılı olmuştu. İkinci günün sabahında ise, öğretmeninin yanına gidip şimdiki dersin hızlı okuma olduğunu ancak kendisinin bu konuda çok iyi olmadığını çünkü disleksi olduğunu bu yüzden de onu mazur görmesini istediğini söylemişti. Öğretmen ise onu cesaretlendirip denemesini istemiş. Bunun üzerine de denemiş. Sonuç? Günün ilk vakitlerinde dakikada 100 kelimeyi tam olarak anlamadan okuyan kız, günün sonunda okuduğunun % 70'ini anlamış ve dakikada 600 kelimeye kadar ulaşmıştır.

İkinci örneğimiz, okul yıllarını "cehennem" olarak anan bir dramaturgdur. Bu durum okulda okumayı tam olarak öğrenememiş olan bu kişi için çok zordu, çünkü okumayı ve edebiyatı çok seviyordu. İnatçı bir kişiliğe sahip olan bu kişi, sürekli bir çalışma ve ekstra vakit harcayarak okumasını geliştirmeye çalışıyordu.

Hayali her zaman bir dramaturg olmaktı ve nihayetinde amacına ulaşmıştı. İşinde başarılı olmak için çalışmasını sürdürdü.

Tıpkı İskandinav kız gibi o da, katıldığı kursun başlangıcında düşük anlama düzeyi ile dakikada 100 kelime okuyordu. Kurs boyunca "sırrını" sakladı. En son okuma testinden sonra hızını dakikada 700 kelimeye çıkardı. Son defasındaki hızını hesapladıktan sonra hikâyesini anlatmaya başladı.

Bütün hayatı boyunca yetersizliği ve beceriksizliği yüzünden üzüntü duyduğunu ve bir anda her şeyin elinden kayıp gittiğini anlattı.

Geçmiş yıllarının kaybolup gitmesinden dolayı tarif edilemez bir öfkeye kapıldığını ve hayatı boyunca hor görüldüğünü anlatırken ona disleksi damgası vurulduğundan dolayı zihinsel bir hapishaneye düştüğünü belirtti.

Hikâyesi, nihayetinde işine döndüğünü ve günlük işlerini normal çalışma zamanından çok daha önce bitirdiğini söylemesi ile mutlu sonla tamamlandı.

Üçüncü ve son örnek Teksas Üniversitesi Tıp Kurulu İdarecisi olan Kim ile ilgili. Vanda North yönetiminde gerçekleşen Zihin Haritası ve Eğitimi kursunda Kim, disleksi olduğunu ve derslerin büyük bir bölümünü tamlayamayacağını belirtti. Dakikada 120 kelime ve düşük bir anlama düzeyi ile kursa başlamıştı.

Ancak Kim azmetti ve iki günün sonunda dakikada 750 kelime okumayı başardı. Okuduklarını da son derece iyi anlamıştı. Kursun bitiş töreninde öğrenciler bir sunuş yapacaktı.

Kim hazırlanmak üzere odadan dışarı çıktı.

Birkaç dakika sonra üstünde "aptal", "yavaş", "aksak", "değersiz", "disleksi", "yanlış" ve "sersem", yazılı kağıtları tek tek okuyup onları yırttı. Sunuşu ölüm sessizliği içinde geçti.

Odada gözü yaşlı olmayan tek kişi bile yoktu.

Daha önce de belirttiğim gibi disleksi ile damgalanmış kişilerin çoğu aslında değil. Okuma sorunlarındaki temel çözümler hep aynı: bir yönlendirici kullanmak, hızı gittikçe artırmak, Zihin Haritasını, not tutma ve düşünme aracı olarak kullanarak, cümlelerin anlamsal hapishanesinden kaçmak. Hem ben hem de diğer hocalarım, okuma hızlarını ve anlama düzeylerini geliştiremeyen kişilere disleksi tanısını hemen yapıştırmadık.

DTS (Dikkat Toplayamama Sendromu ve Hiperaktivite)

Okuma sorunlarının başka sebepleri DTS-Dikkat Toplayamama Sendromu ve hiperaktivitedir.

Bir istatistik, sadece Amerika'da, üç milyondan fazla çocukta bu rahatsızlığın ciddi bir şekilde bulunduğunu ve bu çocukların Ritalin isimli ilaca bağlı olduklarını ortaya koymuştur.

Bu sendromun tıbben tanımlanabilir bir vaka olup olmadığı, bazı bilgisiz doktorların ortaya koyduğu genelleştirilmiş bir teşhis olup olmadığı, öğretmenlerin kendi yetersizliklerini çocuklarda DTS olduğunu söyleyerek örtbas etmek isteyip istemedikleri veya Ritalin'in mucize bir ilaç mı yoksa aktif ve yaratıcı çocukları sakinleştirmek için üretilmiş bir ilaç mı olduğu tartışılan konulardır.

Kendi fikirlerinizi belirlemeniz için aşağıdaki bilgiler size yardımcı olacaktır.

Dikkat Yetersizliği, Hiperaktivite Rahatsızlığı, Amerikan Psikiyatri Derneği tarafından belirlenmiş olan aşağıdaki kriterlerden sekiz veya daha fazla belirtiye sahip olan kişiler için tanımlanabilir:

1. Yerinde duramama
2. Dış etkenler tarafından hemen uyarılabilme
3. Bir yere dikkatini uzun süre verememe
4. Başladığı işi yarıda bırakıp başka şeylerle ilgilenme (Tüm zamanların en büyük dehası Leonardo da Vinci , bu suçlamalara maruz kalmıştır)
5. Kıpır kıpır ve huzursuz olma
6. Grup etkinlikleri esnasında kendi sırasını bekleyememe (veya beklememe)
7. Soru tamamlanmadan cevabını verme
8. Düzensiz iş yapma
9. Oyun esnasında sesler çıkarma
10. Başkaları konuşurken araya girme
11. Düşünmeden ve aşırı konuşma
12. Biri konuşurken dinlememe

13. Fiziksel olarak tehlikeli işlere kalkışmak
14. Okul ödevleri için gerekli araçları sürekli olarak kaybetme

Bu tür davranışlar yedi yaşından önce başlamış olmalı ve aynı yaştaki ortalama bir kişiye göre daha sık rastlanmalıdır. Bu demek oluyor ki, nüfusun en az yarısı bu davranış biçimine sahip. Acaba bu kişiler bir hastalıktan mı muzdarip? İki klasik vakaya bir göz atalım.

Yuvadayken Mary-Lou Retton, öğretmenlerinin belirttiğine göre normalden fazla aktif bir kişiliğe sahipti ve öğretmenleri ailesi ile görüşüp onun fiziksel aktivitesini azaltmak için ilaç takviyesinde bulunmalarını tavsiye etti. Ailesi ise farklı bir düşünceye sahipti ve okuldan, onun fazla enerjisinin başka bir tarafa yöneltilmesi için daha uygun koşulların sağlanmasını istemişlerdi.

Bundan onüç yıl sonra, Mary-Lou Retton, Los Angeles Olimpiyatlarında kadın jimnastikçiler kategorisinde altın madalya kazanmıştır.

Mary-Lou Retton ile aynı durumda olan Daley adındaki bir İngiliz çocuğun öğretmenleri de ailesine ilaç takviyesinde bulunulması gerektiğini belirtmişlerdi. Mary-Lou Retton'un ailesi gibi onlar da çocuğun enerjisinin başka yerlere yöneltilmesi gerektiğine inanmışlardı. Daley her türlü fiziksel eğitimi alarak sonuçta, Dünya ve Olimpiyat Dekatlon Şampiyonu oldu ve on yıl boyunca bütün eski rekorları kırıp spor hayatının zirvesinde kaldı.

Dikkat Toplayamama Sendromu: Farklı Bir Yaklaşım isimli kitabında Thom Hartmann, böyle yakıştırmalarda bulunulan kişilerin aslında sorunlarının bu tür hastalıklar olmadığını belirtmiştir. Hartmann, okulun, "çiftçiler" diye adlandırdığı masada oturup dikkatle öğretmenlerin dediklerini dinleyen sürekli olarak denileni yapan kişiler için var olduğunu belirtir. "Avcılar" diye tanımladığı fiziksel açıdan hareketli olan kişiler için okulun işkence yerinden başka bir şey olmadığını söyler. Bu kişiler sürekli olarak etrafı inceleyen, yaratıcı ve bir sonraki heyecanlı adım için her şeyi Leonardo da Vinci gibi algılayan kişilerdir.

Disleksi ve hiperaktif olduğunuza inanıyorsanız, 12. Bölümde nasıl daha kolay anlayacağınız ve konsantrasyon sağlayacağınıza dair ipuçları vereceğiz.

ÖZET

Bütün okuma ve öğrenme sorunlarıyla başa çıkılabilir ve mevcut durum iyileştirilebilir. Birçok durumda sorunların tamamen üstesinden gelmek mümkündür.

GÖZATILACAK ÖNEMLİ NOKTALAR

1. Geri dönme ve Yeniden Okuma sorunlarını azaltmak için yönlendirici kullanmaya devam edin.
2. Alt-seslendirmeyi bir hatırlama aracı olarak kullanın.
3. Disleksi, hiperaktivite, Dikkat Toplayamama Sendromu ile damgalanmışsanız, aldırmayın!
4. Eğer bir yetişkinseniz, hiçbir çocuğu böyle damgalamayın. Çünkü çocuklar bu tür davranışlardan çok kolay etkilenirler. Çocuğa bir rahatsızlığı olduğunu söylemek yapıcı olmaktan çok yıkıcıdır.
5. 141 ve 142'nci sayfadaki metronom egzersizini tekrar edin.

SONRAKİ BÖLÜM

Yavaş okuma gibi, konsantrasyon ve anlama eksikliği de dünyada bütün insanlar için en büyük okuma sorunudur. Bir sonraki bölüm, bu alanlardaki performansınızı nasıl geliştirebileceğinize dair ipuçları verecektir.

BÖLÜM 12

Konsantrasyonunuzun ve Anlama Düzeyinizin Geliştirilmesi

Dünyanın en Önemli Beyinleri, başarılarındaki en büyük faktörün konsantrasyon olduğunu belirtmişlerdir. Konsantrasyonunuzu geliştirdiğinizde, göz/beyin sisteminiz lazer benzeri bir sistem geliştirip nesnelere odaklanır ve onları algılar. Araştırmacılara göre konsantrasyon kapasiteniz sınırsızdır.

ÖNSÖZ

Okuma sorunları hakkında bilgi edindikten sonra artık **konsantrasyon** ve **anlama sorunlarını** inceleyip, her ikisini de en üst düzeye getirebilme yöntemlerini araştıracağız. Ben, ayrıca *hiç kimsenin* konsantrasyon sorunu olmadığını iddia ediyorum!

OKUMA HEDEFLERİNİ ORTAYA KOYMANIN ÖNEMİ

Amerika Birleşik Devletlerinde yetişmiş büyük bir deha olarak bilinen Başkan Thomas Jefferson, okurken bütünüyle okuduğu materyale konsantre olabilmesiyle ünlüdür.

Profesör Robert Zorn, Jefferson'ın belirli bir eylem planına göre okuduğunu, okuduğu konunun belirli hedeflerini ortaya koyduğunu ve okuma programına sadık kaldığını söyler. Hiçbir şekilde konsantrasyonuna müdahalede bulunacak herhangi bir şeye izin vermez ve okumasını bitirmeden yerinden kalkmazdı. Jefferson, iyi bir okuyucunun kendisine belirli hedefler koyarak ve okuma nedenini bilerek okuması gerektiğine inanıyordu.

Jefferson, okuyuculara şu önerileri sunar: "Nerede olduğunuzu, ne yaptığınızı, saatin kaç olduğunu ve programınızı saptırıp saptırmadığınızı, saptırdıysanız ne kadar zamanınızı uzattığınızı iyi bilmelisiniz."

Jefferson okuma hızını şöyle tanımlar: "Ciddi ve sakin bir biçimde, uzun, maun bir saatin tik taklarını andıran bir hızla okuyorum." Jefferson, metronom yöntemiyle ritmik bir şekilde okurdu.

Bu bölüm, sizi, Jefferson'ın olağanüstü konsantrasyon ve anlama düzeylerine yaklaştıracaktır.

KONSANTRASYON EKSİKLİĞİNİN SEBEPLERİ

Konsantrasyon eksikliğinin sebepleri, sözcük bilgisinin yetersizliği, kavramsal zorluklar, uygun olmayan okuma hızı, uygun olmayan zihinsel durum, organizasyonsuzluk, ilgisizlik ve motivasyon eksikliğidir.

Sözcük Bilgisinin Yetersizliği

16, 17 ve 18. Bölümdeki bilgileri edindikten ve egzersizleri öğrendikten sonra kelime bilginizi artırmış ve bu sorunun üstesinden gelmek için büyük bir adım atmış olacaksınız. Buna ek olarak, eğer okuduğunuz materyalde sürekli olarak bilmediğiniz veya tam olarak bilmediğiniz kelimelerle karşı karşıya kalırsanız, bilgi akışı kesintiye uğrayacağı için konsantrasyonunuz düşecektir. Yanlış anlamanın verdiği korkudan uzaklaşarak bilginin düzgün bir şekilde aktarılması, verimli okuma için bir gerekliliktir.

Şayet bilmediğiniz bir kelime ile karşılaşırsanız altını çizin ve okumaya devam edin.

Genellikle bilmediğiniz kelimenin anlamı cümleden çıkarılabilir. Bölüm sonuna geldiğinizde veya günlük okumanızı bitirdiğinizde, bir "sözlükçe" hazırlayıp hepsinin üstünden bir kerede geçebilirsiniz.

Okunan Materyaldeki Kavramsal Zorluklar

Bu üstesinden daha zor gelinebilen ve genellikle akademik kitaplarda karşılaşılan bir sorun olarak ortaya çıkar. "Çoklu Okumanın' yöntemleri, 6. Bölümde bulunmaktadır. Gözatma, tarama, paragraf yapısı ve önizleme konularını kapsamlı olarak *Aklını Kullan* kitabının, 9. 14. ve 15. Bölümlerinde bulabilirsiniz.

Uygun Olmayan Okuma Hızı

Bu genelde okul sisteminin ürettiği bir sorundur. Çocuklara önemli ve zor konular verildiğinde genellikle, "Bunu *yavaş* ve *dikkatli* okuyun denir. Bu aslında çok iyi bir yöntem değildir. Çünkü kişi ne kadar yavaş okursa, okuduğunu o kadar az anlar ve bu durum da konunun daha da anlaşılmaz görünmesine neden olur. Bunun sonucunda, boşuna bir uğraş ortaya çıkar ve konudan uzaklaşılır.

Eğer konsantrasyon ve anlama düzeyiniz düşükse, sebebi yukarıda bahsettiğimiz nedenden kaynaklanıyor olabilir, o halde okumanızı hızlandırın. Sonuçta konsantrasyonunuz ve anlama düzeyiniz gelişecektir. Hızlı ve Kapsamlı okumayı öğrendikten sonra, elinizdeki materyali hız, zaman, enerji ve dış etkenler açısından kendi denetiminiz altında tutabileceksiniz.

Uygun Olmayan Zihinsel Durum

Kısacası bu, zihninizin okumaya çalıştığınız materyale tam olarak yönelemediği anlamına gelmektedir. Belki de hâlâ bürodaki bir tartışma veya bir randevunuzu düşünmektesinizdir.

Gereksiz olan her şeyi bir kenara bırakıp, kendinizi okuduğunuz konuya vermeye çalışmalısınız. Bazı durumlarda da bir süreliğine durmanız ve zihninizdekileri biraraya getirmeniz gerekebilir. Bunu yapmanın bir yolu çalıştığınız konu üzerinde iki dakikalığına bir Zihin Haritası yapıp (bkz. Bölüm 13) konu hakkında bildiklerinizi biraraya getirmektir. Bu şekilde zihniniz daha da güçlenir. Zihinsel durum hakkındaki sorunlara Bölüm 19'da yeniden değineceğiz.

Organizasyonsuzluk

Organizasyonluk çok yaygın bir sorundur. Bir kitabı okumak aslında tamamen istek dahilinde olabilecek bir şeydir. Kitabın başına geçip okumaya başlandığında, çoğu kişi gözlüklerini, not defterlerini, kalemlerini yanlarına almayı unuttuklarını fark ederler. Bunun sonunda konsantrasyonları bozulur ve eşyalarını almak için kitaplarının başından ayrılırlar.

Bunun aslında çok kolay bir çözümü vardır: Okumaya başlamadan önce, size gereken malzemeleri önceden hazırlayıp elinizin altında bir yerlerde bulundurmak (Bkz. Bölüm 5).

İlgisizlik

Bu sorun genellikle özel dersler alan öğrenciler ve kişiler arasında görülür ve bizler okuma kurslarımızda buna özellikle dikkat ederiz. Bu sorunu çözmek için atılacak ilk adım, ilgisizlik, çoğu zaman başka sorunlarla ilgili olabildiği için, bu bölümde sözü edilen konuları yeniden gözden geçirmektir.

Örneğin, bilinmeyen sözcüklerle sürekli olarak karşılaşınca, başka konuları düşününce ve gerekli malzemeler el altında olmayınca ilgi azalabilir.

Bu sorunlar ortadan kalktığı halde yine de gerektiği kadar konsantrasyon sağlayamadığınızı düşünüyorsanız konuya karşı olan kişisel yaklaşımınızı gözden geçirmeniz gerekir.

Öncelikle, kullanılan tekniği uygun bir şekilde kullanın (bkz. Bölüm 19, Zihin Haritası Organik Çalışma Tekniği).

Bu yöntem fayda etmezse, "ağır eleştiri" yaklaşımını kullanın. Okuduğunuz konunun size zorluk çıkartmasından dolayı kızgınlık duyun ve özellikle olumsuz taraflarını irdeleyin. Böyle hissettiğinizde nasıl hoşlanmadığınız bir kişinin konuşmaları ilginizi çekiyorsa, zamanla bunun da ilginizi çektiğini fark edeceksinizdir.

Motivasyon Eksikliği

Bu sorun diğerlerinden farklı olup daha çok, tam olarak niçin okuduğunuzu belirleyememiş olmanızdan kaynaklanmaktadır. Kitap veya metni niye okuduğunuzu düşündükten sonra, motivasyonunuz kendiliğinden artar. Ayrıca kendinizi o materyali okumanız gerekmediğine de inandırabilirsiniz. Eğer sebepleriniz mantıklı ise, metni okumanıza gerek kalmayacaktır Ancak sebeplerinizin geçerli olduğundan emin olun.

KONSANTRASYON AYGIRI

Hızlı okuma üzerine 25 yıldır verdiğim dersler sonucunda, insanların % 99'unun konsantrasyon ile ilgili sorunları olduğunu gördüm.

Bu sorun genellikle her 30, 40 dakikada bir ortaya çıkan hayal kurma durumundan kaynaklanmaktadır. Araştırmalarımıza göre bu durumun aslında iyi olduğunu gördük. 30, 40 dakikada bir bu durumun oluşması, beyninizin tam zamanında yapması gereken şeyi yaptığını göstermektedir. Beyniniz bir süreliğine dinlenmeye çekilmiştir.

Açıkçası, bu durum konsantrasyon eksikliğinden öte, beyninizin bir süreliğine ve tam da olması gereken zamanda ara vermesi anlamına gelmektedir.

Bir kitabı okurken konsantrasyonunuzun nasıl düştüğüne bir göz atalım: Bir kitaba birkaç sayfa boyunca **konsantre** olduktan sonra, önünüzden geçip giden başka bir şeye odaklanıveriyorsunuz, sonra tekrar kitabınıza geri dönüyorsunuz ve ardından belki de pencerenizin önünde duran bir kuşa odaklanıyorsunuz, sonra yeniden kitabınıza **konsantre** oluyorsunuz ve bir süre sonra tırnağınıza odaklanıp yeniden kitaba dönüyorsunuz, sonra bir süreliğine hayal kurup yeniden kitaba dönüyorsunuz.

Aslında bütün bu süre boyunca hep **konsantre** olmuşsunuzdur!

Sorun **konsantrasyonunuzdan** kaynaklanmıyor çünkü siz zaten bütün bir zaman boyunca **konsantre** oluyorsunuz. Esas sorun en iyi konsantrasyon için seçtiğiniz *yön* ve *odaktır.*

Konsantrasyonu vahşi bir aygıra, sizi de ona binen kişiye benzetebiliriz. Pek çok zaman aygır istediği yöne ve istediği hızla koşar. Uzman bir binici/okuyucu olarak siz konsantrasyonunuza hükmedebilirsiniz. Onu istediğiniz yöne yöneltip dizginleri elinizde tutabilirsiniz.

ÖZET

1. Konsantrasyon ile ilgili sorunlar, doğuştan gelen eksikliklerden kaynaklanmamaktadır. Bu sorun tamamıyla,

okumayı öğrenirken ortaya çıkan eksikliklerden kaynaklanmaktadır.
2. Konsantrasyon vahşi bir aygır gibidir. Ona sürekli olarak biniyorsunuz. İyi bir binici olmak tamamıyla sizin elinizdedir.

GÖZATILACAK ÖNEMLİ NOKTALAR

1. Konsantrasyonunuzu geliştirmek için her 30, 60 dakikada bir ara verip gözleriniz ve beyninizi dinlendirin.
2. Kelime hazinenizi geliştirin (bkz. Bölüm 16, 17 ve 18). Kelime hazinenizi geliştirdiğinizde, okuma hızınız ve anlama kapasiteniz artacaktır.
3. Okuduğunuz materyale göre okuma hızınızın uygun olup olmadığını kontrol edin.
4. Okuma başlamadan önce kendinize hedefler koyun.
5. Okumanız için ortamın uygun olmasına özen gösterin.
6. Hangi yöntemi kullanırsanız kullanın, ilgi ve motivasyon düzeyinizi artırın.
7. Pratik yapmayı sürdürün ve yüksek konsantrasyon ve anlama düzeyi için bir yönlendirici kullanın.

SONRAKİ KISIM

Görsel yetenekleriniz gelişti ve konsantrasyonunuzu denetim altına almayı öğrendiniz. Artık **Dördüncü Kısım–İleri Hızlı Okuma Becerilerinizin Geliştirilmesi**'ne geçebilirsiniz.

Bu kısımda okuma ve düşünme tekniklerini öğreneceksiniz. Buna "Beyindeki İsviçre Çakısı (Çok-amaçlı çakı (Ç.N)" adı verilir. Zihin Haritası, okuma hızınızı ve anlama düzeyinizi artıracak bilgiler sunacaktır. Ayrıca kelime hazinenizi geliştirecek ve okuma kapasitenizi artıracak çeşitli bilgiler sunulacaktır.

DÖRDÜNCÜ KISIM
İLERİ HIZLI OKUMA BECERİLERİNİZİN GELİŞTİRİLMESİ

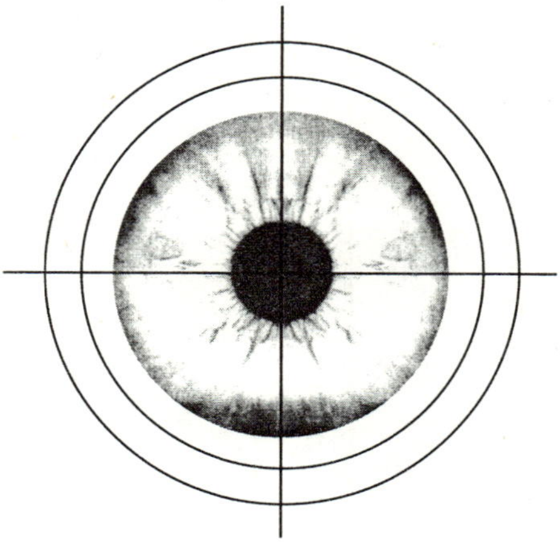

BÖLÜM 13

Zihin Haritaları: Düşünme ve Not Tutmada Yeni Bir Boyut

İnsanoğlu aşağıdaki sebeplerden dolayı yüzyıllardır not tutmuş ve kaydetmiştir: Hafıza; iletişim; sorun çözümü ve analizi; yaratıcı düşünme; ve özetleme. Bunları yapmak için cümleler, satırlar, sözcükler, analiz, mantık, doğrusallık, sayılar ve tek düze kullanım(tek renkli) gibi teknikler kullanmıştır.

Bu sistemlerin tümü ağırlıklı olarak 'sol loba ait düşünce kalıplarını' kullanıyor gibi görünebilir. Ritim, boyut, renk, mekan ve hayal gücü bağlamında gereken unsurlar kullanılmaya başlandığında, tüm zihinsel becerileriniz önemli ölçüde gelişir ve beyniniz gerçek görkemini yansıtmaya başlar.

ÖNSÖZ

Öğretmeninin veya profesörünün ağzından çıkan her kelimeyi kavrayan ve her önemli noktayı defterine özenle not eden dikkatli bir öğrenciye çok sık rastlıyor musunuz? Bu çok bilinen ve olumsuz sonuçlar doğuran bir durumdur. Bu bölüm size **geleneksel yöntemle not tutmanın dezavantajlarını** anlatacak ve yeni ve devrim niteliğinde bir teknik olan **Zihin Haritası** yöntemini tanıtacaktır.

GELENEKSEL YÖNTEMLE NOT TUTMANIN DEZAVANTAJLARI

İlk olarak, her sözcüğü not eden bir kişi, önizleme yapmayan bir okuyucuya benzer. Ağaçlarla uğraşmaktan ormanı göremez yani konunun genel akışını kaçırır, bütünlük yakalayamaz.

İkinci olarak, her noktayı not etmekle uğraşmak nesnel olmayı, eleştirel analizi ve konunun anlaşılmasını engeller. Sık not alma tıpkı bir sekreterin yazdığı roman hakkında en küçük bir fikrinin olmaması gibi bütünün atlanmasına neden olur.

Üçüncüsü, bu şekilde tutulan notların hacmi artar ve sonradan eklenenlerle de birleştiğinde ve bütün bunların tekrar edilmesi gerektiğinde öğrenci sanki her şeye yeniden başlıyormuş gibi hisseder.

Doğru biçimde not tutma söyleneni veya yazılanı körü körüne yazmak değil, yazılan sözcük sayısını azaltan ve bu sözcüklerden daha fazlasını hatırlatacak seçici bir süreçtir.

Bunun için, anahtar sözcüklerden faydalanabiliriz. Anahtar bir sözcük tek bir sözcükle olabildiğince çok anlamı çağrıştıran sözcüktür. Anahtar sözcük telaffuz edildiğinde sözcüğün beraberinde çağrıştırdığı birçok anlamın olması gerekir (aşağıdaki şekil 13'e bakınız).

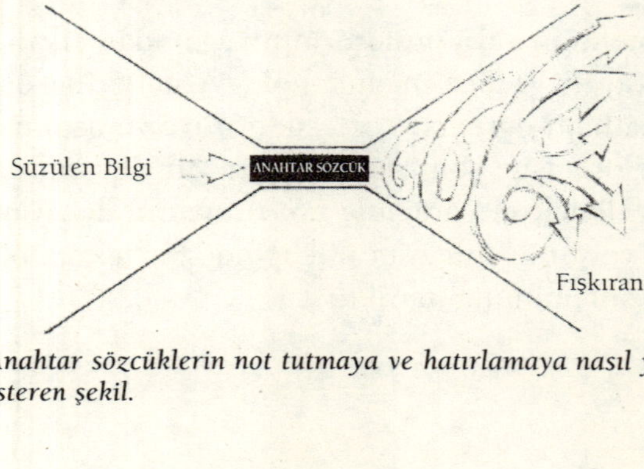

Şekil 13: Anahtar sözcüklerin not tutmaya ve hatırlamaya nasıl yardımcı olduğunu gösteren şekil.

Anahtar sözcükleri seçmek kolay bir iştir. İlk olarak, gereksiz tüm kelimeleri atlamak gerekir örneğin, bir bilimsel metinde "ışık hızının saniyede 186.000 mil olduğu belirlenmiştir" gibi bir ifadeyle karşılaşırsanız, tüm cümleyi yazmak yerine bunu şu biçimde özetlemelisiniz:

"Işık hızı= 186,000 mil/saniye"

Anahtar sözcüklerle not tutarken, hatırlatıcı anahtar sözcüklerin doğru şeyi anımsatmaları önemlidir."Güzel" ve "korkutucu" gibi sözcükler betimleyici olmalarına karşın çok geneldirler. Hatırlamak istediğiniz belli bir nokta dışında da birçok anlamları vardır.

Dahası, seçtiğiniz anahtar sözcük başkasına değil, size hitap etmelidir. Birçok durumda, anahtar sözcüklerin doğrudan dersin içeriğinden veya okunan metinden alınmış olması şart değildir. Kendi seçtiğiniz ve başkalarının sözlerini etkin bir biçimde özetleyen bir sözcük de tercih edilebilir.

Anahtar sözcük kullanarak not tuttuğunuzda, elinizdeki sınırlı yere sığdırdığınız bilginin hacmi sizi hayrete düşürecektir.

ZİHİN HARİTASI - NOT TUTMADA YENİ BİR BOYUT

Bir Zihin Haritası bütün zihinsel becerileri harekete geçirir: Çağrıştırıcı ve yaratıcı hatırlama becerilerini, sözcükleri, sayıları, listeleri, sıraları, sol lobdan mantık ve analizi; renkleri, imgeleri, boyutları, ritimleri, düş gücünü, bütünleştirme yeteneğini (Gestalt) ve sağ loba ait uzaysal algılama yeteneklerini; el becerilerini, görme yeteneğini ve beynin organizasyon, saklama ve hatırlama gücünü.

Zihin Haritası notlarında, hatırlamak istediklerinizi cümleler veya listeler halinde yazmak yerine sayfanın ortasına (konsantrasyonunuza ve hafızanıza yardımcı olması için) bir imge yerleştirin ve daha sonra da, imgenin etrafında organize bir biçimde anahtar sözcükleri ve imgeleri kullanarak sayfayı kaplayın.

Zihin Haritasının kuralları şunlardır:

1 Ortada renkli bir imge olmalıdır.

2 Ana fikirler merkeze yayılmalıdır.

3 Ana fikirler yan fikirlere göre daha büyük harflerle yazılmalıdır.

4 Her zaman, her satırda bir sözcük olmalıdır. Her sözcüğün çok sayıda ilişkisi vardır böylece bu ilişkilerin her birine beyninizdeki diğer ilişkilerle bağlantı kurma olanağı tanınır.

5 Sözcüklerin her zaman ya büyük ya da küçük harflerle veya hem büyük hem küçük harflerle yazılmış olması gerekir.

6 Sözcüklerin satırlara yazılmış olması gerekir.(Bu beyninizin imgeyi daha net bir biçimde hatırlamasını sağlar.)

7 Satırlar bağlantılı olmalıdır. (Bu hafızanızın bağlantı kurmasını sağlar.) Hem ilişkinin hem de yerin etkinliği için bağlantılı satırlar sözcükle veya imgeyle aynı uzunlukta olmalıdır.

8 Olabildiğince çok imge kullanın. (Bu hafızanız için birçok şeyi kolaylaştırır, bir resim binlerce sözcüğe bedeldir.)

9 Mümkün olan her yerde boyut kullanın. (Göze çarpan şeyler daha kolay hatırda kalır.)

10 Sayılar veya kodlar kullanın, bunları sıraya sokun ya da bağlantıları gösterin.

11 Kodlama yapmak veya bağlantı kurmak için, oklar, semboller, sayılar, harfler, imgeler, renkler, boyutlar, taslaklar kullanın.

Renkli kısımdaki VI. Levha 3 günlük bir Zihin Haritası ve Zihinsel Eğitim dersini özetleyen bir zihin haritasını göstermektedir. Zihin Haritası aynı zamanda bir şirket yöneticisi olan bir baba tarafından yapılmıştır. Dersi kendisine özetlemek, eşine, çocuklarına ve iş arkadaşlarına anlatmak için de aynı zihin haritasını kullanmıştır.

Ortadaki imgeler beynin ve vücudun bütünleşmesini göstermektedir. Saat 9 yönündeki alıştırmalardan itibaren hareket eden dallar da dersin temel unsurlarını özetlemektedir.

İmgeler sözcüklere göre hafızaya daha çok yardım ederler.

Gördüğünüz gibi, bu üç günlük Zihin Haritası dersi yalnızca işlenenlerin özeti olarak değil, ders hakkında yapılabilecek bir konuşmaya temel oluşturabilmek açısından da faydalıdır. Bu durumda zihin haritası hızlı ve kapsamlı okuma zincirinizi tamamlayarak diğer halkalarla bağlantı kurmanızı sağlayan, zihninizin ürettiği notlar olarak karşınıza çıkacaktır.

Yerinde kullanıldığında, zihin haritası okuma ve öğrenme veriminizi üç katına çıkarmanızı sağlar ve genel okuma verimliliğinizi artırarak size büyük ölçüde zaman kazandırır.

ÖZET

1 Zihin haritası sağ ve sol loblara ait becerilerinizin tamamını çalıştıran ve beyninizin gerçek potansiyelini ortaya çıkaran güçlü bir grafik tekniğidir.

2 Zihin haritası her türlü okuma, çalışma ve öğrenme etkinliğinde uygulanabilir ve performansınızı artırır.

GÖZATILACAK ÖNEMLİ NOKTALAR

1 Zihin Haritası ve Zihinsel Eğitim dersindeki zihin haritasını detaylı olarak okumayı deneyin, böylece bu bir sayfa-

lık nottan ne derecede kapsamlı bir özet ve anlama düzeyi elde ettiğinizi göreceksiniz.

2 Şu ana kadar Zihin Haritası yöntemini öğrendiniz. 1.4.6.8. ve 10. Bölümlere geri dönüp buralardaki anahtar sözcükleri çıkarın ve her makale için zihin haritası oluşturun. Böylece, hızlı okuma becerilerinizi gözden geçirecek, not tutma ve zihin haritası çıkarma tekniklerinizi geliştirecek ve beyin, psikoloji, sanat ve bilim alanlarındaki temel bilgi esaslarını tesis edeceksiniz.

3 *Hızlı Okuma Kitabı*'nda ilerleyip deneme sınavlarını bitirdikçe anahtar sözcüklerin ve kavramların altını çizerek tekrar etmeyi ve daha sonra makaleyi zihin haritasına dönüştürmeyi deneyin.

4 Eski notlarınızı hangilerinin tümüyle gereksiz olduğunu ve bunları yazarken ve tekrar okurken ne kadar süre harcamış olabileceğinizi bulmak için inceleyin. Bunlardan sadece yüzde 10'luk bir kısmın gerekli olduğunu farkedeceksiniz. Notlarınızı ve eski kitaplarınızı tararken sürekli olarak bir yönlendirici kullanmaya ve eğitim ve alıştırma hızınızı sürdürmeye özen gösterin.

SONRAKİ BÖLÜM

Bir sonraki bölüm anahtar sözcük bilginizi paragrafların yapısını incelemek için kullanabileceğiniz bir tekniğe dönüştürmenizi sağlayacaktır. Bu hızınızı ve anlama düzeyinizi daha da artırmanıza yardımcı olacaktır.

BÖLÜM 14

Hız ve Kavrayışı Artırmak İçin Paragraf Yapısına İlişkin Bilgilerden Yararlanılması

Parçanın karmaşıklığını anlayınca bütünün karmaşıklığını daha iyi anlarsınız. Bütünün karmaşıklığını anlarsanız anlama ve özümseme beceriniz artar.

ÖNSÖZ

9. Bölümde genel bir gözatma becerisi kazanmak amacıyla seçilmiş birtakım materyaller ele alınarak tarama yöntemi tartışılmıştır. Bu bölümde, tarama tekniklerini uygulamaya koyacağınız **paragraf yapısı** ele alınacaktır.

AÇIKLAYICI PARAGRAFLAR

Bu paragraflarda yazar, belirli bir görüş ya da kavramı açıklar. Bu paragraflar kolaylıkla diğerlerinden ayrılabilen ve kolay anlaşılır paragraflardır. Açıklayıcı paragrafın ilk veya ilk iki cümlesi neyin açıklanacağını; son cümlesi veya son iki cümlesi sonucu; paragrafın ortası ise ayrıntıları kapsar. Okumaktaki amacınıza bağlı olarak, ilk taramada, dikkatinizi gereken noktaya yönlendirmeyi başaracaksınız.

BETİMLEYİCİ PARAGRAFLAR

Betimleyici paragraflar, sahneyi veya manzarayı anlatmakla kalmaz aynı zamanda önceden bahsedilen düşünceleri daha geniş açıklar. Bu tür paragraflar genellikle yazarın düşüncelerini süslü bir dille anlatır ve bu yüzden esas unsurlardan söz eden paragraflardan daha önemsizdirler. Tabii, kişilerin veya nesnelerin betimlemesinin çok önemli olduğu istisnalar vardır ama böyle durumlarda siz bu önemin farkındasınızdır ve gereken dikkati verirsiniz.

BAĞLAYICI PARAGRAFLAR

Bu tür paragraflar, diğer paragrafları birbirine bağlayan paragraflardır. Genelde kilit önemdeki paragrafları özetlerler. Örneğin, "Bugün bio-kimyasal genetik araştırmalar alanındaki son gelişmeler yukarıda anlatılan evrim teorisinin yerini alacak gibi görünüyor." Bu kısa cümlede okumakta olduğunuz materyalin o kısmı hakkında özet bir bilgi verilmektedir. Bu yüzden bağlayıcı paragraflar rehber olarak çok yararlı olabileceği gibi, gözden geçirme ve önizlemede de bir araç olabilir.

PARAGRAFLARIN YERİ VE YAPISI

Okuma etkinliğinizi artırmak için paragrafların yapısından ve metindeki yerinden nasıl yararlanabilirsiniz?

En önemli nokta, gazete ve dergilerdeki makalelerin ilk ve son birkaç cümlesinin en önemli bilgileri içerdiklerini, buna karşın orta kısımda kalan paragrafların ise detaylarla ilgili olduklarının bilincine varmaktır. Eğer okuduğunuz materyal bu türden ise tarama yaparken giriş ve sonuç paragraflarına konsantre olun.

Bazı yazarlar ise baştaki paragraflarda 'boğazlarını temizlerler', üçüncü veya dördüncü paragraflarda esas noktalara değinirler. Bu durumda yapmanız gereken tabii o paragraflara konsantre olmaktır.

İlginizi devam ettirmede ve anlamanızda size çok yardımcı olacak ve paragrafın yapısıyla oynayabileceğiniz iki 'oyun' vardır.

Bu oyunlardan ilki, okurken, her paragrafın esas ve ikincil teması için bir hatırlama sözcüğü üretmektir. Bu, okuduğunuz şeye karşı ilginizin devam etmesi ve okurken konu hakkında düşünmeniz için sizi zorlar. Okuma akışınızı kesintiye uğratmadan bu kelimeleri seçme becerinizi geliştirmelisiniz.

Bu anahtar kelimeleri kitabın ayrıntılarını ezberlemek için Zihin Haritası şeklinde kullanabilirsiniz. Gerçekten, anahtar hatırlama kelimeleri resimlerle birlikte Zihin Haritanızın temel yapı taşlarını oluşturacaktır (bkz. *Zihin Haritası Kitabı*).

Paragraf 'oyunlarının' ikincisi ise paragrafı okurken ilk cümleyi paragrafın kalanıyla ilişkilendirmektir. Bunun için bu cümlenin bir giriş cümlesi mi, geçiş cümlesi mi, çevreleyici bir cümle mi yoksa diğer cümlelerle hiç ilgisi olmayan bir cümle mi olduğunu kendi kendimize sormalıyız.

GÖZATILACAK ÖNEMLİ NOKTALAR

1. Birinci paragraf oyununu en az dört farklı paragrafta oynayın.
2. İkinci paragraf oyununu en az dört farklı paragrafta oynayın.
3. Bir yönlendirici kullanarak, sonraki bölüme önizleme yöntemiyle bir gözatın.
4. Devam etmeden önce, değişik paragraf türlerini farkedebilme alıştırması olarak, birkaç materyal okuyun.

SONRAKİ BÖLÜM

Paragrafları nasıl analiz edeceğinizi öğrenmek size materyal üzerinde analitik bir güç kazandırdı. Sonraki bölüm size tüm resmi görme kabiliyeti kazandıracak.

BÖLÜM 15

Önizleme – Zihinsel Keşfiniz

Araziyi öğrenmek istiyorsanız, önce haritaya bakmayı öğrenin.

ÖNSÖZ

Bu bölümde şimdiye kadar değindiğimiz bir kavrama geliyoruz: okumadan önce materyale **önizleme** yöntemiyle gözatılması. Önizlemenin amacı, zihnin ufak detaylarla uyum sağlamasını daha kolaylaştıracak bir yapı geliştirerek bütünü anlamanızı kolaylaştırmaktır.

KENDİZİN REHBERİ OLUN

Önizleme yapan kişi, askeri birliklerin önünden giderek arazinin yapısını, düşman kuvvetlerin pozisyonunu ve taktiksel imkânları keşfeden keşif erleri gibidir. Bir ordu önceden bilinmeyen bir arazi hakkında temel bilgilere sahipse, bölgede daha rahat manevra ve operasyon yapabilir; aynı şekilde zihin de gideceği sınır taşlarını bilirse verilen bilgiyi daha kolay anlar.

Önizleme, mektup, rapor, roman, makale, ne tür materyal olursa olsun okumadan önce yapılmalıdır. Hepsinde, okuma hızınızı ve anlamanızı artıracaktır, çünkü arka arkaya gelen engellerle tökezlemeyecek ve tüm bir resmin parçalarını yerlerine koyacaksınız.

Önizlemeye ilişkin yönteminiz, 9. Bölümde (tarama üzerine) bahsedilen unsurlarla 14. Bölümde (paragraf yapısı üzerine) bahsedilen unsurları birleştirmek olmalıdır.

Bir başka deyişle, okuyacağınız materyalin önemli kısımlarını seçerek mantıklı ve hızlı bir şekilde materyalin üstesinden gelebilirsiniz. Önizleme yaparken, *her zaman* en sevdiğiniz yönlendirme tekniğini kullanın.

Burada tanımlanan önizleme kavramı, genel okuma içindir.

ÖNİZLEME STRATEJİLERİ

Aşağıdaki 'Aktif Okuma' oyunlarını oynamakla zihinsel kurgunuz daha uygun hale gelecek, önizleme yaparken beyin gözünüz en iyiye ulaşmaya çalışacak ve tüm süreç daha eğlenceli hale gelecektir.

1. Bildiğiniz Şeyleri Uygulayın

Bildiğiniz şeyleri uyguladığınızda, düşündüğünüzden daha fazla şey bildiğinizi göreceksiniz. Birçok kişi, yanlış bir biçimde, yazarın bir uzman olduğunu, kendisinden daha fazla şey bildiğine inanır ama aslında okuyucu çoğu zaman yazar kadar veya yazardan daha fazla bilgiye sahiptir. Yeni bir kitap okumaya başlamadan önce her zaman konu hakkındaki bilginize ilişkin bir Zihin Haritası yapın. Daha sonra bu bilgiyi kitaptan yeni çıkarımlar yapmak için kullanabilir ve gerekli soruları sorabilirsiniz.

2. Yazarla Etkileşime Geçin

Kitabı yazarla sohbet eder gibi okuyunuz; tek yönlü ders gibi olmasın. Okuma sırasında kitabın üzerine veya bir kağıda not alarak kitapla etkileşim içerisinde olmak çok önemlidir.

3. Dedektif Olun

Metinde sonraki kısımda ne olacağını, yazarın nasıl bir 'aksiyon planı' olduğunu aralıksız olarak tahmin etmeye çalışın.

Özümsemekte olduğunuz bilgi bulmacasını çözmekte bir adım önde olmaya çalışın.

ÖZET

Adından da anlaşılacağı gibi 'önizleme', önceden görmek demektir. Beyninizin tüm metni görmesine izin verirseniz, satırlar ve paragraflar arasında etkili şekilde yolculuk edersiniz.

GÖZATILACAK ÖNEMLİ NOKTALAR

1. İki hafta boyunca okuyacağınız her şeyi önizleme yaparak okuyun, her önizlemeden sonra ne kadar bilgi edindiğinizi ve bunun materyali ikinci okuyuşunuzda anlamanıza ne kadar yardımcı olduğuna bakın.
2. İleri yönlendirme tekniklerini kullanarak tüm kitabı on dakikada okumaya çalışırken, öğrendiğiniz önizleme tekniklerini uygulayın.
3. Kelime hazinenizi geliştirmekle ilgili üç bölümü önizleme yaparak okuyun.

SONRAKİ BÖLÜM

Etkili hızlı okumanın önündeki engellerden birisi de sınırlı bir kelime hazinesine sahip olmaktır. Sonraki bölüm kelime bilginizi nasıl geliştirebileceğinizi göstermektedir.

BÖLÜM 16

Kelime Hazinesinin Geliştirilmesi (I)
Önekler

Kelime hazinesinin geliştirilmesi insanın zekâ düzeyinin yükseltilmesinde, tarihsel olarak, en önemli etkenlerden biridir.

ÖNSÖZ

Göz beyin sisteminin çalışmasını, gözün hareketlerine ilişkin teorileri ve belli başlı okuma sorunlarını inceledikten sonra, sözcüklerle ilgili üç bölümden ilkine geçebiliriz. Onaltıncı bölümde, size, üç tür sözcük tanıtılacak ve binlerce kelimenin anlamını tahmin etmenize yarayacak 85 önek verilecek.

SÖZCÜKLERİN ÖNEMİ

Kelime hazinesinin genişliği, bir kimsenin okuduğu materyalleri özümseme ve anlama düzeyinin göstergesidir. Okullarda, liselerde ve üniversitelerde, adayların uygunluğunu ve başarısını veya anlama ve kelimeleri doğru olarak kullanma becerilerini değerlendirmek için genel sözcük bilgisi sınavları sıklıkla başvurulan araçlardır.

Elbette kelime hazinesinin önemi, sadece akademik dünyayla sınırlı değildir. Bildiği kelime sayısı meslektaşlarından daha fazla olan bir işadamı onlara göre daha avantajlıdır. Ayrıca kelime hazinesi geniş bir kişi, sosyal yaşamda, hem kolaylıkla ilişki kurabilir hem de yaratıcı bir biçimde konuşarak, ayrıcalık sağlar.

KULLANDIĞIMIZ ÜÇ TÜR SÖZCÜK

Çoğumuz sözcükleri tek bir amacın dışında kullanır. Gerçekten sözcükleri en az üç alanda kullandığımız su götürmez. Birincisi, sözcükleri **konuşma** esnasında kullanırız. Konuşurken kullandığımız sözcük sayısı 1000'i geçmez (İngilizcenin bir milyonun üzerinde sözcük içerdiği tahmin ediliyor).

İkinci olarak, sözcükleri **yazarken** kullanırız. Yazarken kullandığımız kelime sayısı konuşurken kullandıklarımızdan daha fazladır. Çünkü yazarken cümlelerin yapısına ve içeriğine daha fazla zaman ayrılmaktadır. Ayrıca yazan kişinin üzerinde daha az baskı bulunmaktadır.

En fazla sözcük ise **tanıma** sözcükleri grubunda bulunmaktadır. Tanıma sözcükleri, konuşurken veya okurken ne anlama geldiğini bildiğimiz fakat, yazarken veya konuşurken kullanmadığımız sözcüklerdir. Elbette ideal olan konuşurken ve yazarken kullandığımız sözcük sayısının, tanıma sözcüklerimiz kadar fazla olmasıdır. Bu, çok az rastlanan bir durumdur. Fakat her üçünü de köklü bir biçimde artırmak mümkündür.

ÖNEKLERİN GÜCÜ

Bu bölümün amacı, size 80'in üzerindeki öneki (sözcüğün başında yer alan harfler, heceler ya da sözcükler) tanıtmaktır. Bu öneklerden çoğu durum, karşıtlık ve hareketle ilgilidir. İngilizce, Yunan ve Latin dillerinden önemli ölçüde etkilendiği ve bu dillerden çok sayıda unsur taşıdığı için, çoğu önek de bu iki dilden gelmiştir.

Minnesota Üniversitesi'nden Dr. Minninger'ın öneklerden sadece 14'ünün yaklaşık 14,000 sözcüğün anlamına anahtar olabileceğine ilişkin tahmini, sözcük bilgisinin bu temel birimlerinin gücüne dair bir fikir verecektir. Minninger'a göre, 25 yaşına kadar ortalama bir insanın sözcük dağarcığının genişleme süreci hemen hemen biter. 25 yaşına kadar kelime hazinesinin % 95'i tamamlanır ve % 5'lik kısma da geri kalan muhtemel 75 yıl boyunca ne ekleniyorsa eklenir. Aşağıdaki 14 önek ve kök standart bir sözlükte yer alan 14,000 sözcükte bulunmakta, geniş bir sözlükte yer alan kelimeler bakımından ise bu sayı 100,000'e çıkmaktadır.

Aşağıdaki liste sizin için daha büyük listelerden taranarak çıkartılmıştır. Bu ve bundan sonraki iki bölümü okurken, diğerlerini de bularak öğrenmeye çalışın.

Anahtar Önekler içeren 14 Sözcük

Sözcükler	*Önek*	*Genel Anlamı*	*Kök*	*Genel Anlamı*
1 Precept (Kural, ilke)	*pre-*	before (ön, önce)	*caperė*	take seize (denetimi ele almak)
2 Detain (alıkoymak, tutmak)	*de-*	away, down (uzak, aşağı)	*tenere*	hold, have (tutmak, sahip olmak)
3 Intermittent (aralıklı)	*inter-*	(between, among) arada, arasında	*mittere*	send (göndermek)
4 Offer (sunmak, teklif etmek)	*ob-*	against (karşısında)	*ferre*	(bear, stand) dayanmak, taşımak
5 Insist (ısrar etmek, diretmek)	*in-*	into (içinde)	*stare*	stand (sabit durmak ayakta durmak)
6 Monograph (yazı, makale)	*mono-*	alone, one (tek, yalnız)	*graphein*	write (yazmak)

7 Epilogue (son söz)	*epi-*	upon (üst, üstünde)	*logos*	speech, study of (konuşma, çalışma)
8 Aspect (yön, taraf)	*ad-*	to, toward (-e doğru)	*specere*	see (bakmak, görmek)
9 Uncomplicated (basit, açık, karmaşık olmayan)	*un-* *com-*	not (değil) together, with (birlikte, ile)	*plicare*	fold (katlamak)
10 Non-extended (uzatılmamış, yayılmamış)	*non-* *ex-*	not (değil) out, beyond (dışında, ötesinde)	*tendere*	stretch (uzatmak)
11 Reproduction (yeniden üretim)	*re-* *pro-*	back, again (geri, tekrar) forward, for (ileri, için)	*ducere*	lead (yol açmak, sebep olmak)
12 Indisposed (rahatsız, keyifsiz)	*in-* *dis-*	not (değil) apart, not (dışında, değil)	*ponere*	put, place (koymak, yerleştirmek)
13 Over-sufficient yeterlinin üstünde	*over-* *sub-*	above (üstünde) under (altında)	*facere*	make, do (yapmak)
14 Mistranscribe (yanlış kaydetmek)	*mis-* *trans-*	wrong (yanlış) beyond (ötesinde)	*scribere*	write (yazmak)

85 Önek

Aşağıdaki listeyi ayrıntılı bir biçimde çalışarak, binlerce bilmediğiniz kelimenin anlamını tahmin etmenizi sağlayacak bir anahtar edinebilirsiniz. Bu liste ile 17.ve 18. bölümlerdeki listeleri hatırlamak için, yine bu kitabın yazarı tarafından kaleme alınan *Hafızanı Kullan* isimli kitabı incelemenizi öneririm.

Y= Yunanca, L=Latince, F=Fransızca, İ= İngilizce

Önek	*Anlam*	*Örnek*
a-, an- (Y)	without, not (-sız, değil)	anaerobic (oksijensiz yaşayabilen canlılar)
ab-, aabs- (L)	away, from, apart (uzakta, -den, dışında)	absent (yok, bulunmayan)
ad-, ac-, af- (L)	to, towards (-e doğru, ileriye)	advent (geliş) advance (ilerleme)
aero-	air (hava)	aeroplane (uçak) aeronaut (havacılık)
amb-, ambi- (Y)	both, around (her ikisi, civarında)	ambiguous (iki veya daha fazla anlama gelen)
amphi- (Y)	both, around (her ikisi, civarında)	amphitheatre (amfitiyatro)
ante- (L)	before (önce, ön)	antenatal (doğum öncesi)
anti- (Y)	against (karşıt, karşı)	antidote, anti-toxic (panzehir)
apo- (Y)	away from (-den uzak)	apostasy (dinden dönme)
arch- (Y)	chief, most important ana, en önemli	archbishop(başpiskopos) arch-criminal (başsuçlu)
auto- (G)	self (kendi kendine)	automatic, autocrat (otomatik, otokrat)
be-	about, make (hakkında, yapmak) musallat olmak)	belittle, beguile, beset (küçümsemek, kandırmak,

Önek	*Anlam*	*Örnek*
bene- (L)	well, good (iyi)	benediction (kutsama, hayır dua)
bi- (Y)	two (iki)	biennial, bicycle (iki yılda bir gerçekleşen, bisiklet)
by-, bye- (Y)	added to (ek, tali)	byways, bye-laws tali yol, tüzük
cata- (Y)	down (aşağı)	catalogue, cataract
centi-, cente- (L)	hundred (yüz)	centigrade, centenary (santigrat, bir şeyin 100.yıldönümü)
circum- (L)	around (civarında)	circumference (dairesel çevre) circumambient (çevresini kuşatan)
co-, col-, com-,cor-	together (birlikte)	companion (arkadaş)
con- (L)	with (ile)	collect, co-operate (toplamak, işbirliği)
contra- (L)	against, counter (karşıt, karşı)	contradict (aksini iddia etmek) contraceptive (gebelik önleyici)
de- (F)	down (aşağı)	denude (çıplak bırakmak), decentralize (merkezsizleştirmek)
deca-, deci- (G)	ten (on)	decade (onyıl)
demi- (L)	half (yarı)	demigod (yarı tanrı)

Önek	*Anlam*	*Örnek*
dia- (G)	through, between (aracılığıyla, arasında)	diameter (ç: p)
dis- (L)	not, opposite to (değil, karşıt)	dislike (hoşlanmamak) disagree (hemfikir olmamak)
duo- (Y)	two (iki)	duologue (ikili söyleşi) duplex (iki katlı)
dys- (Y)	ill, hard (hasta, zor)	dysentry (dizanteri)
e-, ex-	out of (dışında)	exhale (dışarı hava vermek) excavate (dışarı çıkarmak, kazmak)
ec- (L)	out of (dışında)	eccentric (ayrıksı insan)
en-, in-, em-, im-, (L, Y, F)	into, not (içinde, değil)	enrage (kızdırmak) inability (yeteneksizlik) emulate (taklit etmek) impress (etkilemek)
equi-	equally (eşit olarak)	equidistant (eşit uzaklıkta)
epi- (Y)	upon, at, in addition (üstünde, -de, ek olarak)	epidemic (bulaşıcı hastalık) epidermis (üst deri)
extra- (L)	outside, beyond (dışında, ötesinde)	extra-essential (temel dışı)
for-, fore- (İ)	before (önce)	foresee (öngörü)
hemi- (Y)	half (yarı)	hemisphere (yarımküre)
hepta- (Y)	seven (yedi)	heptagon (yedigen)

Önek	*Anlam*	*Örnek*
hexa- (Y)	six (altı)	hexagon (altıgen)
homo- (L)	same (aynı)	homonym(sesteş)
hyper- (Y)	above, excessive (üstünde, aşırı)	hypercritical (aşırı eleştirel) hypertrophy (büyük zafer)
il-	not (değil)	illegal (yasadışı) illogical (mantık dışı)
in-, im-, (un) (L,Y,F)	not (değil) olmayan)	imperfect (eksik, mükemmel inaccessible(ulaşılamaz)
inter- (L)	among, between (ara, arasında)	interrupt (kesintiye uğratmak) intermarriage (ırklararası evlilik)
intra-, intro- (L)	inside, within (iç, içinde)	intramural (yapı içi) introvert (içe dönük)
iso- (Y)	equal, same (eşit, aynı)	isobaric (eş basınç) isosceles (ikiz kenar)
mal- (L)	bad, wrong (kötü, yanlış)	malfunction (arıza) malformed (kusurlu, kötü yapılmış)
meta- (G)	after, beyond (sonrası, ötesi)	metabolism (metabolizma) metaphysical (fizik-ötesi)
mis-	wrongly (yanlış bir biçimde)	misfit (uyumsuz) mislead (yanlışa sürüklemek)
mono- (Y)	one, single (bir,tek)	monotonous (monoton, tekdüze)
multi- (L)	many (çok)	multipurpose (çok amaçlı) multimillion (çok milyonlu)

Önek	*Anlam*	*Örnek*
non-	not (değil)	nonsense (saçma) nonpareil (eşsiz)
ob-, oc-, of-, op- (L)	in the way of (kapamak) resistance (karşı koyma)	obstruct (engellemek) obstacle (engel) oppose (karşı çıkmak)
octa-, octo- (Y)	eight (sekiz)	1. octave (notalar arasındaki sekizlik aralık
off-	away, apart (uzağında, dışında)	offset (denkleştirmek)
out-	beyond (ötesinde)	outnumber (sayıca geçmek) outstanding (kalbur üstü)
over-	above (üstünde)	overhear (kulak misafiri olmak) overcharge (fazla para alma)
para- (Y)	aside, beyond (yanında, ötesinde)	parable (ahlaki üye) paradox (aykırımsı söz)
penta- (Y)	five (beş)	pentagon (beşgen)
per- (L)	through (boyunca)	perennial (sürekli, daimi)
peri- (Y)	around, about (civarında, hakkında)	perimeter (çevre) pericardium (kalp çevresi)
poly- (Y)	many (çok)	polygamy (çok eşlilik)
post- (L)	after (sonra)	postscript (dipnot post-natal (doğum sonrası)
pre-	before (ön, önce)	prehistoric (tarih öncesi) pre-war (savaş öncesi)
prime, primo- (L)	first, important (birinci, önemli)	primary (birincil) prime minister (başbakan)

Önek	*Anlam*	*Örnek*
pro- (L)	in front of, favouring (önünde, lehinde)	pronoun (zamir) protect (korumak)
quadri-	four (dört)	quadrangle (dört açılı)
re-(L)	again, back (tekrar, geri)	reappear (yeniden görünmek) recivilize (yeniden medenileşmek)
retro- (L)	backward (geriye doğru)	retrograde (gerileyen, kötüleşen) retrospect (geçmişe bakış)
se-	aside (yan, kenar)	secede (kenara çekilmek)
self-	personalizing (kişiselleştirmek)	self-control (kendini denetlemek) self-taught (kendi kendine öğrenilen)
semi- (Y)	half (yarı)	semi-circle (yarım daire) semi-detached (yarım tutturulmuş)
sub- (L)	under (altında)	submarine (denizaltı) subterranean (yeraltı)
super- (L)	above, over (üstünde)	superfluous (gereğinden fazla) superior (üstün nitelikle)
syl-	with, together (ile, birlikte)	syllogism (kıyas)
syn-, sym- (Y)	together (birlikte)	sympathy (duygudaşlık) syncronize (eş zamanlılaştırmak)

Önek	*Anlam*	*Örnek*
tele- (Y)	far, at or to a distance (uzak, belli bir mesafede ya da mesafeye)	telegram (telgraf) telepathy (telepati)
ter- (L)	three times (üç kere)	tercentenary (bir şeyin 300. yıldönümü)
tetra- (G)	four (dört)	tetrahedron (dörtgen) tetralogy (dörtleme)
trans- (L)	across, through (ötesi, boyunca)	transatlantic (atlantik ötesi) translate (çevirmek)
tri- (L, Y)	three (üç)	triangle (üçgen) tripartite (üç taraflı)
ultra- (L)	beyond (ötesi)	ultramarine (mavi ötesi-parlak deniz mavisi) ultra-violet (kızıl-ötesi)
un- (im) (L,G,F)	not (değil)	unbroken (bozulmamış) unbutton (düğmeye basılmamış) unable (yeteneksiz)
under-	below (alt)	underfed (yetersiz beslenen) underling (aşağı rütbe)
uni- (L)	one (tek)	unicellular (tek hücreli) uniform (tek biçimli)
vice- (L)	in place of (yerine)	viceroy (kraliyetin temsilcisi) vice-president (başkan yardımcısı)
yester- (E)	preceding time (önceki zaman)	yesterday (dün) yesteryear (önceki gün)

ÖZET

1 Ortalama bir kişinin günlük konuşma esnasında kullandığı sözcük sayısı, bin civarındadır; dildeki mevcut sözcük sayısı ise bir milyonun üzerindedir.
2 Üç tür sözcük grubu içinde (konuşma, yazma ve tanıma) en büyük grubu tanıma sözcükleri teşkil eder.
3 Sözcük dağarcığınızı geliştirmek zekâ düzeyinizi yükseltir.
4 Sadece birkaç önek öğrenerek kelime hazinenizi geliştirebilirsiniz.

KELİME HAZİNESİ EGZERSİZLERİ

Aşağıdaki egzersizler, alışılagelmiş sözcük alıştırmalarından farklıdır. Çoğu alıştırmada uygun öneki içeren sözcüğü verebilmek için tanımlar biraz 'uzatılmıştır'.

Alıştırmaların başlangıcında, aralarından, 15 sorunun doğru cevabını seçeceğiniz 15 sözcük bulunmaktadır.

Bu alıştırmaları yaparken, seçtiğiniz sözcüğün eklerini ve kökünü bularak, anlamını yapısından tahmin etmeye çalışın. Bunu yaparken size yardımcı olması için yanınızda bir İngilizce-İngilizce sözcük bulundurun.

Aşağıdaki 15 boşluğu, doğru olduğunu düşündüğünüz sözcüklerle doldurduktan sonra, cevaplarınızı sayfa 271'deki doğru cevaplarla karşılaştırın.

Sözcükler 1 (a)

a. polyglot b. amphibian c. disenchantment d. centiped
e. biped f. confluent g. illiterate h. antipathetic
i. retroactive j. contravene k. tertiary l. arch-enemy
m. paragon n. triumvirate o. impregnation

1 The most important and most dangerous of one's opponents is one's.......................
2 A......................is a two-footed animal.
3 A person or thing beyond comparison, a model of excellence, is known as a....................
4 Streams that flow together are said to be...............................
5 A coalition of three men for the purposes of government or administration is called a.......................
6 Many people in the world are not able to read; they are.........................
7 ....is the introductuon of one substance into another.
8 Because people estimated that this creature had 100 legs; they called it a.................
9 ....means third in rank, order or succession.
10 One opposite of fascination is........................
11 To go against restrictions laid down is to.......................the rules.
12 A creature that can live in both air and water is called an.......................
13 ....means operating in a backward direction.
14 A creature that can live in both air and water is called an.......................
15 If you have a strong feeling against something you are said to be...............................

Sözcükler 1 (b)

a. intravenous b. autobiographer c. abdicates d. Decalogue e. atheist f. undermine g. supercilious h. isotherm i. monomaniac j. octagon k. catacomb l. obfuscate m. periscope n. prominent o. heminaopsia

1 Someone who does not believe in God is an....................

2 He was a ....because he had a fixation on a single object.

3 The Ten Commandments are often called the.....................

4 An outstanding object or person is said to be..................

5 A plane figure with eight sides and angles is known as an...................

6 To........................means to dig away the foundations, to bring down from below.

7 A....................is a graveyard below ground.

8 A person who................gives up a claim, resigns, gets away from a situation.

9 An injection into the returning bloodstream is called an................injection.

10 When something gets in the way of light or meaning, it is said to.......................

11 To consider oneself to be above others it to possess a ....attitude.

12 The medical condition in which one loses one half of one's field of vision is known as...................

13 A...................is an instrument that enables observers to look over an object.

14 A line on a map which connects those places having equal average temperature is called an............
15 An.......................is a person who writes his own life story.

Sözcükler 1 (c)

a. metaphysical b. regurgitate c. forebear d. extravagate e. misconstrue f. primordial g. circumspect h. diaphragm i. subjugate j. predeterminable k. nonentity l. pentameter m. beneficence n. pervade o. malediction

1 A dividing membrane between two areas is called a..............
2 ....applies to what is immaterial, incorporeal, supersensory, beyond the physical.
3 A..................is curse.
4 To...........................means to bring up or throw back from a deep place; to vomit.
5 A.................is someone who is of no importance.
6 An ancestor may also be called a................
7 When something passes through, permeates, extends and is diffused, it is said to............
8 If you.............you are going beyond ordinary limits.
9 A verse Containing five feet is called a..............
10 ....is charity, kindness or gererosity.
11 If you are prudent and wary, and look all around before doing anything you are............
12 Something capable of being calculated before hand is...................

13 That which has existed from the beginning, we call..............
14 To.............means to subdue by superior force; to bring under the yoke.
15 If we interpret something wrongly, we.............it.

Önekleri Belirleme Egzersizi

Öneklerle ilgili öğrendiklerinizle, *Hızlı Okuma Kitabı*'nın daha önce bitirdiğiniz bir yerini okuyun ve belirleyebildiğiniz tüm öneklerin altını çizin. Aynı egzersizi, sonekler ve köklerle ilgili diğer iki bölümün sonunda da tekrarlayın.

SONRAKİ BÖLÜM

Binlerce kelimenin öneklerini inceledikten sonra artık bunların soneklerini de ele alabiliriz. Başlangıçta öğrendiğiniz 14 anahtar öneki de dikkate alın.

---

* Kelime hazinesinin zenginleştirilmesi için Türkçe'nin yapısını kullanarak neler yapabileceğinizi öğrenmek istiyorsanız sayfa 274'e bakınız.

BÖLÜM 17

Kelime Hazinenizin Geliştirilmesi (II)
Sonekler

Karışık ve karmaşık dil yapılarının ve bu yapıları oluşturan birimlerin(sözcükler) artan bir biçimde kullanımı evrimsel gelişmenin belirleyici özelliklerinden biridir. Bu alandaki becerilerinizin geliştirilmesi ve eğitilmesi doğal hakkınız, sorumluluğunuz ve size olağandışı faydalar sağlayacak olan bulunmaz bir fırsattır.

ÖNSÖZ

16. Bölüm'ün sonunda 86 önek tanıtıldı ve bunların deneme sınavları yapıldı. Şimdiye kadar, bu geliştirici sözcükler ve özellikle bu kitaptan elde ettiğiniz bilgiler aracılığıyla kelime hazinenizi geliştirme olanağınız artmış olacak. Şimdi sözcük bilgisini geliştirme alanında ikinci aşamaya geçmek için hazır olun. Bu aşamada **sonekleri** (kelimenin sonunda yer alan harfler, heceler ve sözcükler) öğreneceksiniz. Önceki bölümde gördüğünüz gibi, çoğu sonek de Latince ve Yunanca'dan İngilizce'ye geçmiştir.

SONEKLERİN GÜCÜ

Bu bölümde, 51 sonek tanıtılacak. Özellik ve nitelikle ilgili bu soneklerin çoğu, sözcüğün türünü değiştirmektedir (örn. sıfatları zarfa).

51 tane Sonek

Y=Yunanca, L=Latince, F=Fransızca, İ=İngilizce

Sonek	*Anlam*	*Örnek*
-able, -ible (L)	yeterli, uygun	durable (dayanıklı) comprehensible (anlaşılabilir)
-acy (L, Y)	bir şeyin durumu veya niteliği	accuracy (doğruluk)
-age (L)	eylem veya durum	breakage (parçalanma)
-al, -ial (L)	bir şeyle ilgili	abdominal (mideyle ilgili)
-an (-ane, -ian) (L)	bir şeyin orijini	Grecian (Yunanlı) African (Afrikalı)
-ance, -ence	nitelik ve eylem	insurance (sigorta) corpulance(şişmanlık)
-ant (L)	nitelik belirten sıfatlar ve bir görevi olan kişileri belirten veya belli bir etkide bulunan bir şeyi gösteren isimler yapar	defiant (karşı gelen) servant (hizmetçi)
stable (L)	(bkz. –able, -ible)	
-arium, -orium	bir şeyin yeri	aquarium (akvaryum) auditorium (toplantı salonu)
-ary (L)	bir şeyin yeri, ele alma	seminary (ilahiyat fakültesi) dictionary (sözlük)
-ate (L)	bir şeyin olmasına neden olma, bir şeyin görev yeri	animate (canlandırma) magistrate (sulh mahkemesi)

Sonek	*Anlam*	*Örnek*
-ation, -ition (L)	eylem veya bir şeyin durumu	condition (koşul) dilapidation (bakımsızlık)
-cle, -icle (L)	küçültme eki	icicle (buz saçağı)
-dom (İ)	durum veya denetim	kingdom (krallık)
-en (İ)	küçük	mitten (tek parmıklı eldiven)
-en (İ)	nitelik	golden (altın) broken (kırık)
-er (İ)	bir şeye ait	farmer (çiftçi) New Yorker (New Yorklu)
-ess (İ)	dişil sonek	hostess (hostes) waitress (kadın garson)
-et, -ette (L)	küçük	puppet (kukla) marionette (kukla)
-ferous (L)	üreten	coniferous (kozalak veren ağaç)
-ful (İ)	bir şeyle dolu	colourful (renkli) beautiful (güzel)
-fy, -ify (L)	etmek	satisfy (tatmin etmek) fortify (tahkim etmek)
-hood (İ)	-luk, -lık, -lük	boyhood (erkek çocuğun çocukluk dönemi) childhood (çocukluk)
-ia (L)	türlerin isimleri yerlerin isimleri	bacteria (bakteri) America

Sonek	*Anlam*	*Örnek*
-ian (L)	bir şeyi çalan, söyleyen, yapan veya bir yerde yaşayan	musician (müzisyen) Parisian (parisli)
-ion (L)	durum veya eylem	persuasion (ikna)
-ic (Y)	bir şeyle ilgili	historic (tarihi)
-id(e) (L)	nitelik	acid (asit)
-ine (Y,L)	bileşik	chlorine (klor)
-ish (İ)	benzerlik veya ilişki	childish (çocukça) greenish (yeşile benzer)
-ism (Y)	nitelik veya doktrin	realism (gerçekçilik) socialism (sosyalizm)
-itis (L)	iltihaplanma (tıp)	bronchitis (bronşit)
-ist (Y)	bir faaliyette bulunan kişi	chemist (eczacı) pessimist (kötümser)
-ity, -ety, -ty (L)	durum veya nitelik	loyalty (sadakat)
-ive (L)	bir şeyin mizacı	creative (yaratıcı) receptive (yeni fikirlere açık)
-ize, -ise (Y)	etmek, uygulamak, gibi davranmak	modernize (modernleştirmek) advertise (reklamını yapmak)
-less (İ)	bir şeysiz	fearless (korkusuz) faceless (adsız, kimliksiz)
-logy (Y)	bir bilim dalı	biology (biyoloji) psychology (psikoloji)

Sonek	*Anlam*	*Örnek*
-lent (L)	tamlık	violent (sert, şiddetli)
-ly (İ)	bir niteliğe sahip olmak	softly (yumuşak bir biçimde) quickly (hızlı bir biçimde)
-ment (L)	davranış veya durum	resentment (gücenme, kızma)
-metry, -meter (G)	ölçü	gasometer (gaz deposu) geometry (geometri)
-mony	durum	testimony (ifade)
-oid (Y)	benzerlik	ovoid (oval)
-or (L)	bir kişi, hareket veya şey	error (hata) governor (vali) victor (muzaffer) generator (jeneratör)
-ous, -ose (L)	bir şeyle dolu	murderous (öldürücü) anxious (endişeli) officious (işgüzar) morose (öfkeli, huysuz)
-osis	süreç ya da durum	metamorphosis (başkalaşım)
-some	gibi	gladsome (hoşnutluk)
-tude	nitelik veya derece	altitude (yükseklik) gratitude (minnettarlık)
-ward (İ)	yön	backward (geriye doğru) outward (dışa doğru)
-y (İ)	durum	difficulty (zorluk)

KELİME HAZİNESİ EGZERSİZLERİ

Sözcükler 2 (a)

a. *indefatigable* b. *vignette* c. *demobilize* d. *epididymitis* e. *practitioner* f. *ignominy* g. *supremacy* h. *platitude* i. *untoward* j. *cursive* k. *chauvinist* l. *prioress* m. *hedonism* n. *embolden* o. *bondage*

1 .... is the condition of being marked with disgrace.

2 A....................is a woman who governs a nunnery.

3 Someone who has very strong nationalistic feelings and who makes a practice of this somewhat exaggerated patriotism is called a..

4 That which is intractable, unruly, perverse; which goes in the wrong unpredictable direction is ....

5 A ....is one who works in a certain field, such as medicine.

6 A...................is a comment or statement which is insipid and trite.

7 The unpleasant medical condition in which part of the testide becomes irritated and inflamed is known as ....

8 To .... is to imbue with the added qualities of courage, inspiration and fearlessness.

9 The doctrine of pursuing pleasure as the highest good is known as.......................

10 If you are capable of working 12 hours a day without a rest; if you can engage in physical exercise tor hours without seeming to get tired, then you are ....

11 Handwriting which is in the nature of a running hand; which forms the character rapidiy without raising the pen is known as..................handwriting.
12 A.............. is a small ornamental design, drawing or picture.
13 The quality or state of being uppermost, of having complete authority or power, is the state of ....
14 To .... is to render something unable to operate or
move; to disband.
15 .... is the state of being bound or tied to something,
either physically or mentally.

Vocabulary 2 (b)

a. winsome *b. minimal* *c. irritant* *d. enervation*
e. vociferous *f. bellicose* *g. aviary* *h. corpuscle* *i. magnate*
j. hoydenish *k. baleful* *l. placid* *m. osmosis* *n. planetarium*
o. martyrdom

1 Someone who places himself in a condition of suffering for his beliefs, is placing himself in a position of.......................
2 A diminutive partide of matter is sometimes known as a .... aithough this term now usualiy appiies to the small particles constituting blood.
3 A girl who is joyful, attractive and engaging is ....
4 A charge for something which relates to the lowest or smallest price is ....

5 .... is the process in which fluids tend to mix, eventhrough porous membranes.

6 A .... is a place where one goes to see mode-is or projections of the solar system and other parts of the universe.

7 People who speak loudiy and often are ....

8 .... is the state of being exhausted.

9 A rude girl or tomboy is said to be ....

10 A .... person is ful! of antagonism and the desire to quarrel or fight.

11 A place where birds are kept is known as an ....

12 A .... look is one fuli of mischief or malice.

13 A .... is a person who holds high rank or status.

14 To be gentle, quiet, peacefuf and serene is to be ....

15 An .... is that which provokes or produces discomfort or inflammation.

Sözcükler 2 (c)

a. mundane b. narcissistically c. intelligentsia d. insatiable e. intensify f. rhetorician g. deity h. psychology i.physiology j. pestilence k. hardihood l. annulment m. anthropoid n. metabolic o. indolent

1 To be filled with the desire to do nothing, to be lazy, phlegmatic and idle is to be ....

2 A .... is an eloquent speaker or writer.

3 The .... is that class of educated people who tend to form much of public opinion.

4 .... relates or pertains to the constant chemical changes in living matter.

5 An .... is any creature which resembles man.

6 The branch of knowledge which deals with the body's organs and their functions is ....

7 A synonym for a state of boldness, courage and robustness is

8 That which is 'of the nature of the world' is often said to be

9 A disease, the qualities of which are plague-like and virulent, is often called a ....

10 .... is the act of having a contract or marriage abolished.

11 To look at oneself .... is to have the quality of the vain god who feli in love with his reflected image.

12 To .... is to raise to a higher or more extreme degree.

13 When we attribute divine qualities to someone or something we make him or it a ....

14 Someone whose appetites cannot be satisfied is ....

15 The branch of knowledge which deals with the human mind and its functioning is ....

Soneklerle ilgili bilgilerinizi genişletme egzersizi

Sözcük testlerini bitirdikten sonra, öğrendiğiniz soneklerin çeşitli biçimlerde kullanıldığı sözcükleri bulmak için iyi bir sözlüğü tarayın. Size ilginç veya faydalı gelen örnekleri not edin.

SONRAKİ BÖLÜM

Artık çağdaş İngilizce sözcüklerin önünde ve sonunda yer alan ekleri öğrendiniz. Bundan sonra, herhangi bir İngilizce sözcüğün kökünde yer alan Latince ve Yunanca unsurları inceleyebiliriz.

BÖLÜM 18

Kelime Hazinesinin Geliştirilmesi (III)
Kökler

Kalem kılıçtan güçlüdür. Yeter ki, kalemin sahibi sözcükleri nasıl kullanacağını bilsin.

ÖNSÖZ

Sözcük bilgisiyle ilgili bölümlerin sonuncusu olan onsekizinci bölüm, Latince ve Yunanca kökleri ele almakta ve sözcük dağarcığınızın sürekli zenginleşmesi için atılması gereken beş adım önermektedir.

SÖZCÜK DAĞARCIĞINIZIN SÜREKLİ ZENGİNLEŞMESİ İÇİN ATILMASI GEREKEN BEŞ ADIM

Bu bölüm, sözcükleri ve anlamlarını ele alan bölümlerin sonuncusu olduğu için, kelime hazinenizi sürekli geliştirmenizi sağlayacak birkaç ipucu vermek istiyorum.

Birincisi, 17. Bölümde tarif edilen egzersizi yapın; yani, öğrendiğiniz önekleri, sonekleri ve köklerin çeşitli biçimlerde kullanıldığı sözcükleri iyi bir sözlükten tarayın. Önemli gördüğünüz örnekleri ve yararlı sözcükleri not edin.

İkincisi, kelime hazinenize günde en az bir yeni sözcük ilave etmek için sürekli bir çaba içinde olun. Yeni kelimeler birkaç kere tekrarlandıkları takdirde akılda kalabilirler; dolayısıyla, kelime ya da kelimeleri seçtikten sonra, bunları sık sık ve etkin bir biçimde kullanın.

Üçüncüsü, sohbetlerde yeni ve ilginç kelimelere dikkat edin. Eğer konuştuğunuz kişiden kullandığı terminolojiyi açıklamasını istemekten çekiniyorsanız, bilmediğiniz sözcüğü zihninizin bir köşesine ya da herhangi bir yere yazın daha sonra da anlamına bakın.

Dördüncüsü, okuduğunuz her şeyde bilmediğiniz kelimelere dikkat kesilin.Bu kelimeleri, okurken yazmayın fakat bir kalemle altını çizin ve sonra anlamına bakın.

Sonuncusu, eğer bu konuda istekliyseniz, bir kitapçıya giderek, Sözcük bilgisini geliştirme üzerine bir kitap alabilirsiniz. Bu konuda birçok faydalı kitap bulunmaktadır.

51 tane kök

Root	Meaning	Example
aer	hava	aerate, aeroplane
a m (amare'den)	aşk	amorous, amateur, amiable
ann (annus'dan)	yıl	annual, anniversary
aud (audire'den)	işitmek	auditorium, audit
bio	yaşam	biography
çap (çapire'den)	almak	captive
çap (caput'dan)	baş	capital, per capita, decapitate
chron	süre	chronology, chronic
çor	kalp	cordial
corp	vücut	corporation
de	tanrı	deify, deity

Root	Meaning	Example
dic, dict	söylemek	dictate
duc (ducere'den) ak	yol açmak	aqueduct, duke, ductile
ego	ben	egotism
equi	eşit	equidistant
fac, fic (facere'den)	yapmak, etmek	manufacture, efficient
frat	kardeş	fraternity
geo	dünya, yer	geology
graph	yazı	calligraphy, graphology, telegraph
loc (locus'dan)	yer	location, local
loqu, loc (loqui'den)	konuşmak	eloquence, circumlocution
luc (lux'den)	ışık	elucidate
man (manus'dan)	el	manuscript, manipulate
mit, miss (mittere'den)	göndermek	admit, permission
mort (mors'dan)	ölüm	immortal
omni	tüm, hepsi	omnipotent, omnibus
pat (pater'den)	baba	paternal
path	muzdarip, hissetmek	sympathy, pathology
ped (pes'den)	ayak	impede, millipede, pedal
photo	ışık	photography
phobia, phobe	korku	hydrophobe, xenophobia
pneum	hava, soluk,ruh	pneumonia
pos, posit	yer	deposit, position
pot, poss, poten (ponerte'den)	-bilmek	potential, possible
quaerere	sormak	inquiry, query
rog (rogare'den)	sormak	interrogate
scrib,scrip (scribere'den)	yazı	scribble, script, inscribe

Root	Meaning	Example
sent, sens (sentire'den)	his	sensitive, sentient
so/	yalnız	soloist, isolate
soph	bilge	philosopher
spect (spicere'den	bakış	introspective, inspect
spir (spirare'den)	nefes, esinti	esinlenmek
therm (thermos'dan)	ısı	thermometer
ten (tendere'den)	uzatmak	extend, tense
ten (tenere'den)	tutmak	tenant
utilis	yararlı	utility
ven, vent (venire'den)	gelmek, ulaşmak	advent, convenient
vert, vers (vertere'den)	dönmek	revert, adverse
vid, vis (videre'den)	görmek	supervisor, vision, provident

Vocabulary 3 (a)

a. expire b. translucent c. audition d. sophist e. annuity f. agoraphobia g. querulous h. amiable i. thermal j. dislocated k. graphology l. impotent m. telepathy n. soliloquy o. homologous

1 A person who is friendly and lovable is often described as ....
2 A .... is a wise or would-be learned man.
3 Material through which light can travel is ....
4 You are .... if you are unable to perform or act.
5 An .... is a payment made yearly.
6 When an actor stands alone on a stage and speaks to himself his speech is knovvn as a ....

7 The word .... which now usualiy means to pass away or die, derives from the idea of breathing out.
8 If a bone is out of joint, or misplaced, we say it is ....
9 The transference of thoughts from one mind to another over a distance is known as ....
10 .... means to be alike in proportion, value or structure; to be in a corresponding position.
11 A person who is quarrelsome and discontented, and who complains in a questioning manner is ....
12 .... means pertaining to heat.
13 A trial hearing of an appiicant tor employment, especialiy in the case of actors and singers, is known as an ....
14 .... is the controversial art of anaiysing personality
from handwriting.
15 If you suffer from a fear of öpen spaces, you suffer from ....

Vocabulary 3 (b)

a. tendentious *b. artefact* *c. convene* *d. decapitate*
e. corporeal *f. manciple* *g. equinox* *h. captivate*
i. abduction *j. egocentric* *k. geomorphology* *l. omniscient*
m. interdict *n. utilitarian* *o. patricide*

1 If you behead someone you .... him.
2 A .... argument is one that stretches the truth in order to convince.

3 .... is the study of the physical features of the crust of the Earth.

4 To .... is to take complete control of the attention; to overcome by charm of manner and appearance.

5 A person who considers himself to be the centre of the universe is described as ....

6 .... a term usually reserved for God, is occasionally applied to people who seem to know everything.

7 A .... is someone who holds that actions are right only if they are useful.

8 An .... is a statement which comes between a person and his intended action; a prohibition.

9 The murder of one's own father is known as ....

10 If something is made by, or results from art; if it is in some way artificial, we say it is an ....

11 The .... is that time of year when both day and night are of equal length.

12 A .... is a steward or servant (someone who waits on you hand and foot!).

13 .... means to cause to come together; to cali to an assembly.

14 That which has a material body is said to be ....

15 .... is leading or carrying away, usualiy by fraud or force.

Sözcükler 3(c)

a. *chronometer* b. *imposition* c. *subrogation* d. *elucidate* e. *insensate* f. *desolation* g. *morbid* h. *vertigo*

i. remittance *j. fraternize* *k. empathy* *l. pneumatic*
m. bioplasm *n. aerodynamics* *o. tenacious*

1 A person who is destitute of sense or given to extremes, we cali

2 .... is the power to project one's feelings into an object| or person, and so reach fuli understanding.

3 .... means to shed light on, to make clear.

4 A .... drill is one that uses compressed air.

5 An instrument that finely measures time is a ....

6 A .... person is one who holds on, no matter what the circumstances.

7 A .... is money sent to you.

8 The science which deals with the forces exerted by air and by gaseous fluids is ....

9 The germinal matter tor ali living things is ....

10 When people associate as brothers, we say they ....

11 If something is .... it reminds us of death.

12 An .... may be defined as the act of placing or putting on; a burden, often unwelcome.

13 .... is when you substitute'someone else for yourselfin respect of your legal rights.

14 .... refers to that which is deserted, laid waste, solitary, forsaken.

15 .... is a feeling of giddiness.

KISIM ÖZETİ

Bu kısımda, Zihin Haritasının nasıl yapılacağını ve paragrafın yapısı hakkındaki bilginizin nasıl kullanılacağını öğrenerek, zihninizin temel yapıtaşlarının oluşturulması üzerinde yoğunlaştık.

Kelime hazinenizin geliştirilmesine ilişkin üç bölüm, zekânızın ve anlama düzeyinizin gelişmesine katkıda bulunacatır. Anlama düzeyinizin yükselmesi, anahtar kelimeleri ve kavramları tanıma yeteneğinizin güçlenmesi ve geniş kelime hazinenizin yardımıyla tekrar okuma ve gerileme gereksinimi duymamanız sayesinde okuma hızınız da artacaktır.

SONRAKİ BÖLÜM

Artık gözleriniz, beyniniz ve temel öğrenme teknikleri hakkında temel bilgiye sahipsiniz. Dolayısıyla, daha etkili çalışmanızı sağlayacak, çağın bilgi patlamasıyla baş edebilmenizi mümkün kılacak ileri tekniklere geçmeye hazırsınız. Tüm bunların hepsi **Kısım 5 – Usta Okuyucu Haline Gelme: Göz /Beyin Sisteminin İleri Düzeyde Kullanımı** isimli kısımda ele alınacak

BEŞİNCİ KISIM
USTA OKUYUCU HALİNE GELME:
GÖZ/BEYİN SİSTEMİNİN
İLERİ DÜZEYDE KULLANIMI

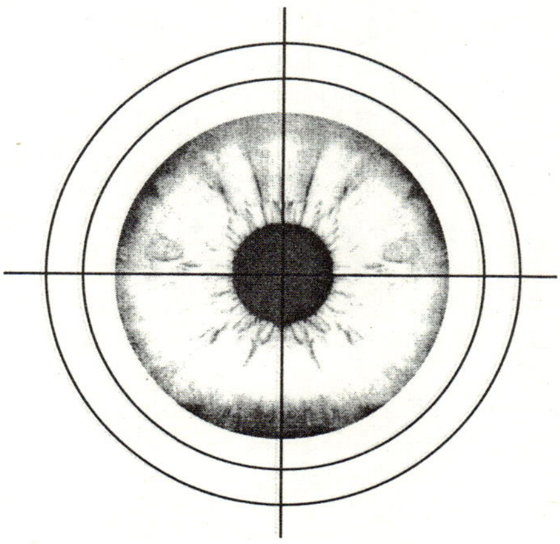

1966 yılından beri, 50'den fazla ülkede ve üç yaşındaki çocuklardan çokuluslu şirketlerin genel müdürlerine kadar yayılan bir öğrenci topluluğuna hızlı ve kapsamlı okumanın temel ilkelerini öğretiyorum. Kişisel konumu ne olursa olsun, her ülkeden ve her yaştan insanların dile getirdiği okuma süreci teorisinin uygulanmasıyla ilgili benzer sorularla karşılaştım. Bunlardan bazıları:

'Bu teknikleri diğer alanlarda nasıl uygulayabildiğinizi anlıyorum fakat sanırım bunlar bilim alanında uygulanamazlar, değil mi?

'Edebi yazıları ve şiirleri hızlı okuma teknikleriyle okuyamazsınız değil mi?'

'Bir dedektiflik öyküsünü kesinlikle önizleme yöntemiyle okuyamazsınız!'

'Gerçekten zor materyalleri okurken okuma hızınızı düşürmek zorunda kalırsınız, değil mi?

'Eğer rahatlamak ve zevk için okuyorsanız hızlı okuma tekniklerini kullanamazsınız, değil mi?'

'Fakat ben uyumama yardımcı olsun diye okuyorum, bu teknikleri uygularsam uykum daha çok kaçmaz mı?'

Bu soruların ortak yanıtı, okuma tekniklerinin üstte bahsedilen tüm durumlarda uygulanabileceği olacaktır. *Hızlı Okuma Kitabı*'nın sayfaları boyunca öğrenmekte olduğunuz ve öğreneceğiniz teknikler her tür okuma materyali çin kullanılabilir.

Bu kısımdaki bölümlerde size ileri okuma tekniklerine ilişkin daha ayrıntılı bilgiler, göz/beyin sisteminizle ilgili yeni bulgular verilecek ve devrimsel nitelikli Bilgi Dosyası kavramı tanıtılacak.

BÖLÜM 19

Zihin Haritası Organik Çalışma Tekniği (ZHOÇT)

*Bilginin güç olduğu söylenir. Aslında güç, özümseme, kavrama, anlama, akılda tutma, hatırlama, iletişim kurma ve çok boyutlu zihinsel ansiklopedinizden yeni bilgiler üretebilme yeteneğinde yatar. Bu gücün anahtarı **nasıl öğreneceğinizi öğrenmektir.***

ÖNSÖZ

Bu bölümde öğrenme için benzersiz bir yöntem olan **Zihin Haritası Organik Çalışma Tekniğine** değinilmektedir.

ZİHİN HARİTASI ORGANİK ÇALIŞMA TEKNİĞİ

Çalışma amaçlı okuma, bu kitaptaki tüm tekniklerin uygulanabileceği bir alandır. Ondokuzuncu yüzyılda, eğitimciler çeşitli düzeylerde yapılan çalışma amaçlı okumanın kitabı bir kerede tümüyle okumadan çok daha etkili olduğunu fark etmişler ve bu konuda daha başka metotlar geliştirmişlerdir. ZHOÇT tekniği, Zihin Haritası içeren beyin becerilerinin, hafıza ilkeleri ve sistemlerinin ve hızlı okuma yöntemlerininin yanısıra önceki öğrenme tekniklerinin temel unsurlarını da işin içine katmaktadır. ZHOÇT *Zihin Haritası Kitabı*'nda kapsamlı olarak açıklanmıştır ama özetle bu teknik, aşağıda anlatıldığı şekliyle, hazırlık ve uygulama olmak üzere iki kısıma ayrılır.

1 Hazırlık

(a) Gözatma

Metine "kuş bakışı" bakabilmek için 15. Bölümde gösterilen göz gezdirme becerilerini kullanın.

(b) Zaman ve miktar

Bu sürede kullanılacak materyallerin miktarını ve ayrılacak zaman dilimlerini belirleyin. (bkz. Şekil 14 ve sayfa 225, Şekil 15)

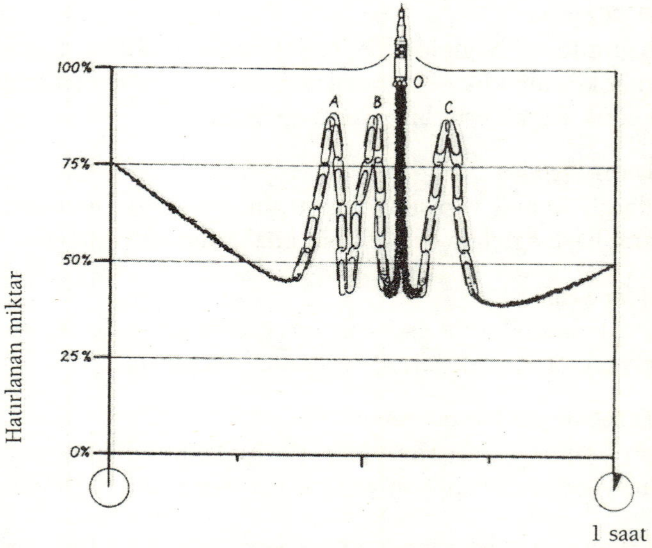

Şekil 14. Öğrenme periyodunun başlangıcından ve sonundan daha fazla hatırladığımızı gösteren grafik. Hatırlanacak şeyler, birleştirilir veya ilişkilendirilirse (A, B, C) ya da sıradışı veya eşsiz ise daha fazla hatırlanmaktadır. (O)

(c) Önceki bilginin Zihin Haritası

Zihin Haritası kullanarak, konuyla ilgili önceki bilginize ulaşmak için hafızanızı araştırın, bu size uygun bir zihinsel durum sağlayacaktır.

(d) Amaçlar ve Hedefler

Materyali neden okuduğunuzu ve ondan ne elde etmek istediğinizi net bir biçimde belirleyin.

II. Uygulama

(a) Gözatma

Uygun temel bilgiyi seçebilmek için okuduğunuz materyale ikinci kez ama bu sefer amaçlarınızı ve sorularınızı belirlemiş olarak daha derin bir şekilde gözatın.

(b) Ön izleme

Bilginin temel yapısını oluşturduktan sonra, gereken kısımlara, başlangıçlara ve bitişlere odaklanmaya başlayın.

(c) İnceleme

Geri kalan bilginin esas kısmını doldurun ve zor kısımları son evreye bırakarak Zihin Haritanızı oluşturun

(d) Tekrar gözden geçirme

Son bölüm. Zihin Haritanızı tamamlayın, kalan sorunları çözün, soruları cevaplayın ve tüm hedeflerinizi belirleyin.

Deneme Sınavlarının sonuna yaklaşıyorsunuz! Deneme Sınavı 6'yı bitirmeden önce, motivasyonunuzu yükseltin, hız alıştırmaları yapın, kitabı uygun uzaklıkta tutun, önizleme yapın, hızınızı ve anlamanızı geliştirmenizde size yardımcı olacak ZHOÇT tekniğinden yararlanın.

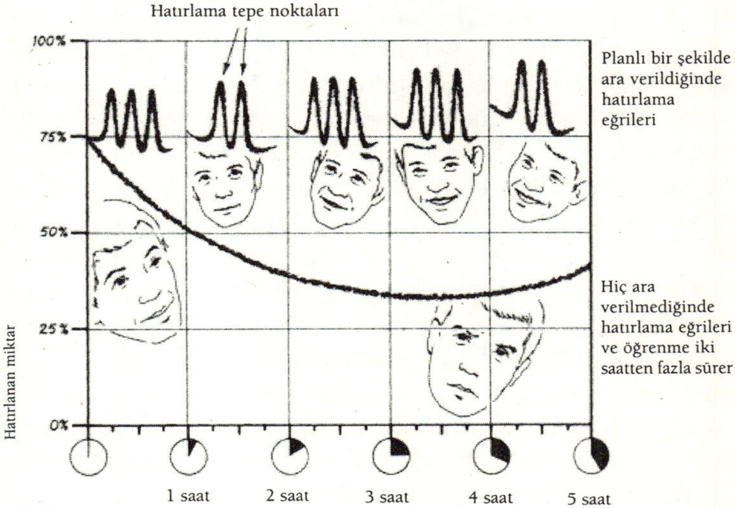

Şekil 15. Ara vererek ve vermeyerek öğrenme sırasında hatırlama. 20-50 dakika arasındaki bir öğrenme periyodunda en iyi anlama ve hatırlama ilişkisini veriyor.

DENEME SINAVI 6: Bilinçlenen Dünya: Bir Sonraki Evrimsel Aşamamız – Küresel Beyin

Bugünlerde yaşam akışının hızlandığından bahsetmek ve geçmişe atalarımızın yaşama bakışıyla bakıp nostalji yaşamak alışkanlık haline geldi. Ama evrim tarihine bir göz atarsak bu hızlanmanın yeni olmadığını, evrenin başlangıcından itibaren, yani 15 milyar yıldır devam ettiğini görürüz. On beş milyar yıldan bu yana süregelen bu hızlanmayı anlamak bizim tecrübelerimizin ötesinde olduğu için bize zor gelebilir. 15 milyar yılı bir yıllık bir filmde özetlersek elle tutulur bir görüntü elde etmemiz mümkün olabilir – tam bir destan!

'Big Bang' patlamasıyla film başlar, - yeni yılın ilk gününün ilk saniyesinde - evren 'yaratılmıştır'. 'Auld Lang Syne' şarkısını çalmanızdan 25 dakika sonra ilk atomlar oluşmuştur. İlk günün ve Ocak ayının kalanında başka önemli bir şey olmaz (bol miktarda patlamış mısıra ihtiyacınız olacak): Bütün göreceğiniz genişleyen bir gaz bulutu olacaktır. Şubat ve Mart civarı gaz bulutu galaksi ve yıldız kümelerine dönüşmeye başlar. Haftalar ve aylar geçerken yıldızlar ara sıra süpernovada infilak ederler, dağılan parçalardan yeni yıldızlar meydana gelir. Sonunda - filmin başlangıcından sekiz ay sonra - güneşimiz ve güneş sistemimiz eylül sonlarında oluşurlar.

Dünya oluştuktan sonra, karmaşık yapılı moleküller şekillenmeye başlarken nesneler biraz daha hızlı hareket etmeye başlarlar. İki hafta içerisinde, ekimin başında, su yosunları ve bakteriler ortaya çıkmaya başlar. Bakteriler yavaşça evrime uğrarlar, bir hafta sonra da fotosentezi geliştirirler. Kasım ortalarında, çekirdekleriyle birlikte karmaşık hücreler üremeye başlar ve bu aşama tamamlanır. Evrim yeniden hız kazanır. Şimdi kasımın sonlarına gelinmiştir ve filmin büyük bir kısmı geride kalmıştır. Bununla beraber yaşamın evrimi henüz başlamıştır.

Aralık başlarında ilk basit çok-hücreli organizmalar ortaya çıkmaya başlar. İlk omurgalılar bir hafta sonra sürünerek denizden karaya çıkarlar. Filmin son haftası olan noel ile 30 Aralık öğle vakti arası dinozorlar yeryüzünün tek hakimidirler – uzun ve asil bir egemenlik!

Son günün ortalarında maymunumsu (yunusumsu!) atalarımız sahneye çıkarlar ama akşam 11'e kadar dimdik yürüyemezler.

Şimdi, yeni yılın arifesinde, 365 gün ve gece boyunca süren filmimizde en büyüleyici gelişmelere geliyoruz. Gece yarısından bir buçuk dakika önce insan dili gelişmeye başlar. Son yarım dakikada çiftçilik başlar. Filmin bitiminden beş buçuk saniye önce Budha insanları aydınlatmaya başlar, bir saniye sonrasında da İsa ortaya çıkar. Son yarım saniyede endüstri devrimi meydana gelir; gece yarısından saniyenin onda biri kadar süre önce II. Dünya Savaşı patlak verir.

Son kareye, yüz bin mil uzunluğu olan bu uzun metrajlı filmin sonuna geliyoruz. Modern tarih, başta gösterilen flaştan uzun olmayan bir flaş ile verilir. Üstelik, evrim hızlanmaya devam etmekte ve hiç hız kesecek gibi görünmemektedir.

Birçok faaliyet alanındaki değişimler şimdi daha da hızlıdır ve bırakın bin veya bir milyon sonrasını, 50 yıl içerisinde bile medeniyet seviyesi olarak nerede olacağımızı tahmin etmek çok zordur. Bugün bizlerin evrimin çok önemli bir noktasında bulunduğumuza inanmamak giderek güçleşiyor.

Bazı açılardan insanlık dünya çapında bir sinir sistemi gibi davranmaya başlıyor ve biz de genç insan beyninin gelişiminin aşamalarıyla insanlığa neler olduğu arasında yakın bir paralellik olduğuna şahit oluyoruz.

1980'de dünya çapında var olan telekomünikasyon ağında 440 milyon telefon ve bir milyona yaklaşan teleks aracı vardı. Dahası karmakarışık görünen bu ağ, trilyonlarca sinir hücresinin etkileşimde bulunduğu beynin bir dakikalık faaliyetinin iletişim terminalini temsil etmektedir. Bir bilgisayar danışmanı olan John McNulty'ye göre, 1975'lerin küresel telekomünikasyon ağı, beynin bir bezelye tanesi kadar olan kısmından daha kompleks değildi. Ama tüm bu bilgi-işlem sistemleri her iki buçuk yılda ikiye katlanmaktadır ve bu artış oranı bu hızla sürerse küresel telekomünikasyon ağı 2000 yılında insan beyninin karmaşıklığına erişebilir – bu süre size inanılmaz derecede kısa geldiyse, uzun metrajlı filmimizin gece yarısından önceki yarım saatini düşünün ve bu değişim hızını 1 Ocak 1997 gece yarısı ile yeni yıl arifesi arasındaki rakamlarla çarparsanız bu çıkan hız rakamının bizi yirmi birinci yüzyıla götürdüğünü göreceksiniz.

Bunun getireceği değişimler o kadar büyük olacaktır ki etkisi bizim sonsuz beynimizi bile ürkütecektir! Artık kendimizi yalnız bireyler olarak görmeyeceğiz; *kendimizi hızla bütünleşen küresel ağın bir parçası, bilinçlenen küresel beynin sinir hücreleri olarak göreceğiz*. Üstelik, bu insanlık için muhtemel bir yön olsa da, türümüz için bir kriz durumu söz konusudur. Gelecek yüzyıla geçebilmek için bu türün yaratıcı düşünmesi şartır. İnsanlık tarihinin en karmaşık sosyal, siyasal, ekonomik, ekolojik ve ahlaki krizinin ağına düşmüş durumdayız. Bu krizler evrimsel sıçrayışımızı engelleyecek mi? Belki. Kıyamet gününün ve dünyanın sonunun nasıl olacağını ayrıntılarıyla anlatan tahminlerimizin olduğu muhakkak ama evrim tarihi başka muhtemel bir senaryoyu da ortaya çıkarıyor – *krizler, daha ileri bir aşamaya ulaşmakta evrimsel bir katalizör rolü oynayabilir*.

Evrim tarihindeki önemli krizlerden bazılarına bir göz atalım. Çok 'olumsuz' görünseler de aslında evrim açısından ne kadar olumlu olduklarına dikkat ediniz.

Yaşamın evrimindeki ilk krizlerden birisi de ilkel hücrelerden oluşan basit organik bileşimlerin beslenme sorununun başlamasıdır. Gerçekten bir yiyecek krizi söz konusudur. Çare fotosentezin geliştirilmesidir – doğrudan güneş ışığından beslenebilmek. Bununla birlikte fotosentez yan ürün olarak oksijen üretmektedir ve bugün mutlu bir şekilde içinde yaşadığımız oksijen, zamanın yaratıklarına ölüm getirmişti.

Bir buçuk milyar yıl sonra, oksijen, atmosferi oluşturmaya başladıktan sonra, başka büyük bir kriz ortaya çıkmıştı; bu seferkinin adı, kirlilik ve zehir idi. Evrim buna karşılık oksijen soluyan hücreleri geliştirdi. Öncelikle, her kriz acı verici ve tehlikeli idi. Bir bakteri komitesinin küçük bir bakteri grubunun fotosentezi kullanma planı konusunda neler söylemiş olabileceklerini hayal edin: "Bu işlem sonucu ortaya çıkan oksijen tehlikeli bir maddedir. Yaşamın tüm şekilleri için zehirlidir ve son derece yanıcı olup hepimizi küle çevirebilir. Tüm yaşamı yok edebileceği neredeyse kesindir."

Şüphesiz fotosentez, 'bencilce, anormal ve sorumsuz' olduğu için yasaklanmış olabilir. Şansımız varmış ki böyle bir komite kurulmadı ve fotosentez devam etti. Büyük bir krize neden olmadı ama diğer yandan bitkiler, hayvanlar, siz ve ben ortaya çıkabildik.

Günümüzün küresel problemler yumağı da süregelen evrimimizde oksijen krizi kadar önemli hale gelebilir. İnsanlık tarihi bu kadar çok tehlike ile yüz yüze gelmemiştir ve biz bu konuda kritik noktaya hızla yaklaşıyor gibi görünüyoruz. Sonuç ya tam bir çöküş ya da bir gelişim olacak. Krizlerin evrimsel katalizör rolü, belki de bizi daha ileri bir aşamaya yükseltecek.

Çinliler krizlerin hem olumlu hem olumsuz yanlarının olduğunu bir kelimeyle anlatırlar: *Wei-chi*. Kelimenin ilk kısmı 'tehlike, uzak dur' anlamına gelirken ikinci kısmı çok daha farklı manaya işaret eder; 'değişim için fırsat'.

Wei-chi kavramı, bize krizin iki anlamının da önemini vurgular. Son yıllarda, küresel felaketi önlemek için var olan birçok çözüm konusunda dikkatimiz genellikle '*wei*' kelimesine odaklanmış durumda. Bu odaklanma, karşı karşıya kaldığımız gerçekten önemli meselelerle mücadele ederken devam edecektir. Bu arada bazı temel düşünce ve değerlerimizi de sorgulamamız olasıdır: Neden buradayız? Gerçekten ne istiyoruz? Yaşam için gereken herşey mevcut değil mi? Bu sorgulama bizi krizin başka cephelerine götürür – gidişatı değiştirme, olağanüstü ve nefes aldırıcı fırsatlardan yararlanma olanağı önümüzde duruyor olabilir.

Geçişi yapamazsak, yeni bir başlangıç için insanoğluna binlerce yıl gerekiyor olabilir. Veya bu iş hiçbir zaman insan nesli ile gerçekleşmez. Eğer biz kendimizi yok edersek aynı kabiliyetlere sahip başka bir türün dünyaya gelmesi milyonlarca yıl alabilir. Belki de bu gezegende hiçbir zaman insanın özelliklerine sahip ikinci bir tür olmaz; dünyadan başka inanılmaz sayıda gezegen, galaksimizden başka da inanılmaz sayıda galaksi var.

Diğer yandan eğer insanlık karşı karşıya bulunduğu çeşitli problemleri ve çatışmaları çözebilirse, doğaya başarıyla uyum sağlayabileceğini kanıtlamış olur. Bu açıdan, *krizler, hem evrimsel birer katalizör hem de sistemin uygulanabilirliğini ve sürdürebilirliğini sınayan evrimsel bir test olma özelliklerini taşır.*

İnsanlığın gittikçe büyüyen sorunları şu bakış açısından daha iyi görülebilir: bir sonraki evrimsel aşama için gerekli olan uyum sağlama testimizin sonuna gelmiş olabiliriz.

Ayrıca bu testin bir zaman sınırlaması vardır. Denemek için sonsuza kadar vaktimiz yok: *Evrim süreci içerisinde kendimizi kurtarmak için bu soruları sorması gerekenler şu anda hayatta olan bizlerden başkası değildir.*

Testi geçip geçmeyeceğimiz bize bağlıdır. Geçersek, sonraki evrim aşamamıza iyi durumda başlarız. İnsanlığın varlığını sürdürüp sürdüremeyeceğini göstermek bize bağlı – her birimize. Geçmişteki diğer türlerden farklı olarak inanılmaz derecedeki beyin gücüyle insanlık, gelecekten umutlu olabilir ve bilinçli seçimler yaparak kaderini değiştirebilir. Evrim tarihinde ilk kez evrimin süregelen önlenemezliği evrime uğrayan nesnenin önünde duruyor. Bizler artık bu süreçte pasif değiliz – geleceği aktif olarak *biçimlendirebiliriz*. Şu anda dünya evrim sürecinin yönetici grubuyuz. Bu gezegenin evrimsel geleceği, bizim kendi ellerimizde, hatta beyinlerimizde ve düşüncelerimizde yatıyor.

****

Saatinizi Durdurun

Geçen Süre:......dakika

Sonra, okuma hızınızı, parçadaki sözcük sayısını (bu örnekte 1289 sözcük), süreye (dakika) bölerek dakikada sözcük sayısı(dss) olarak hesaplayın.

Okuma Hızı Formülü

dakikada sözcük sayısı (dss) = sözcük sayısı/süre

Hesapladıktan sonra, bulduğunuz sayıyı paragrafın sonundaki dss için ayrılmış bölüme ve 273. sayfadaki İlerleme Tablonuza ve İlerleme Grafiğinize kaydedin.

Okuma hızı:.........

DENEME SINAVI 6: ANLAMA

1. Evren,
(a) 5 milyon
(b) 75 milyon
(c) 12 milyar
(d) 15 milyar
yıl önce başlamıştır.

2. Russel'ın 'bir-yıllık' evreninde gaz bulutları,
(a) Ocak/Şubat
(b) Şubat/Mart
(c) Mart/Nisan
(d) Nisan/Mayıs
aylarında galaksi ve yıldız kümelerine dönüşmeye başlar.

3. Russel'ın 'bir-yıllık' evreninde güneşimiz ve güneş sistemimiz,
(a)Temmuz
(b)Ağustos
(c)Eylül
(d) Ekim
ayında oluşur.

4. Russel'ın 'bir-yıllık' evreninde su yosunları ve bakteriler,
(a) Eylül başlarında
(b) Ekim başlarında
(c) Kasım başlarında
(d) Aralık başlarında

5. Russel'ın 'bir-yıllık' evreninde maymunsu atalarımız dimdik yürümeye
(a) Ekimde
(b) Kasımda
(c) son iki haftada
(d) son günün son saatinde
başlarlar.

6. Russel'ın 'bir-yıllık' evreninde insan dili,
(a) son iki hafta içinde
(b) son hafta içinde
(c) son saatin başında
(d) geceyarısından birbuçuk dakika önce
gelişmeye başlar

7. Russel'ın 'bir-yıllık' evreninde II. Dünya Savaşı,
(a) geceyarısından bir gün önce
(b) geceyarısından bir saat önce
(c) geceyarısından bir saniyenin onda birinden daha az bir zaman önce
(d) geceyarısından bir saniyenin yüzde biri kadar önce
meydana gelir.

8. John McNulty'ye göre, 1975'lerin küresel telekomünikasyon ağı, beynin bir .... kadar olan kısmından daha kompleks değildi.

9. Peter Russel'a göre, krizlerin evrimsel katalizör rolü, belki de insanlığı daha ileri bir aşamaya yükseltecek.

Doğru / Yanlış

10. Fotosentez sonucu ortaya çıkan ve zamanın yaratıklarına ölüm getiren madde:
(a) karbondioksit
(b) oksijen
(c) su
(d) güneş ışığıdır.

11. Zamanın yaratıklarınca 'bencilce, anormal ve sorumsuz' olduğu için yasaklanmış olabileceği düşünülen madde nedir? ... .

12. Çincede '*wei-chi*' sözcğünün ilk kısmı,
(a) değişiklik fırsatı
(b) iyi şans
(c) tehlikeden uzak durun
(d) mutlu hayat demektir.

13. Çincede '*wei-chi*' sözcüğünün ikinci kısmı,
(a) değişiklik fırsatı
(b) iyi şans
(c) tehlikeden uzak durun
(d) mutlu hayat demektir.

14. Russel insanoğlunun kendi kaderini değiştirebileceğine ve geleceğini aktif olarak şeklillendirebileceğine inanmaktadır. Doğru / Yanlış

15. Dünya gezegeninin evrimsel geleceği,
(a) Tanrıların kucaklarında

(b) kendi ellerimizde
(c) kendi beyin ve akıllarımızda
(d) Kaos teorisinde
yatar.

Cevaplarınızı sayfa 270'tekilerle karşılaştırın. Anlama yüzdenizi hesaplamak için doğru cevaplarınızın sayısını 15'e bölün ve çıkan rakamı 100'le çarpın.

Anlama yüzdesi: 15'te......
%.......

Şimdi elde ettiğiniz skoru, 271. sayfadaki İlerleme Tablonuza ve İlerleme Grafiğinize kaydedin.

ÖZET

1. Zihin Haritası Organik Çalışma Tekniği, hafızanızdaki en güncel bilgilerle Zihin Haritası ve Üst-Yönlendirme gibi yaklaşımların önemli kısımlarını birleştirmektedir.

2. Hazırlık kısmı ile başlayın (gözatın, harcayacağınız zamanı ve okuyacağınız sayfa sayısını belirleyin, önceki bilgileriniz için Zihin Haritası yapın ve hedeflerinizi belirleyin). Sonra uygulama kısmına geçin (gözatma, önizleme, inceleme ve tekrar gözden geçirme aşamaları).

GÖZATILACAK ÖNEMLİ NOKTALAR

1. Her zaman çalışmak istediğiniz ama çalışamadığınız basit bir konuyla ilgili bir kitap seçin. Kitabı bir saatten kısa bir sürede bitirmek için Zihinsel Eşleştirme Organik Çalış-

ma Tekniğini ve gelişmiş hızlı okuma becerilerini uygulayın. Sonucu Zihinsel Eşleştirmeye tabi tutun.
2. Okuma hızınızı artırmak için günlük beş dakikalık yönlediriciyle okuma seansları düzenleyin.

SONRAKİ BÖLÜM

Masanızda veya raflarınızda yığılı duran okunmamış gazete veya dergilerin miktarı sizi umutsuzluğa düşürdü mü? Sonraki bölümde bu durumla nasıl başarıyla ve zevkle baş edeceğinizi göreceksiniz.

BÖLÜM 20

Gazetelerin, Dergilerin ve Bilgisayarların Denetimini Ele Almak

Gazeteler, dergiler ve bilgisayarlar bir anlamda sizin dünyaya ve tüm evrene açılan pencerelerinizdir. Yapılarını ve onlara ilişkin yaklaşımları anlamakla bu alandaki etkinliğinizi on kat artırabilirsiniz.

ÖNSÖZ

Bu bölüm, sizin gazetelerden, dergilerden ve bilgisayarlardan gerekli bilgileri diğer okuyuculara göre yüzde elli daha fazla edinmenizi sağlayacaktır. (bazı durumlarda bu oran yüzde yüze ulaşabilmektedir.)

GAZETELER

Gazeteler günlük hayatımızın ayrılmaz bir parçası olmasına rağmen biz onların en son gelişmeleri aktardığını pek düşünmeyiz. Yirminci yüzyıl öncesi, gazeteciliğin sesi kitlelerin ilgilendiği ölçüde değildi. Genelde gazeteler, çok az analiz ve yorum içeren haber sayfalarıydı. Bununla beraber bu konuda bir istisna vardı; *The Times*. Bu gazetenin 1855 Kırım Savaşı hakkındaki yorumları zamanın bakanlar kurulunun düşürülmesinde ve İngiliz ordusunun yeniden yapılanmasında etkili olduğu söylenir.

Ondokuzuncu yüzyılda geniş sayfa üreten Foudrinier makinesinin de bulunuşu ile dünya basınında istikrarlı bir büyüme görüldü. Bu gelişmeye paralel olan ilerleme, iletişim ağının ve eğitimin evrensel gelişimidir: Daha fazla bilgiye daha hızlı bir şekilde gereksinim duyuldu ve daha çok kişi okuyabildi. Sonuç olarak, dünya gazetelerinin birçoğu 1840-1900 yılları arasında kuruldu.

20. yüzyılın başlarında gazeteler gelişti ama , oldukça kısa bir süre varlıklarını sürdürdükten sonra birçoğu zor günler geçirmeye başladılar. Haberleri 'hareketli görüntüleri' ile veren televizyon, bilgisayar haber bültenlerinin yaygınlaşması ve daha çabuk ve kişisel şekilde haber veren internet, bu gelişimin nedenleri arasında gösterilebilir. Şimdilerde ise gazeteler bu ağlarla bütünleşerek mücadele etmektedirler.

Batıda, sıcak haberlerle daha az, özetler, analizler ve yorumlarla daha çok ilgilenilen ve dolayısıyla gazetelerin işlevlerini değişitirdiği bir döneme girebiliriz.

Etki ve tirajları bakımından dünyadaki diğer gazetelere hızlı bir bakış atmakta fayda vardır.

1. Tokyo'da Asahi Shimbun'un.Tirajı günde 9,000,000 adet. Bu sadece günlük popüler bir gazete değil; aynı zamanda büyük bir sosyal ve politik etkiye de sahip.

2. Pekin'de Jen Minh Jih Pao. Tirajı günde 2,500,000 adet. Tirajı o kadar yüksek olmasa da, belki de bu gazete dünyadaki diğer bütün gazetelerin olduğundan daha fazla insana ulaşıyor. Bu gazete tüm Çin'e, devlet işleriyle ilgili bilgilerin ulaştırıldığı kanaldır ve radyolarda, trenlerde, fabrikalarda ve çiftliklerde okunur. Gazete nüshaları vitrinlerde, kavşaklarda ve marketlerde satışa sunulur.

3. *The New York Times*. Tirajı günlük 1.000.000. Tiraj rakamının yanıltıcı olduğunu söylemekte yarar var. Çünkü bu gazete, genelde Amerika'daki ekonomi, siyaset ve iletişim çevrelerince okunur. Bu yüzden uluslararası kamuoyunun biçimlendirilmesinde etkisi çok büyüktür.

Aslında dünya çapındaki büyük gazetelerin çoğu nadiren 500.000 tirajını aşarlar. Bunlar arasında en eğitici ve en analitik olan gazeteler şunlardır: İsviçre'den *Neu Zurcher Zeitung*, İngiltere'den *The Times* ve Fransa'dan *Le Monde*. *Jih Pao* ve *The New York Times* gazetelerinin etkinliğinin önemli olmasından dolayı tiraj rakamları yanıltıcı olabilmektedir.

Gazete Okuma Yöntemleri

Gazetelerin uluslararası durumunu ve tarihi gelişimini gördükten sonra, gazeteyi en iyi nasıl okuyacağımıza kısaca değinelim.

1. Öncelikle, organize bir bakış açısına sahip olunmalıdır. Birçok insan bir gazeteyi okumak için saatlerini harcar ama bilgilenemez.

2. Hangi gazeteyi okursanız okuyun, okumaya başlamadan önce amacınızın ne olduğuna karar vermek yararlı olacaktır. Bu kararda size yardımcı olması için, okumadan önce her zaman gazeteye bir gözatın ve hangi bölümleri ayrıntılı okuyacağınızı belirleyin.

3. Basım düzenini ve planına dikkat edin. Makaleler nerede başlayıp devam ediyor, diğer sayfaya sarkıyor mu?

4. İnsanların çoğu kendi görüşlerine yakın olan gazeteyi alır – başka bir deyişle her akşam veya sabah kendilerine destek sağlarlar! Haftanın her günü başka bir gazete alarak değişik haber yorumlarını, politik görüşleri, yazarların yaklaşımlarını ve gazetelerin basılış düzenlerini kıyaslamak çok ilginç olabilir. Gelecek hafta bunu deneyin.

5. Gazete haberlerinin doğruluğu kontrol edilmelidir – meydana gelen bir olayı diğer gün medyadan öğrendiğinizde mutlaka '*olay kesinlikle böyle olmamıştı*' dediğiniz olmuştur.

Haberler, önyargılı sayılabilecek veya yayımcının 'politikasına' yakın görüşleri olan kişiler tarafından yazılır. Tabiri caizse, bu yanlış bildirimin, her zaman kasıtlı olduğu söylenemez. Bir olayı herkes farklı yorumlayabilir.

Gazete muhabirleri de insandırlar ve bir olaya fiziksel olarak bile farklı yerden bakıyor olabilirler. (Örneğin, kaçışan bir kalabalıkla ilgili verilen haberin yorumu, o kalabalığın içinden sunulduğu zaman farklı, bir binadan izlenip sunulduğu zaman farklıdır.)

6. Bu temel görüşü kabul ederek, olayın kendisini sunmaya geçelim. Gazeteci sunmak istediği şeyleri not alacak, bilgisayarının başına geçecek ve meydana gelen olayı, kendi beyin süzgecinden geçirerek verecektir. Bu aşamada, olayı aktarırken üzerinde durulacak noktalar açısından kaçınılmaz olarak bazı hafif değişimler olacaktır.

Haberin gazetede basılacak hale gelmesi için yazıldıktan sonra tekrar tekrar tashih edilmesi ve gözden geçirilmesi gerekir.

Çok iyi niyetle hareket edilse bile tamamen tarafsız bir haber sunumunun neredeyse imkânsız olduğu görülecektir. Bu yüzden gazeteler, dergiler ve mecmualar eleştirel bir gözle okunmalı ve verdikleri haber radyo, televizyon ve internet gibi kaynaklardan kontrol edilmelidir.

7. 1'den 6'ya kadar olan aşamaları özümsedikten sonra şimdi aşağıdaki noktaları takip ederek gazete okumanızı çok daha verimli hale getirebilirsiniz:
(a) Gazete okuma nedenlerinizi belirleyin ve okuma amacınızın dışına çıkmamaya gayret gösterin.
(b) 9. Bölümde gösterilen teknikleri kullanarak sayfalara ve makalelere gözatın ve bunları tarayın.
(c) Baştan sona kadar bir yönlendirici kullanın.
(d) Gözatma ve tarama yaparken ilgilendiğiniz bölümleri işaretleyin.
(e) İlginizi çeken ve sonra da kullanabileceğinizi düşündüğünüz makaleleri kesin.
(f) Gazetenin kalan kısmını mümkün olduğunca çabuk çöpe atın!
(g) Yeni önemli bir bilgiyi veya günlük, haftalık veya yıllık temele dayandırılan bir bilgiyi Zihin Haritası kullanarak kaydedin.

DERGİLER

Dergiler birçok açıdan gazeteye benzerler ve bu bölümde gösterilen yöntemler dergilere de uygulanabilir. Bununla birlikte, dikkate alınması gereken önemli farklılıklar da vardır.

- Dergilerdeki makaleler genellikle gazetelerdekilerden daha uzundur.

- Dergilerde daha fazla ve daha renkli resimler vardır.

- Dergiler gazeteler gibi sıkı bir zaman tablosuna göre çıkarılmadıklarından daha düzensizdirler.

Bu farklılıklardan dolayı, bir dergi makalesindeki mantıksal yapıyı anlamak genelde kolaydır. Gerçekten, çoğu dergi yazarına "okuyucularına ne söylemek istiyorlarsa söylemeleri ve sonra ne söylediklerini anlatmaları" öğretilmiştir.

Bu yüzden dergi makalelerinin çoğu 'alaycı' veya 'sataşan' bir ifadeyle başlar ve hemen arkasından makalenin amacını belirten ikna edici ifade gelir. Bütün bunlar 'onlara ne söyleyeceğinizi anlatın' talimatına uygundur.

Sonra makalenin gövdesi gelir. İyi bir makale gövdesinde mantıklı fikirler, resimler, fotoğraflar ve yazarın düşüncesine katılmanız için gereken diğer çizimler olur. 'Onlara anlatın' budur.

Makalenin sonunda 'tepe noktası' vardır. Bu bölümde yazar esas tezi birleştiren dramatik veya 'vurucu' bir son kullanır. 'Onlara ne söyleyeceğinizi anlatın' da budur.

Bu formülün 225. sayfadaki 'öğrenme esnasında hatırlama eğrisine' ne kadar yakın olduğunu anlayacaksınız. (Ayrıca bkz. *Aklınızı ve Hafızanızı Kullanın.*)

Bu yapıyı bilmek size bilgiye ulaşmak için tam olarak nereye bakacağınızı öğrenmenizi ve tüm dergi makalelerini çok daha etkili bir şekilde taramanızı sağlayacaktır. Bunu yaparsanız taramanız çok daha kolaylaşacaktır.

Dergi Arşivinin Olması

Dergilerinize ulaşmanın en mükemmel ve zevkli yollarından birisi aylık 'dergi arşivi' hazırlamaktır.

Arşivleme, topladığınız her derginin her sayfasına hızla ulaşabilmek için dergilerinizi biriktirmektir.

Metronomunuzu dakikada en az altmış vuruşa ayarlamanız yararlı olacaktır. Sizin için bu alıştırmanın amacı, sizin ilginizi çeken sayfaları seçmektir. Bu sayfaları hemen yırtar ve metronom temponuzda ilerlemeye devam edersiniz. Seçtiğiniz sayfalarda kesinlikle ilginizi çeken makaleler olmalıdır. Bu sayfalarda hoşunuza giden fotoğraflar, görüntüler, karikatürler veya bir reklam vb. şeyler olabilir. Bütün bunları yapmak arşivinizin temiz bir yığın olmasını ve gerekli olmayan hiçbir şeyin yer almamasını sağlar.

Buzan Merkezi İleri Okuma Kursları'nda şaşırtıcı bir istatistik ortaya çıktı: Yüzde doksan dokuzdan fazla öğrencide, ilk okumadan sonra akılda kalan yüzde 2 ile 10 arasında değişmekteydi. Bazı öğrenciler okunması gereken dergilerden bir anda kurtulmanın verdiği hafiflikle dergilerini sınıfın ortasına atarak neşeyle bağırdılar!

Konuyla ilgili materyali seçtikten sonra, ikinci kez, uygun kategorilere ayırarak okuyun. Aynı okuyucu kitlesine hitap eden dergilerin benzerliği nedeniyle, birçok makalenin benzer konulardan bahsettiğini göreceksiniz ve buna bağlı olarak sizin okuma hızınız daha da düşecektir. Okurken size hoş molalar verdirecek güzel görüntüler veya nükteli karikatürler de okuduğunuz materyalin arasına serpiştirilmiş ya da ayrı bir bölümde verilmiş olabilir.

Bu yöntem aslında okunması gereken derginin yüzde birini teşkil eder geriye kalan yüzde 99 yine çaba gerektirir! Dergi arşivinizi tamamladıktan sonra, biriktirmek istediğiniz kalan materyalleri de bilgi dosyanıza ekleyebilirsiniz – bkz. 21. Bölüm

BİLGİSAYAR EKRANLARI

İki değişkenin uygun hale getirilmesiyle bilgisayar ekranları çok daha rahat ve kolay okunabilir: ortam (özellikle ışıklandırma) ve okuma tekniği.

Bilgisayar Ortamınızı Geliştirmek

1. *Işıklandırma*: Farklı ışıklandırma türleriyle deneme yapın. Rahatsız etmeyen, pürüzsüz ve göz kamaştırmayan bir ışığa ihtiyacınız olacaktır. Uygun olmayan bir ışıklandırma okuma hızınızı yüzde elli oranında düşürecektir, bu yüzden ışıklandırmayı ihtiyacınıza göre ayarlayın.

2. *Kontrast*: Yüksek kontrast okumanızı kolaylaştırır dolayısıyla, anlayışınız ve hızınız artar. Farklı kişiler yazı ve fon için farklı renk kombinasyonları kullanırlar dolayısıyla, sizin için en uygun olanı bulmalısınız. En çok kullanılanlar arasında beyaz zemine siyah yazı, siyah üzerine portakal rengi yazı ve beyaz üzerine deniz mavisi vardır. Tercihiniz ne olursa olsun, mümkün olan en iyi yazım netliğine ulaşıncaya değin ekranınızın kontrast ve ışığını ayarlayın. Eğer ofisinizin ışığı yerine göre farklılaşıyorsa ekranınızın kontrastını da ona göre ayarlayın.

Hızlı Okuma Tekniklerinin Bilgisayar Ekranında Uygulanması

1. *Bir Yönlendirici Kullanın*: Uzun ince bir yönlendirici, özellikle uzun bir çubuk veya örgü şişi bilgisayar ekranını okurken çok yararlı olabilir. Bu ekranı daha rahat ve gerekli bir mesafeden okumanızı sağlayacaktır. Bu teknik kitap sayfası okumayla aynıdır.

Yönlendiriciyi bilgisayar imleci gibi de kullanabilirsiniz. 'Aşağı' okuna basın, sayfalar uygun bir hızda aşağı ve yukarı aksın. Duruş şekliniz de uygunsa yönlendirici kullanmayan birisine göre kendinizi daha rahatlamış ve huzurlu hissedeceksiniz.

Bu tekniği kullanmakla bilgisayar okuyucularının çektiği göz yorulması, boyun, bel, omuz tutulmaları gibi rahatsızlıkları en aza indireceksiniz.

Her on-onbeş dakikada gözünüzü monitörden uzaklaştırmalı, uzak noktalara bakmaya çalışmalısınız. Böylece gözleriniz dinlenecek ve göz yorulmasına maruz kalmayacaksınız.

2. *Doğru harf stilini seçin*: Modern bilgisayarların çok sayıda harf stili vardır. 'Standart' bir tanesine saplanıp kalmayın. Göz/beyin sisteminizin kolayca özümleyebileceği bir harf stilini kullanın.

3. *Uygun satır aralığı seçin*: Bilgisayarınızın çok çeşitli satır aralığı seçenekleri vardır. Size en uygun olanını seçin. En çok kullanılan tek satır aralıklı olanıdır çünkü büyük miktarda bilgiyi ekrana yerleştirebilirsiniz.

Çok uluslu organizasyonların yönetici sekreterleri için verilen Avrupa Yönetim Merkezi kursunun raporuna göre günümüzün yüzde yirmi ile altmışını bilgisayardan veya bilgisayar çıktısından bir şeyler okumaya harcamaktayız. Rapora göre, fakslanan veya e-posta olarak gönderilen miktarın artmasıyla bu yüzdeler gün geçtikçe artmaktadır. Bu yüzden modern ofislerde hızlı okuma ihtiyacı daha da büyüktür.

Yukarıda anlatılan bilgisayarda hızlı okuma yöntemleri bilgisayar monitörünü okuma hızınızı en azından üç kat artıracaktır. Bu ekran başında geçireceğiniz saatlerin azalması, dolayısıyla gözünüzün daha da az yorulması demektir.

ÖZET

Gazete, dergi ve bilgisayar ekranı okuması uygun hızlı okuma tekniklerini bilip uyguladığınız takdirde zevkli, eğlenceli ve verimli hale gelebilir.

GÖZATILMASI GEREKEN ÖNEMLİ NOKTALAR

1. Gelecek ay daha önce okuduğunuz gazeteden farklı bir veya iki gazeteye abone olun ve ay boyunca gazete okuma tekniklerinin *tümünü* uygulayın.
2. Aylardır (belki de yıllardır!) okunmayı bekleyen dergilerinizin arşivini yapın. Eğer dergileriniz bu durumda değilse önümüzdeki haftalarda ilginizi çeken dergilerden alın ve arşivleyin.
3. Önümüzdeki bir kaç gün içinde bilgisayar ekranında okuma tekniklerini bir bilgisayarda uygulayın.

SONRAKİ BÖLÜM

Hızlı okuma ve bilgiyi özümseme yeteneğinizin artmasıyla; gazetelerden, dergilerden, bilgisayar ekranından bilgi seçme, seçtiğiniz bilgileri düzenleme yeteneğinizin gelişmesiyle büyüyen bilgi birikiminizi kendi kişisel kütüphanenizde sağlıklı bir şekilde saklayabilmek çok önemli hale gelmiştir. Bundan sonraki bölüm bu işi nasıl yapacağınızı göstermektedir.

BÖLÜM 21

Bilgi Dosyanızın Oluşturulması – Beyninizin Dış Bilgi Bankası

Bilgi bir şeydir; sistemli bilgi ise her şeydir.

ÖNSÖZ

Hızlı Okuma Kitabı'nın bu bölümünde öğrendiğiniz becerilerinizi kullanabileceğiniz kendi **Bilgi Dosyanızı** – 'bilgi bahçenizi' oluşturmak için hazırsınız.

BİLGİ DOSYANIZI OLUŞTURMAK

Bilgi Dosyanızı oluşturmak için standart bir 500 sayfalık telli bir dosyaya ihtiyacınız olacaktır. Bu dosyanın içinde ilgi alanlarınızın her biri için bölümler olmalıdır. Sorgulayıcı beyninizin kendi yarattığı imge olan bir Zihin Haritası kullanarak bunlara kolayca ulaşabilirsiniz. İlgilendiğiniz tüm alanlara ilişkin bir Zihin Haritası yapın. Zihin Haritanızın ana bölümleri size özel ilgi alanlarınızın ilk ve yeterli tanımını sağlayacaktır.

BİLGİ DOSYANIZI SAKLAMAK

İlgi alanlarınızı belirledikten sonraki adım, dosyanın her bölümüne bilgi yüklemesi yapmaktır. Bunu, ilgi alanlarınızla ilgili şeyleri okurken ve çalışırken oluşturduğunuz özet Zihin Haritalarını dosyalayarak ve özellikle gazete ve dergilerinizi okurken seçtiğiniz makaleleri saklayarak yaparsınız. (bkz. 20.Bölüm)

BİLGİ DOSYANIZI YÖNLENDİRMEK

Zamanınızı, bilgi dosyanızı ve kendinizi etkili ve düzenli bir şekilde kontrol altına almak önemlidir. Bunu yapmanın bir yolu bir ilgi alanında bir aylık bir süre içerisinde uygun bilgi ve makaleleri seçmek ve bu bilgiyi bir kitap veya kitapçık halinde hazırlamaktır. Bir ayın sonunda bunu bir kitap gibi okuyun. Okuma hızı becerilerinizi Zihin Haritası Organik Çalışma Tekniği (bkz.19.Bölüm) ile birleştiriniz, bu sayede okuma etkinliğiniz birkaç yönden artacaktır. İlk olarak, her makaleyi okurken benzer şekilde yönlendirilen bir zihin kümeniz olacaktır; ikinci olarak, tüm bilgiyi toptan dikkate alabilme yeteneğini elde edeceksiniz; ve üçüncü olarak, yayınlanan birçok 'farklı' makale benzer şeylerden bahsettiği içih tekrarlanan alanları şöyle bir tarayarak harcayacağınız emeğin büyük kısmının size kalmasını sağlayabilirsiniz.

BİLGİ DOSYANIZIN ZİHİN HARİTASININ ÇIKARILMASI

Bilgi dosyanızı bu yöntemlerle okurken, genişleyen bilginizin Zihin Haritası özetlerini geliştirmeye devam edin. Süregelen bu gözden geçirme ve bütünleşme işlemi size sadece materyali daha iyi anlama yetisi değil aynı zamanda materyali daha doğru hatırlama becerisi kazandıracaktır. Bu birleştirme sizi sonraki bölüme götürecek: Ana Zihin Haritası.

Ana Zihin Haritasında, verilen her bilgi alanının ana unsurlarını özetlersiniz. Bu, beyninizin muazzam büyüklükteki bilgi bankasına ulaşmakta kullandığı 'Ana Şifre' dir. Ana Zihin Haritanız gelişirken, sınırları diğer nesnelerin sınırlarıyla bağlantıya geçmeye başlayacak ve bildiğiniz şeyler daha fazla şey öğrenmek için size birleştirici bir destek sağlayacaktır. Farklı ilgi alanları daha karmaşık bir şekilde birbirine bağlanmaya başlayacak ve sonunda siz çok yönlü genel bilgiye sahip olacaksınız. Bu olurken, öğrendikçe öğrenmenin kolaylaştığını farkedeceksiniz.

ŞAŞIRTICI BİR BİÇİMDE KÜÇÜLEN BİLGİ DOSYALARI?!

Bilgi dosyalarını ve Ana Zihin Haritalarını geliştiren ben ve öğrencilerim iki-beş yıl sonra olağanüstü birşeyin farkına vardık – Bilgi Dosyalarımız gerçekten küçülmeye başladı.

Bunun nedeni bilgi temelinizin büyümesine bağlı olarak ek bilgiyi hatırlama ve birleştirme yeteneğinizin de aynı oranda gelişmesidir.

Bilgi Dosyanızı beslemeye devam ettikçe, bir zamanlar 'önemli' addettiğiniz makaleleri saf dışı bırakabiliyorsunuz. Bu yüzden Bilgi Dosyanız, özel ilgilerinizin temellerinin yoğunlaştırılmış, düzenli ve değişmeyen özetleri haline gelmektedir. Böylece siz Usta Öğrenci durumuna gelmiş olacaksınız.

GÖZATILACAK ÖNEMLİ NOKTALAR

1. Bilgi Dosyanızı oluşturun, geliştirin ve kullanın.
2. Son deneme sınavına ve tam hızlanmaya hazırlanırken yönlendirici tekniklerini kullanın.
3. Son Zihin Haritanıza hazırlık için yönlendiricinizi kullanarak *Hızlı Okuma Kitabı*'nı tekrar gözden geçirin.

SONRAKİ BÖLÜM

Son iki bölüme ve son deneme sınavına geçiyoruz.

BÖLÜM 22

Edebiyat ve Şiirden Tam Anlamıyla Yararlanma

Neden edebi eserleri ve şiirleri okuruz? Çünkü, tarihin büyük dehaları bize hayal, fantazi, fikir, felsefe, komedi ve macera dünyasına giden yolun basamak taşlarını bırakmışlardır; çünkü, edebi eserleri okuyarak kendi tarihsel ve kültürel bilgi bankamıza bilgi katarız; çünkü, bu eserler bizim ruhumuzun besinidir.

ÖNSÖZ

Edebiyat, insanın yaratıcılığının en büyük ifadelerindendir. Bu bölümde, size insan yaratıcılığını kelimenin tam anlamıyla anlayabilmeniz için gereken en temel araçlar verilecektir.

Roman güçlü kavramsal bir başarıdır ve bunu tam anlamıyla anlayabilmeniz için şu noktaların bilincine varmanız gerekir: **olay örgüsü, tema, felsefe, görüş, karakter gelişimi, ruh hali ve ortam, yer, zaman, söz sanatları, sembolizm** ve **dilin kullanımı.** Aynı şekilde, şiiri anlamak için de şiirin içindeki farklı anlam aşamalarının bilincine varmanız gerekiyor.

Bu unsurları ne kadar iyi anlarsanız okuma hızınız ve anlama düzeyiniz de o derecede artar. Okulda veya üniversitede edebiyat okuyorsanız, aşağıdaki bakış açıları analiz edilecek kadar önemli gelmeyebilir. Bu ipuçları size Zihin Haritası notlarınız için en uygun ana bölümler ve makale ve sınavlarda güzel başlıklar sağlayacaktır.

GİRİŞ

Birçok insan bir romanı hızlı okuyamayacağınızı çünkü, hızlı okursanız dilin anlamını ve ritmini kaybedeceğinizi iddia ederler.

Bu iddianın gerçekle hiçbir ilgisi yoktur.

Roman okyanusa benzetilebilir. Kıyıya vuran ufak dalgalar aslında sıradan dokuz dalga boyundaki dalgalarca taşınırlar. Bu dalgaların kendileri dokuz dalgayı taşıyan dalgalarca taşınırlar ve bu daha büyük dalgalar da dokuz dalgayı taşıyan dalgalarca taşınırlar. Okyanustaki bazı dalgalar millerce uzunluktadır.

Bu olay romana benzer. Dilin ritimleri yüzeydeki dalgalara benzetilebilir. Daha büyük diğer ritimler romanın daha derin unsurlarıdır. Hızlı okuyucu tüm bunları anlayabilir.

EDEBİYATIN ÖGELERİ

Olay Örgüsü

Olay örgüsü romandaki olayların temel yapısıdır; dilerseniz siz buna olay sıralaması da diyebilirsiniz. Bu betimsel yazılarda göreceli olarak daha önemsiz bir rol oynayabilmekle birlikte cinayet veya giz romanlarında önemli bir rol oynayabilir.

Tema

Tema olay örgüsüyle ilgili bir konudur. Örneğin, Victorian ailesinin tarihiyle ilgili bir roman dizisi olan *The Forsyte Saga* romanında yaratıcılığa karşı kapitalizm, muhafazakarlığa karşı liberalizm, bireyselliğe karşı konformistlik veya zenginliğe karşı fakirlik düşünülebilir. Romanlarda genellikle asıl temaya paralel olan yan-temalar bulunur. Yan temalar genelde daha önemsiz olan aşk ilişkilerini ve ikincil karakterleri konu alır.

Felsefe

Felsefe, eylem dünyasını yönlendiren fikirler sistemidir ve genelde yazarın kitabın temaları hakkında yaptığı yorumlar olarak görülür. Romanlarında felsefi konular olan romancılar arasında Dostoyevsky, Dickens, Sartre ve Thomas Mann gibi romancılar bulunur.

Bakış Açısı

Yazarın yazdığı konu hakkındaki bakış açısını veya kişisel duygularını belirtmesi olmazsa olmaz bir şart değildir. Olayları betimlediği fiziksel bakış açısı daha çok görülür. Yazar örneğin, her şeyi bilir, olaylardan ayrı durur ve betimlediği olayın geçmişini, şimdiki halini ve geleceğini irdeler. (Henry James gerçek temsili gölgelediği için bu metodu terk etmeyi savunmuştur.)

Her şeyi bilen bu bakış açısına karşıt olarak, Nabakov'un *Lolita* adlı romanında ve Hammond Innes'in macera romanlarında yaptığı gibi, yazar kendini roman kahramanının yerine koyabilir (yazar kitapta 'ben' konumuna geçer)

Karakter Gelişimi

Karakter gelişimi, hikâyedeki kahramanların yaşadıkları değişimlerle ilgilidir. Karakter, Ian Fleming'in James Bond'unda olduğu gibi tüm roman dizisi boyunca hiç değişmeyebilir veya Zola'nın *Germinal*'inde Etienne'nin asi gençliği ateşlemesi ve olgun bir adam haline gelerek kendini davasına adaması gibi uç sayılabilecek değişimler gösterir. Karakter gelişimi, ayrıca yazarın karakterlerin fiziksel, ruhsal yapılarını veya hareketlerini tasviriyle, yani karakterleri nasıl sunduğuyla da ilgilidir.

Ruh Hali ve Atmosfer

Bu iki terim yazarın, okuyucunun duygusal tepkisini yansıttığı ve düşselliğin veya gerçekliğin anlamını çağrıştırdığı anlatım tarzıyla ilgilidir. İki terim birbirinden farklı olmasına rağmen, bazı kişiler bu iki terimden yalnızca birini kullanmayı tercih ederler: ruh hali, bireyin, yazının bir bölümünde verdiği reaksiyon olarak tanımlanabilir. Örneğin, Edgar Allen Poe'nun hikâyelerindeki atmosferin tehditkar ve iğrenç olarak tanımlanabilmesine rağmen okuyucuların ruh hali korkmuş veya neşeli olabilmektedir.

Ortam

Ortam olayların geçtiği fiziksel yer ve zaman aralığıdır. Çünkü, ortam genellikle oldukça açık durumdadır ve yeterince önemsenmez – dahası, yer ve zamandaki en ufak değişimlerin olay örgüsü, ruh hali, atmosfer ve söz sanatlarında büyük etkisi vardır.

Söz Sanatları

Söz sanatları, nesnelerin ve kişilerin yaratıcı veya düşsel bir dille tarif edildiği teşbih ve mecazın kullanımı olarak tanımlanır. Sör Walter Scott *The Heart of Midlothian* adlı kitabında Edinburgh şehrini "İskoçya'nın çarpan kalbi"; ve Dickens, *İki Şehirn Hikâyesi* adlı eserinde 18 yıl boyunca canlı gömülü kalan bir mahkumun ortaya çıkarılmasını anlatırken ölümün ve gömülmenin görüntülerini kullanır – ağır dumanları, kadavra renklerini ve kurumuş kafataslarını çok güzel betimler. Karanlık ve gölgeler betimlemeye hakimdir.

Sembolizm

Basitçe anlatmak gerekirse, sembolizm, bir şeyin başka bir şeyle temsil edilmesidir. Freud'un teorilerinin yayımlanmasından sonra sembolizm cinselliğin yeniden vurgulanmasıyla edebiyatta önemli hale gelmeye başlamıştır. Herhangi bir çıkıntılı nesne, örneğin, bir silah veya bir ağaç erkek cinsel organlarını sembolize etmesi için kullanılabilir; dairesel veya çukursal bir nesne de, örneğin, bir kutu veya daire şeklinde bir havuz dişi cinsel organlarını sembolize etmek için kullanılabilir. Sembolizme en güzel örneklerden birisi *İki Şehrin Hikâyesi*'nde bir fıçı kırmızı şarabın dökülmesidir. Gözü dönmüş açlığı temsil eden ve zevkle içilen bu çamurlu halk içkisi daha sonra Fransız Devriminde kan dökülmesiyle sonuçlandı. D.H. Lawrence'ın *The Fox* isimli eserinde iki kadının içinde yaşadığı donmuş çöpler, onların soğukluğunu temsil ederken erkek karakterin bir tilkiyi vurması (tilki, genel erkek 'tehdidini' sembolize ediyor) onu üstün erkek konumuna getirmektedir.

Sembolizm verilen bu örneklerden daha kapalıdır ve bunu anlayan okuyucu, edebiyatın tam anlamını bütünüyle kavrayabilen birkaç kişiden birisi olabilir.

Dilin Kullanımı

Yazarın dilin kullanışı, Hemingway'in kaba erkeksi stilinden Nabakov'un şiirsel ve akıcı nesirlerine kadar değişiklik gösterir. Bir yazarın kullandığı dil her zaman ortaya çıkar ve dikkat ederseniz eserin ruh halinin ve anlamının derinliğine erişebilirsiniz.

Romanın bu noktalarıyla ilgili yazarken her öğeyi ayrı ayrı yorumladım ama bu unsurların ayrılmaz bir şekilde birbirine bağlı olduklarını da unutmamak gerekir. Hikâyenin yer ve zamanı sembolik olabilir – ve diğer unsurları da. Edebi bir eseri okurken, bütün bu unsurların aralarındaki ilişkinin farkında olmaya çalışın.

Şiir

Birçok insan şiirin çok yavaş okunması gerektiğine inanır. Konuşma hızımız dakikada 200 kelime kadardır ama birçoğumuz şiiri dakikada 100 kelimeden yavaş okumaya meyillidir. Şiiri yavaş, ağır aksak okumak şiirin doğal ritmini yok ettiği için şiiri gerçekten anlamayı güçleştirir ve buna bağlı olarak anlamın çoğunu okuyucudan gizler. Bu hata, okullarda mısranın anlamı sanki sondaymış gibi okuyan öğrencilerin hatalarını düzeltmeyen öğretmenler tarafından daha vahim şekilde devam ettirilmektedir. Genelde durum böyle değildir. Tecrübeli şairler anlamın mısraların arasında akıp gitmesi gerektiğine inanırlar.

Şiiri okumanın en iyi yolu şöyledir:

1. Şiirin neden bahsettiğini anlamak için çok hızlı bir şekilde gözden geçirin.
2. Daha sonra, mısraların birbirleriyle ilişkisinin tarzını ve düşüncelerin ve ritmin aralarındaki bağlantıyı anlamak için hızlı ama daha kapsamlı şekilde bir kere daha okuyun
3. Şimdi özel olarak ilgilendiğiniz bölümlere odaklanarak şiirin içinde sakin bir gezinti yapın.
4. Şiiri yüksek sesle okuyun.

Şiire ve edebiyata gelince, son analiz hızı genellikle önemsizdir. Özellikle, müzik dinlerken hızın pek bir önemi kalmıyor gibi görünür. Birisi Beethoven'ın Beşinci senfonisini yalnızca bir kere dinleyip sonra bir kenara atıp "Evet, dakikada ortalama 33 ritim hızında dinlemeyi başardım!" diye zafer çığlıkları atamaz.

Edebi eserleri ve şiirleri okurken, onların kendi bilginizle ve kişisel yargınızla bağıntılı olmasını dikkate alın ve sonsuza kadar saklamak istediğiniz bir eser olduğuna karar verirseniz, hızlı okumayı boşverin ve boş zamanlarınız için saklayın.

ÖZET

1. Roman, okyanusla kıyaslanabilir – bir çok anlam aşaması vardır ve her aşamaya farklı bir yöntem ve farklı bir hız düzeyi uygunlanabilir.
2. Tüm unsurları birbiriyle bağlantılıdır.
3. Roman gibi şiir de aşamalar halinde okunmalıdır ve çoğu insanın düşündüğünden hızlı okunmalıdır.

GÖZATILACAK ÖNEMLİ NOKTALAR

1. Bir şiir kitabı bulun ve tarif edilen yöntemle okuyun. Yönteminiz, şimdiye dek öğrendikleriniz arasında en uygun görünen yöntem olmalıdır. Şimdi materyale uygulayacağınız yöntemle ilgili kararları vermeye başlamalısınız.
Bu kararları verirken, değişmeden kalması gereken noktalar vardır. Bu noktalar arasında, yönlendirici kullanmanız, okumaktaki hedefinize odaklanışınız ve anlama düzeyinizi geliştirirken okuma hızınızı artırmayı sürdürmeniz sayılabilir.
2. En sevdiğiniz yazarlardan birinin romanını seçin, şu ana kadar öğrendiğiniz tüm hızlı okuma yöntemlerini kullanın. Gözden geçirin, Zihin Haritası yapın, baştan sona kadar yönlendiricinizi kullanın ve romanın unsurlarına göre analiz edin.

3. Aşağıdaki şiirleri yukarıdaki formülü uygulayarak okuyunuz. Bu şiirlerle ilgili ipucu vermek gerekirse, birinci şiirin 4. Bölümle güçlü bir bağlantısının olduğunu, ikinci şiirin ise süregelen hızlı okuma temasıyla, göz/beyin algılama sistemiyle ilgili olduğunu söyleyebiliriz. Yazar sizin yorum ve açıklamalarınızı takdir edecektir.

Şaşkına Dönmüş

Bin Kelimeye Değer Bir Resim.

Şimdi anlıyorum ki, üç yüz milyon retinal ışık alıcımın
her biri, saniyenin beş yüzde birinde,
bir milyar iki yüz milyon fotonu algılıyor

Her saniye senin beş yüz gerçek
fotoğraf kareni...

Şaşkın
bakıp kaldım

ve sen
uzaklarda bir yerlerden soruyorsun:

"Ne düşünüyorsun?"

"Neden benimle konuşmuyorsun?"

Uçurum ve Adam

Uçurumun kenarı el ediyor
yanında yürümesini,
kenarında durmasını
istiyor ondan;

ama adam Onu aldattı,
usulca yaklaştı
ve eğilip
vücudunu kaydırdı;
görüşünü değiştirdi.

Ve o, gülerek onu boşluğunda
yüzdürdü,
düşüncelerinin örgülerini
derinliğinin yosunlu kayalarına
sürükledi,

SONRAKİ BÖLÜM

Bir bölüm kaldı! Şimdi, hızlı okumanın edebiyatı ve şiiri tam olarak değerlendirmede size ne kadar yardımcı olabileceğini öğrenmiş bulunmaktasınız. Son sınavınız sizi bekliyor...

BÖLÜM 23

Şu Ana Kadar Başardıklarınız – Geleceğe Yönelik Olağanüstü Olanaklar

Kendinizi yaratırsanız geleceğinizi yaratırsınız.

Okuma kursunuzun ilk aşamasının sonuna yaklaşıyorsunuz. Bu bölümle birlikte kitap tamamlanıyor. Sonraki bölümlerde, kitabı tekrar gözden geçirmeleriniz, keşfettiğiniz yeni becerilerinizin devam eden uygulamaları ve okuduğunuz ve hatırlamak istediğiniz tüm kitapların Zihin Haritaları yer alacaktır.

Bu noktada kitabın tümünü tekrar bir gözden geçirmek ve ana noktaların Zihin Haritalarını yapmak faydalı olacaktır. Size yardımcı olması için I. IV.V.VI.VII. Levhalardaki Zihin Haritalarını kullanabilirsiniz.

Hızlı okumanın tüm alanlarında başarınızın devam edebilmesi başladığınız kursa devam etmenize ve beyninizin okuma, özümseme, kavrama, hatırlama, iletişim kurma ve yaratma kapasitesine bağlıdır. Yöntemlerin sonsuz olduğunu bildiğimiz bir kapasiteden söz ediyoruz.

Bundan dolayı başarınız garantidir.

Son sınavınız size şaşırtıcı beyniniz hakkında daha fazla bilgi verecektir. Sınavdaki okuma parçasını okurken, *Hızlı Okuma Kitabı*'ndan edindiğiniz tüm bilgiyi hatırlamaya çalışın ve önceki performansınızından daha iyisini yapabilmek için elinizden geleni yapın. "Beyniniz – Büyüleyici Dokuma Tezgâhı" parçasını okurken, şimdi inanmaya başladığınızdan bile daha şaşırtıcı olduğunuzun farkına varacaksınız.

İyi Yolculuklar!

DENEME SINAVI 7: Beyniniz – Büyüleyici Dokuma Tezgâhı

İnsan Beyni ve Gücü

> *İnsan beyni, aniden parlayan milyonlarca mekiğin her zaman anlamlı bir desen dokuduğu büyüleyici bir dokuma tezgâhıdır. Kozmik dansa başlayan Samanyolu Galaksisi gibidir.*
>
> Sir Charles Sherrington

Beyni galaksi ile kıyaslamak aslında yalın bir benzetmedir. Gezegenimizdeki her insan, fazla üzerinde durup düşünmese de, üç buçuk librelik bir doku yığını taşır; ve dahası, her normal beyin evrendeki atomlardan daha fazla ara bağlantı kurabilir.

Beyin yaklaşık on milyar sinir hücresinden oluşur ve her birisi saniyede binlerce kompleks bağlantı kurabilir. Yalnızca matematikte bile bu karmaşıklık insanı hayretler içinde bırakır. Beyinde on milyar nöron vardır ve her biri 10^{28} bağlantı yapabilme potansiyeline sahiptir. Bu şu anlama gelir; eğer beyninizin bağlantı kurma potansiyeli yazılabilseydi 1 ile başlayıp on buçuk kilometre uzunluğunda sıfırla devam eden bir rakama ulaşırsınız.

Bütün bu potansiyele ve nöro-psikoloji alanındaki çok çeşitli ilerlemelere karşın en heyecan verici olan şey sizin beyninizdir. Hiç şüphesiz hepimiz beynimizi kapasitesinin altında kullanıyoruz. Gerçek bir insan beyni gören kiş sayısı çok azdır. Görenler de çok olağanüstü bir görüntüsü olduğunu söylemiyorlar.

Bir piyanistin ya da marangozun ellerine değer vermesi, bir boyacının ellerini sevmesi veyahut bir koşucunun bacaklarıyla daha çok ilgilenmesi anlaşılabilir. Ama nail ki bir piyano piyanistsiz bir anlam ifade etmiyorsa, beynimiz olmadan ellerimizin de pek değeri yoktur. Beyin gözle görülemediğinden gerektiği kadar önemsenmez. Her defasında yaşadığımız farklı tecrübelerimizde yaptığımız hep budur. Halbuki, onsuz hiçbir şey mümkün değildir ve biz bunu pek de aklımıza getirmeyiz.

Potansiyelini araştırmaktan çok hep farklılıklarını araştırdık. Beyin diye bir varlık olduğunu keşfettikten sonra onu geliştirmeye çalışmak yerine hep beyinlerimizin farklılıklarını ortaya çıkaracak araçlar geliştirmeye çabaladık. Bu yöntemi sadece eğitimde değil hayatımızın her alanında en kapsamlı ölçüt olarak kullandık. Biz, Amerikalı ya da Çinli, tahsilli ya da cahil, sanatçı ya da bilim adamı hepimiz bunu kullandık. Tabii ki farklılıklar vardır ve bunu tamamen reddetmek aptallıktır. Ama her beynin doğasında olan yetenek de önemlidir. Hakkında daha çok şey öğrendikçe görüyoruz ki her kafanın içinde kapasitesi sonsuza kadar geliştirilebilecek çok güçlü bir enerji santrali, küçük, etkili bir organ var.

John Rader Platt bu düşünceyi şöyle ifade eder:

> Eğer bu karmaşık varlık bir şekilde gözle görülebilecek bir parlaklık haline dönüştürülebilseydi, duyularımız onu daha net bir biçimde hissedebilecek, biyolojik dünya fiziksel dünyaya kıyasla ışık tarlası haline gelecekti. Devasa patlamalarıyla güneş, bir gül çalısına oranla çok soluk kalacak, bir kurtçuk deniz feneri kadar parlayacak, bir köpek bir şehri aydınlatabilecek ve insanlar fiziksel dünyanın gece karanlığında parlayan karmaşıklık güneşleri gibi olacaklardı. Birbirimizin gözlerini kamaştıracaktık. Arkadaşlarınızın başlarındaki ışık halkalarını görmüyor musunuz?

"Karmaşık varlık" burada sinir hücresi yani nörondur. Mikroskopla görülebilenleri bile oldukça komplekstirler. Nöronlar şekil itibariyle daha kompleks oldukları ve sinir uyarılarını ileten çok sayıda uzantıları olduğu için diğer hücrelerden çok farklıdırlar. Nöronlar sinir sisteminde büyüklük olarak çok farklılık gösterirler. Ayak veya el parmağından belkemiğine giden bazıları bir metre uzunluğunda bile olabilir. Örneğin beyin korteksindeki nöronlar bin kat daha küçüktürler.

Bir kasımızı hareket ettirmekten tutun da çok önemli bir konuyu düşünmeye kadar yaptığımız her şeyde karmaşık nöron işlevi vardır. Bununla beraber, faaliyetimiz ne olursa olsun yapılan işlem benzerdir ve nöronun heyecanlanması üzerine kuruludur. İşlem, elektro-kimyasal sinyallerin teker teker ve yavaş değil hızlı ve çok yönlü iletişim dalgası olarak bir nörondan diğerine akması şeklinde gerçekleşmektedir. Her nöronun kendine özgü kimyasal ve genetik bilgileri içeren bir ana gövdesi ve sinir sinyallerini yönlendiren bir aksonu vardır. Sinir hücrelerinde ayrıca çok sayıda sinir lifi bulunmaktadır. Bunlar duyu organlarından veya diğer sinir hücrelerinden gelen sinyallerin ve bilgilerin alıcısı durumundadır.

Sinyalin bir nörondan diğerine geçişinin meydana geldiği yer, bilginin mikroskobik bir boşluğa 'aktığı' bir kesişim noktası olarak tarif edilebileceği gibi içten yanmalı bir motorda buji veya distribütör noktalarına da benzetilebilir. Bu sürecin fizik ve kimyası çok karmaşıktır. Bu kesişim noktasında elektrik sinyallerinin iletilmesini sağlayan kimyasal maddeler ve sinyalin kolayca kabul edilmesini etkileyen bir eşik bulunmaktadır. Eşiğin alçalması sayesinde devre daha kolay işler. Eşiğin yüksek olduğu durumlarda sinyalin iletilmesi güçleşir.

Bir nörondan gelen sinyal, diğerleriyle oluşturduğu kesişimde bir hareketlenmeye neden olur ve hatta en basit zihinsel ya da fiziksel işlem, karmaşık bir şekilde akan iletişim ve işbirliği dalgalarının sinyallerini alan ve ileten yüzlerce nöronu kapsar. Saniyede yüz bin sinirsel mesaj normal bir rakamdır.

Bu yüzden tenis oynamaktan fatura ödemeye kadar yaptığımız ve tecrübe ettiğimiz her şey için bu karmaşık bio-elektrik işlem geçerlidir. Bu göründüğü kadar şaşırtıcı değildir. Biliyoruz ki gözler kendileri görmezler, onlar sadece lenstir. Kulaklar kendileri duymazlar, onlar konuşmayı sağlayan mikrofondur. Televizyonda kriket maçı izlerken oyuncuların kendilerini değil onların elektronik temsillerini görürüz. Canlı gördüğünüz kedi ile beyninizdeki kedi görüntüsü arasındaki şey bir dizi nöro-fizyolojik işlemdir. Tıpkı, gerçek kriket maçı ile televizyonda gördüğünüz görüntü arasındaki elektronik işlemler dizisi gibi.

Beyinlerimiz tam anlamıyla her şeydir. Biz onlara daha fazla şey verebiliriz, onlar karşılığını fazlasıyla verir. Beynimiz bizim gizli, sessiz silahımızdır. Eğer onun gücünü daha fazla kullanmaya başlayabilirsek gerçekten gözlerimizi acıtan ama kamaştıran bir ışık göreceğiz. Tekrar John Rader Platt'den alıntı yapacak olursak:

Günümüzdeki hassas ruhların çoğu insanı kahramanlık karşıtı; silah ve savaşların, hükümetlerin ve mekanizmaların ve ruh yıkıcı organizasyonların ve bilgisayarların çaresiz kurbanı olarak görüyor – gerçekte de öyle değil mi? İnsanın Dördüncü Kanununda da belirtildiği gibi, insan yapımı olan veya olmayan enerji kaynaklarının araştırılması sırasında insanın da gizemli ve elde edilmesi zor, kendi kararını kendisi verebilen ebedi bir varlık olduğu anlaşıldı. Karmaşıklığın feneri ve evrenin düzenleyeci çocuğu, ayakta kalmak, seçmek, hareket etmek, kontrol etmek ve var olmak için donatılmıştır.

****

Saatinizi Durdurun

Geçen Süre:......dakika

Sonra, okuma hızınızı, parçadaki sözcük sayısını (bu örnekte 943 sözcük), süreye (dakika) bölerek dakikada sözcük sayısı(dss) olarak hesaplayın.

Okuma Hızı Formülü

dakikada sözcük sayısı (dss) = sözcük sayısı/süre

Hesapladıktan sonra, bulduğunuz sayıyı paragrafın sonundaki dss için ayrılmış bölüme ve 273. sayfadaki İlerleme Tablonuza ve İlerleme Grafiğinize kaydedin.

Okuma hızı:.........

DENEME SINAVI 7: Anlama

1. İnsan beynini büyülü bir dokuma tezgâhı olarak tanımlayan kimdir?
(a) Sir Charles Sherrington
(b) Peter Russell
(c) John Rader Platt
(d) Isaac Newton

2. İnsan beyninin ağırlığı yaklaşık olarak:
(a) 2 _ Lb
(b) 2
(c) 3 _ Lb
(d) 3

3. Bir beyin için potanisyel bağlantı sayısı:
(a) 1010
(b) 1019
(c) 1028
(d) 1039

4. Beynin varlığını keşfettikten sonra tüm gayretimizi,
(a) beyni geliştirmeye adadık.
(b) beyinlerimizin aralarındaki farkları ortaya çıkaracak sistemler geliştirmeye adadık.
(c) beynin varlığını reddetmeye adadık.
(d) beyni yok etmeye adadık.

5. Beynin karmaşıklığını gözle görülebilecek bir parlaklık haline dönüştürüldüğünü varsayarak fiziki dünyayla karşılaştıran kimdir?
(a) Sir Charles Sherrington
(b) John Rader Platt
(c) Galileo
(d) Einstein

6. "Devasa patlamalarıyla güneş, bir .... oranla çok soluk kalacak"

7. Ve "bir köpek,"
(a) gül çalısı olacaktı.
(b) deniz feneri olacaktı.
(c) güneş olacaktı.
(d) şehir ışığı olacaktı.

8. "Karmaşık varlık" beynin temeli:
(a) sinir hücresi ya da nörondur.
(b) sinir lifleridir.
(c) aksondur.
(d) korteksti̇r.

9. Nöronlar diğer hücrelerden çok farklıdır çünkü,
(a) daha basittirler.
(b) şekil olarak daha karmaşıktırlar.
(c) daha büyüktürler.
(d) daha küçüktürler.

10. Nöronlar,
(a) bir santimetreye ulaşabilirler.
(b) bir inçe ulaşabilirler.
(c) bir ayağa ulaşabilirler.
(d) bir metreye ulaşabilirler.

11. Elektro-kimyasal sinyallerin iletişim dalgası olarak bir nörondan diğerine akması işlemi,
(a) teker teker ve yavaşça gerçekleşir.
(b) hızlı, çok yönlü iletişim dalgaları şeklinde gerçekleşir.
(c) ışık hızından daha hızlı bir şekilde gerçekleşir.
(d) yalnızca düşünürken gerçekleşir.

12. Akson,
(a) beyin hücresinden daha büyüktür.
(b) kavşağın ana bölümüdür.
(c) önemli sinir sinyallerini yönlendirir.,
(d) beyin hücresinin diğer bir adıdır.

13. Bu işlemlerin fizik ve kimyası çok basittir.
Doğru / Yanlış

14. Sinirsel 'mesajların' saniyedeki sayısı normal şartlar altında:
(a) 100 dür.
(b) 1000 dir.
(c) 10.000 dir.
(d) 100.000 dir.

15. İnsanın Dördüncü Kanunundan bahseden kimdir?
(a) Einstein
(b) Freud
(c) Platt
(d) Sherrington

Cevaplarınızı sayfa 271'dekilerle karşılaştırın.
Anlama yüzdenizi hesaplamak için doğru cevaplarınızın sayısını 15'e bölün ve çıkan rakamı 100'le çarpın.

Anlama yüzdesi: 15'te......
%.......

Şimdi elde ettiğiniz skoru, 273. sayfadaki İlerleme Tablonuza ve İlerleme Grafiğinize kaydedin.

Deneme Sınavlarının Yanıtları

DENEME SINAVI 1 (Zekâ Savaşı)

1 Yanlış
2 (c) % 40
3 (b) Dr Machado
4 Doğru
5 (d) analizle imgelemi
6 (a) ortaya bir imge yerleştirirsiniz
7 (b) dakikada 1000 kelimenin
8 (b) Digital and Nabisco
9 (c) Yunanlılar
10 (a) bilgilerin hatırlanmasında az bir yükseliş
11 (c) % 80
12 (c) bir trilyon
13 Yanlış
14 (a) normal, aktif ve sağlıklı bir beyindeki hücrelerin yaşlanmayla öldüğüne ilişkin herhangi bir kanıt bulunmuyor
15 (d) 90

DENEME SINAVI 2 (Sanat)

1 (b)) tarih öncesi dönemlerde
2 (c) İÖ 40,000-10,000
3 Yanlış
4 (c) dinle
5 (d) kalın çizgiler, düz renkleriyle
6 (b) sarıya
7 (c) Antik Roma şehirleri Pompei ve Herculaneum'da bulunan Eski Yunan resimlerinin kopyalarına
8 (c) Zengin Romalıların villalarında
9 doğru
10 (a) mozaikte
11 doğru
12 (d) 1100 yıl
13 (b) insan vücudunun gerçekçi tasvirinden kaçındı
14 (c) Cezanne

DENEME SINAVI 3 (Hayvanlarda Zekâ)

1 (a) birçok dili değişik lehçelerle konuşmaktadırlar
2 Yanlış
3 (b) su altında iletişim kurarken
4 (c) insanlara hiç saldırmamıştır
5 (d) dünyanın belli başlı tüm okyanuslarında rastlanabilir
6 Pod
7 (c) insanın duyma eşiğindedir
8 (c) 12
9 (b) kuşaktan kuşağa geçer
10 (d) asırlar

11 Yanlış

12 (b) üç boyutlu düşünebilme becerileriyle

13 (c) yoğunluklarına göre

14 Yanlış

15 (c) sesleri görebilmektedir

DENEME SINAVI 4 (Yalnız mıyız?)

1 (b) 80

2 (c)

3 Yanlış

4 (d) 10 milyar yıl önce

5 (a) Frank Drake

6 (c) Hercules

7 Doğru

8 (c) altı

9 (d) 304m (1000 feet)

10 (d)tümüne

11 (a) düzensiz ve rastlantısal

12 (c) doğduğundan beri âmâ

13 (b) Kent Cullers

14 Yanlış

15 İnsanlığımızı

DENEME SINAVI 5 (Bebek Beyni)

1 (b) Hücrelerin tamamı doğumdan önce oluşur.

2 (b) Çocuğun ana rahmine düşmesinden sekiz hafta sonra.

3 (c) Doğumdan on hafta önce.

4 (c) Yüzde 25'i

5 (c) % 50'si

6 (b) % 75'i

7 (b) % 90'ı

8 Doğru

9 (d) Bebekler dünyayı üç boyutlu olarak hemen algılarlar.

10 Anne sesine

11 (c) yüz resimleri

12 Yanlış

13 (d) Beyin hücreleri arasında daha fazla bağ vardır.

14 (a) beyin hamleleri sırasında

15 (c) Çocuğun mutluluğunu sağlamak ve isteklerini yerine getirmektir.

DENEME SINAVI 6 (Bilinçlenen Dünya)

1 (d) 15 milyar

2 (b) Şubat/Mart

3 (c) Eylül

4 (b) Ekim başlarında oluşur

5 (d) son günün son saatinde başlarlar.

6 (d) geceyarısından birbuçuk dakika önce gelişmeye başlar.

7 (c) geceyarısından bir saniyenin onda birinden daha az bir zaman önce

8 bezelye

9 doğru

10 (b)oksijen

11 fotosentez

12 (c) tehlikeden uzak durun

13 (a) değişiklik fırsatı

14Doğru

15 (c) kendi beyin ve akıllarımızda

DENEME SINAVI 7 (Beyniniz)

1 (a) Sir Charles Sherrington

2 (c) 3,5

3 (c) 1028

4 (b) beyinlerimizin aralarındaki farkları ortaya çıkaracak sistemler geliştirmeye adadık.

5 (b) John Rader Platt

6 gül çalısı

7 (d) ışık şehri

8 (a) sinir hücresi ya da nöron

9 (b) şekil olarak daha karmaşıktırlar

11(b) hızlı, çok yönlü iletişim dalgaları şeklinde gerçekleşir.

12 (c) önemli sinir sinyallerini yönlendirir.,

13 yanlış

14 (d) 100,000

15 (c) Platt

SÖZCÜK BİLGİSİ EGZERSİZLERİNİN YANITLARI

Bölüm 16

Alıştırma 1 (a)

1 l	2e	3 m	4f
5n	6g	7o	8d
9k	10c	11j	12b
13i	14a	15h	

Alıştırma 1 (b)

1 e	2i	3d	4n
5j	6f	7 k	8c
9a	101	11 g	12 o
13m	14h	15b	

Alıştırma 1 (c)

1 h	2a	3o	4b
5k	6c	7 n	8d
91	10m	11g	12j
13f	14i	15e	

Bölüm 17

Alıştırma 2 (a)

1 f	21	3k	4i
5e	6h	7d	8n
9m	10a	11i	12b
13g	14c	15o	

Alıştırma 2 (b)

1 o	2h	3a	4b
5 m	6n	7e	8d
9 j	10f	11g	12k
13 i	141	15c	

Alıştırma 2 (c)

1 o	2f	3c	4n
5 m	6i	7 k	8a

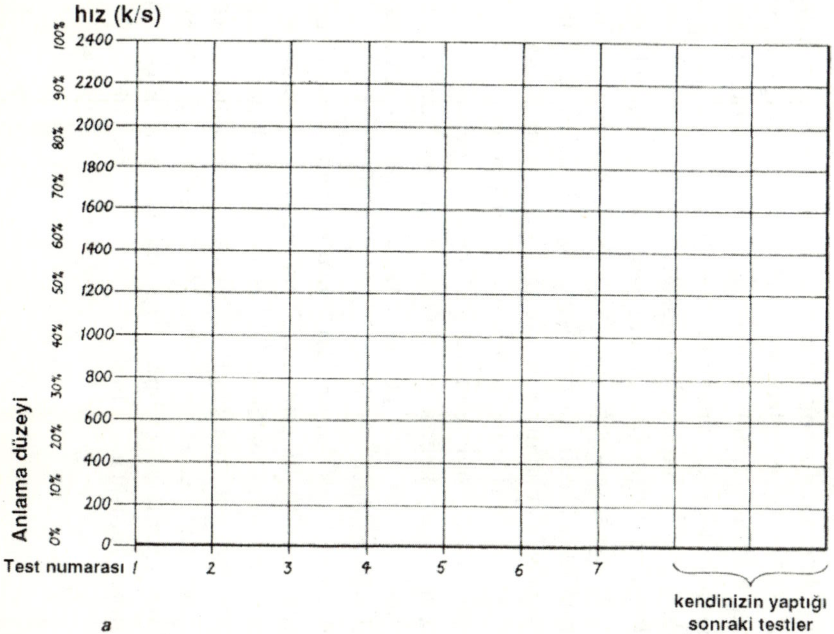

Okuma numarası	Süre (dakika-saniye)	Hız (k/s)	Anlama düzeyi (%)
1			
2			
3			
4			
5			
6			
7			
8			
9			
10			

b

a) İlerleme Tablosu b) İlerleme Grafiği
Hızınız için farklı, anlama düzeyiniz için farklı renkler kullanmanızı öneririz.

16. BÖLÜM EKİ: "KELİME HAZİNESİNİN GELİŞTİRİLMESİ" EGZERSİZİNİN TÜRKÇEYE UYARLANMASI

Hazırlayan: MÜMİN SEKMAN*

İngilizce ile Türkçe'nin dil yapıları arasında benzerlikler ve farklılıklar bulunuyor. Bu nedenle 16. Bölümdeki "kelime haznesinin geliştirilmesi" uygulamalarının bazıları Türkçe'nin gramer yapısına uymuyor. Özellikle kelime köklerine bakıldığında İngilizce'nin daha çok Latince ve Yunanca'dan beslendiği ya da etkilendiği görülecektir. Buna karşın Türkçe, daha çok Arapça, Farsça ve İngilizce'den beslenmiştir. Ayrıca Türkçe'nin baskın karakteri "sondan çekmeli" bir dil olmasıdır. Bu yönüyle de İngilizce'den farklılık gösterir.

Tony Buzan'ın kelime hazinesini genişletmek amacıyla geliştirdiği uygulamanın kelimelerin kök+önek+sonek ayrımına dayandığı görülmektedir. Buzan, hangi kelimenin hangi kökten geldiğini, kök anlamının ne olduğu, bu kökün önüne ya da ardına aldığı eklerle ne gibi anlamlara büründüğünü anlatıyor. Böylece hangi kelimenin "aslen" nereden geldiğini, nasıl değiştiğini, hangi kelimelerle köken itibariyle "akran" olduğunu anlatmak suretiyle kelime haznesini geliştirmeye çalıştığı gözlenmektedir.

Tony Buzan'ın metodunun "Türk usulü" versiyonunu kullanarak "maalesef" kelimesini inceleyelim. Bu kelimenin kökeni Arapça'dır. "maal" birlikte), "El esef " üzülmek demektir. İkisi bir araya gelince "maalesef" şeklindeki son halini almıştır. Bu bilgiden hareketle "maaliftihar" kelimesinin de anlamını çıkarabilir misiniz? Eğer bunu başarabiliyorsanız, Buzan'ın metodu işinize yarayacak demektir!

Kelime hazinesini geliştirme uygulamasının Türkçe versiyonunu hazırlarken Türkçe'nin yapısından hareketle önekleri ve sonekleri örneklendirmeye çalıştık. Bu suretle sizin kendi kendinize çalışabilmenizi sağlayacak örnekler sunmak istedik.

A. Ön ekler:

Öneklerden bazıları anlamı olumsuzlaştırırken bazıları olumlu halde getirir. Bazıları İngilizce'den bazıları Arapça'dan geçmiştir.

Türkçe'de kullanılan belli başlı önekler şunlardır:

Ön ek	anlama etkisi	örnek
1. (bi)	kelimenin anlamını tersine çevirir	bi-çare (çaresiz)
2. (na)	kelimeye "değil" anlamı verir	na-hoş (hoş değil)
3. (gayri)	kelimenin anlamını tersine çevirir	gayri-menkul (taşınmaz)
4. (a)	kelimenin anlamını tersine çevirir	a-sosyal (sosyal olmayan)
5. (anti)	kelimenin anlamını tersine çevirir	anti-demokratik (demokratik olmayan)
6. (sui)	kelimeye "kötü" anlamı verir	sui-istimal (kötüye kullanma)
7. (hüsn)	kelimeye "iyi, hoş" anlamı verir	Hüsnüzan (iyi niyet, hoş beklenti)
8. (post)	"ötesi" anlamı verir	post modern (modernizm ötesi)
9. (il)	kelimeye "dışı" anlamı verir	il-legal (yasa dışı)
10. (pür)	kelimeye "çok" anlamı verir	pür- dikkat (çok dikkatli)
11. (zi)	kelimeye "sahibi" anlamı verir	zi-şuur (bilinçli)

12. (mono)	kelimeye "tek başına" anlamı verir	mono-log (kendi kendine konuşma)
13. (maa)	kelimeye "birlikte" anlamı verir	maa(birlikte) el esef (üzülmek)
14. (bed)	kelimeye "kötü" anlamı verir	bed-baht (kötü bahtlı)
15. (pro)	kelimeye "ilk" anlamı verir	pro-aktif (ilk hareketi kendi içinden alan)

Cümle içinde kullanım örnekleri:

Sizce aşağıdaki cümlelerde boş bırakılan yerlere gelmesi gereken kelimeler nelerdir?

1. Hayat onu tozlu arazilere savurmuştu. Seçenekleri azalmış, sınırları daralmıştı. Ama o hala eğleniyor, başına geleceklerde .... bir halde yaşıyordu.
2. "Bu imkan ve şerait çok .... bir mahiyette tezahür edebilir." (Atatürk'ün gençliğe hitabesi)
3. Onun hayattan istediklerinin almak için .... yollara sapması kabul edilebilir bir davranış değildi.
4. Ülkemizde hukukun ve sosyal normların gücünü yitirmesi .... hali yaratmaktadır.
5. Onun sahip doğuştan olduğu hastalıklar .... haplar kullanmasını engelliyordu.
6. Onun hakkında yeterince bilgi sahibi olmadan yaptığın bu suçlayıcı yorumlar senin ...... içinde olduğunu gösteriyor
7. Yasaların seni koruması ve davalarını kazanman için .... sahibi olman şarttır.
8. ".............. bir kız sevdim. O beni hiç sevmiyor. Kalbimi ona verdim. Artık geri vermiyor!" (duvar yazısı)

9. Sistem için kabul edilebilir hale gelmelisin. Yaptıkların yasalara uygun olmalı. Yoksa niyetin ne olursa olsun .... faaliyetlerde bulunduğun düşünülebilir.

10. O gün çok mutluydum. Yaşadıklarımı .... başkalarına anlatıyordum.

11. .... herkes bilir ki, insan bilinci kendi gerçekliğiyle sınırlıdır.

12. Çok .... bir hayatı vardı. Öldüğünde resmi törenle gömüldü.

13. Onun .... ettiği bir oğlu vardı. Çünkü oğlu okulu birincilikle bitirmişti.

14. Kendisine yapılan bu haksızlığı hiçbir zaman unutmadı. Ama haksızlığı gidermek için hiçbir şey de yapmadı. Sadece .... etti.

15. Seri üretime geçmeden önce arabanın ....i üretilmişti.

Cevap olan kelimeler: 1. Bihaber 2. Namüsait 3. Gayrimeşru 4. Anomi 5. Antidepresif 6. Suizan 7. Hüsnüniyet 8. Postmodern 9. İllegal 10. Pürneşe 11. Zişuur 12. Monoton 13. Maaliftihar 14. Beddua 15. Prototip

B. Son ekler

Türkçe sondan eklemeli dil olduğu için herhangi bir sözlüğü alıp okumanız son ekleri tanımanız için yeterlidir.

Örneğin sözlükte "sakin" kelimesini bulduğunuzda bu kelimenin devamında yer alan "sakince", "sakinleme", "sakinlemek", "sakinleşme", "sakinleşmek", "sakinleştirme", "sakinleştirmek", "sakinlik", "sakin olmak" gibi kelimenin sonuna gelen eklerle meydana gelmiş kelimeleri de görürsünüz.

Kelimelerin sonuna geldiği zaman onun anlamını veya türünü değiştiren kelimeleri listelemeyi de deneyebilirsiniz. Örneğin "hane" ev demektir. Farklı kelimelerle birleşerek, o alandaki "merkezi kurumsal yapı"yı tanımlar. Örneğin "posta" kelimesiyle birleşerek "postahane" olur. Ders kelimesiyle birleşerek "dershane" olur. Kahve kelimesiyle birleşerek "kahvehane" olur.

Kelime haznesini geliştirmek için hayati derecede önemli olan noktalardan biri de gündelik dilde kullanılan yabancı kelimelerin Türkçe karşılıklarını bilmektir. Gazeteler "IMF revizyon istiyor" ya da "Mustafa Denizli takımda revizyon yapacak" gibi kelimeler yer alır. Eğer revizyon kelimesinin "gözden geçirme" demek olduğunu bilmiyorsanız mesajı tam olarak anlayamazsınız. Bu kelimeleri çoğu insan "anlar gibi olur" ama tam olarak Türkçe karşılığının ne olduğunu sorarsanız bilemez. Bu tür kelimelerin anlamını bilmeden kitap, gazete ya da dergi okumaya çalışmak "okur gibi yapmak" anlamına gelecektir. Türkçe, yabancı dil istilası yaşadığı için kelime haznesi geliştirme çalışmasının en önemli boyutlarından biri dilde yaygınlaşmaya başlayan yabancı kelimeleri öğrenmektir.

Futbol maçlarından örnekler verelim. Maç sunucusunun kullandığı kelimelerin çoğu İngilizce'dir ve dinleyenlerin büyük bir çoğunluğu anlatılanı tam olarak anladığını düşünür. "Goool" diye bağıran bir İngiliz spiker, İngiliz bir izleyici için "hedef" diye bağırmaktadır. Kanaatimce maç anlatımında kullanılan kelimelerin Türkçe anlamı bilinse muhtemelen maçlar daha "anlamlı" olacaktır. Türk dil kurumunun "yabancı kelimelere Türkçe karşılıklar" önerisinden futbol ile ilgili kelimeleri ve Türkçe karşılık önerilerini inceleyelim.

Futbol "ayak topu" demektir.
Markaj "tutma" demektir.
Asist "yardım, yardımcı" demektir.
Defans "savunma" demektir.
Demarke durum "boşta olma durumu" demektir.
Depar "çıkış" demektir.
Deplase olmak "yer değiştirmek" demektir.
Dinamo "sürükleyici" ya da "güç kaynağı" demektir
Doping "uyarıcı" demektir.
Ent "elle oynamak" demektir.
Final (karşılaşması) "sonuç" demektir.
Frikik "serbest vuruş" demektir.
Handikap "engel" demektir.
Hat-trick "üçleme" demektir.
Holigan "serseri", "hayta" demektir.
Kondisyon "güç" demektir.
Korner "köşe" demektir.
Ofansif "hücuma dayalı" demektir.
Skor "durum", "sonuç" demektir.
Libero "son adam" demektir
Stoper "durdurucu" demektir.

Aşağıda Türkçe'de, gündelik konuşmalardan sık sık kullanılan kelimelerin bir listesi sunulmuştur. Bu kelimelere Türk dil kurumunun önerdiği karşılıklar da hemen kelimenin yanında verilmiştir. Bunları ezberlemeniz önerilir.

- Absürd: Saçma, anlamsız
- Adisyon: Hesap
- Agresif: Saldırgan
- Almanak: Yıllık
- Anekdot: Fıkra, hikâyecik
- Angaje: Bağlanmış
- Animasyon: Canlandırma
- Antet(li kâğıt): Başlık
- Antipati: Sevimsizlik
- Antre: Giriş
- Argüman: Kanıt,delil
- Asist(e) etmek: Yardım etmek
- Asparagas: Şişirme haber
- Aut: Dış
- Avangart: Öncü
- Backgraund: Arkaplan
- Bandrol: Denetim pulu
- Bariyer: Engel
- Bineal: Yılaşırı
- Brifing: Bilgilendirme
- By-pass: Devre dışı bırakma(siyasi anlamı)
- Center: Merkez
- Charter: Dolmuş
- Check up: Tam bakım
- Chip: Yonga
- Damping: Düşürüm
- Data: Veri
- Defans: Savunma
- Deflasyon: Durgunluk
- Dejenerasyon: Yozlaşma
- Dekoder: Çözücü
- Dekont: Hesap belgesi
- Demagog: Laf ebesi
- Demonstrasyon: Gösteri
- Distribütör: Dağıtımcı
- Done: Veri
- Duayen: Kıdemli, aksakal
- Dubleks: İki katlı
- Eksantrik: Garip, acayip, tuhaf
- Ekstrem: Aşırı uç
- Empoze: Dayatılmış
- Endeks: Gösterge
- Enstantane: Anlık görünüş
- Fast food: Ayak ustu
- Fenomen: Görüntü
- Fiction: Kurgu
- Fiks mönü: Tek liste
- Fizibilite: Uygulanabilirlik
- Flash-back: Geriye dönüş
- Firstlady: Başhanımefendi
- Forum: Söz meydanı
- Fraksiyon: Hizip,bölüntü
- Fütüroloji: Gelecek bilimi
- Fundamentalizm: Köktencilik
- Global: Dünya çapında
- Grosmarket: Satış sarayı
- Gusto: Zevk
- High-tech: Yüksek teknoliji

- Hit: Gözde
- İdol: Mini put
- İnisiyaif: Öncelik, üstünlük
- İzolasyon: Yalıtma
- Jakoben: Tepeden inmeci
- Jakuzi: Sağlık havuzu
- Jaluzi: Şerit perde
- Jenerasyon: Kuşak, nesil
- Joystick: Yönetme kolu
- Jogging: Koşmaca
- Kalifikasyon: Niteliklilik, vasıflılık
- Kamufle: Gizlenmiş
- Kaos: Kargaşa
- Karambol: Karmaşa
- Kariyer: Meslek,uzmanlaşma
- Karizma: Büyüleyici özellik
- Kitsch: Bayağı
- Know-how: Yöntem bilgisi
- Kombinasyon: Birleşim
- Kolaj: Kesyap
- Komplike: Karışık
- Konfirmasyon: Doğrulama
- Konformizm: Uymacılık, uyarcılık
- Konjonktür: Toplu durum
- Kreasyon: Yaratım
- Kriter: Ölçü
- Krupiye: Oyun görevlisi
- Lanse etmek: Öne sürmek
- Lümpen: Seviyesiz, sefil
- Manipülasyon: Hileyle gönlendirme
- No-frost: Karlanmaz
- Nosyon: Kavrayış
- Nüans: İnce ayrım
- Off the record: Yayın dışı
- Palyatif: Anlık, geçici
- Panorama: Genel görünüm
- Paradigma: Değerler dizisi
- Paradoks: Çelişki
- Polemik: Söz dalaşı
- Prime time: Altın saatler
- Promosyon: Özendirme
- Prototip: İlk örnek
- Rafting: Sal yarışı
- Refüj: Orta kaldırım
- Ritüel: Ayinle ilgili
- Reyting: Değerlendirme, taktir
- Rölanti: Yavaşlatılmış
- Siesta: Öğlen uykusu
- Squash: Duvar topu
- Spontane: Kendiliğinden
- Suare: Akşamlık
- Versiyon: Nüsha
- Virman: Aktarım
- Workshop: Fikir yürütme toplantısı

Kelime hazinesini geliştirmek için bizim önerimiz bir sözlük alıp, bilmediğiniz kelimelerin altını renkli kalemlerle çizerek işaretlemenizdir. Sonra da kelimeleri tıpkı yapancı dil öğrenirken yapıldığı gibi bazı kartlara yazmak ve gün içinde cümlede kullanmak gerekir. Kurduğunuz cümleyi anlamayan muhatabınızın istediği açıklamayı yaparken siz de kelimenin anlamını iyice kavramış olursunuz. örneğin 17 yaşındaki bir gence "bu konuda hata yapmanı anlıyorum filhakika, daha çok gençsin" derseniz, utangaç biri değilse "filhakika ne demektir?" diye soracaktır. Ona yapacağınız açıklama bu kelimenin anlamının zihninizde pekişmesini sağlayacaktır. Unutmayın ki, bildiğimiz kelimeler kadar düşünebiliriz. Başka bir ifadeyle ne kadar çok kelime bilirsek o kadar geniş düşünebiliriz.

Buzan'ın hazırladığı kısımlar hızlı okumak için kelime haznesini geliştirmek kadar, hatta bundan daha çok, İngilizce öğrenmek için kullanılması gereken bir şemadır. Kök, önek ve sonekleri tanımak suretiyle bildiğiniz bir kelimeden hareketle bilmediğiniz bir kelimeyi tahmin edebilir, öğrenebilirsiniz.

(* Mümin Sekman araştırmacı yazar ve kişisel gelişim uzmanıdır. Yayınlarımız arasında bulunan "Kesintisiz Öğrenme" adlı kitabın yazarıdır. Kişisel gelişim yada hızlı okuma konusu ile ilgili Mümin Sekman'ın www.kigem.com adresindeki web sitesini ziyaret edebilirsiniz.)

KAYNAKÇA

Atkinson, Richard C. and **Shiffrin, Richard M.** 'The Control of Short-term Memory.' *Scientific American*, August 1971.

Baddeley, Alan D. *The Psychology of Memory*. New York: Harper & Row, 1976.

Banton Smith, Ph. D., Nila. *Speed Reading Made Easier*. New York: Warner Books.

Berg, Howard Stephen. *Super Reading Secrets*. New York: Warner Books, 1992.

Borges, Jorge L. *Fictions* (especially *Funes*, the *Memorious*). London: Weidenfeld & Nicolson, 1962.

Brown, Mark. *Memory Matters*. Newton Abbot: David & Charles, 1977.

Brown, R. and **McNeil, D.** 'The "Tip-of-the-Tongue" Phenomenon'. *Journal of Verbal Learning and Verbal Behaviour* 5, 325-37.

Buzan, Tony. *Get Ahead*. IBC Publications, 1993 (with Vanda North).

Buzan, Tony. *Make the Most of Your Mind*. London: Pan, 1988.

Buzan, Tony. *Use Your Head*. London: BBC Books, 1989.

Buzan, Tony. *Use Your Memory*. London: BBC Books, 1989.

Coman, Marcia J. and **Heavers, Kathy L.** *NTC Skill Builders: What You Need to Know About Reading Comprehension & Speed, Skimming & Scanning, Reading for Pleasure*. Illinois, USA: National Textbook Company, 1992.

Cutler, Wade E. *Triple Your Reading Speed*. USA: Macmillan (Arco).

Ebbinghaus, H. *Uber das Gedachtnis.* Leipzig: Duncker, 1885 op.

Frank, Stanley D. *Remember Everything You Read: The Evelyn Wood 7-Day Speed Reading & Learning Program.* New York: Avon Books.

Fry, Ron. *How To Study Program: Improve Your Reading.* USA: Career Press.

Gelb, Michael. *Present Yourself.* London: Aurum Press, 1988.

Haber, Ralph N. 'How We Remember What We See.' *Scientific American* 105, May 1970.

Howe, J.A. and **Godfrey, J.** *Student Note-Taking as an Aid to Learning.* Exeter: Exeter University Teaching Services, 1977 op.

Howe, M.J.A. 'Using Students' Notes to Examine the Role of the Individual Learner in Acquiring Meaningful Subject Matter.' *Journal of Educational Research* 64, 61-3.

Hunt, E. and **Love, T.** 'How Good Can Memory Be?' in *Coding Processes in Human Memory*, 237-60, edited by A.W. Melton and E. Martin. Washington DC: Winston/Wiley, 1972 op.

Hunter, I.M.L. 'An exceptional memory.' *British Journal of Psychology* 68, 155-64, 1977.

Keves, Daniel. *The Minds of Billy Milligan.* New York: Random House, 1981; London: Bantam, 1982.

King, Graham. *The Secrets of Speed Reading.* London: Mandarin, in association with the *Sunday Times*, 1993.

Klaeser, Barbara Macknick. *Reading Improvement.* Chicago: Nelson Hall, 1977.

Loftus, E.F. *Eyewitness Testimony.* Cambridge, Mass.: Harvard University Press, 1980.

Luria, A.R. The Mind of a Mnemonist. Cambridge, Mass.:

Harvard University Press, 1980.
Maberley, Norman C. Mastering Speed Reading. New York: Penguin (Signet), 1978.
Maddox, Harry. *How to Study,* New York: Fawcett Premier, 1988.
Minninger, Ph. D., Joan. *Rapid Reading in 5 Days.* New York: Perigee Books (The Berkley Publishing Group), 1994.
O'Brien, Dominic. *How to Pass Exams.* Headline Book Publishing, 1995.
Penfield, W. and **Perot, P.** 'The Brain's Record of Auditory and Visual Experience: A Final Summary and Discussion.' *Brain* **86**, 595-702.
Penfield, W. and **Roberts, L.** *Speech and Brain-Mechanisms.* Princeton, NJ: Princeton University Press, 1959 op.
Ruger, H.A. and **Bussenius, C.E.** *Memory.* New York: Teachers College Press, 1913 op.
Russell, Peter. *The Brain Book.* London: Routledge & Kegan Paul, 1966; Ark, 1984.
Schaffzin, Nicholas Reid. *The Princeton Review - Reading Smart.* New York: Villard Books.
Standing, Lionel. 'Learning 10,000 Pictures.' *Quarterly Journal of Experimental Psychology* **25**, 207-22.
Stratton, George M. 'The Mnemonic Feat of the "Shass Pollak".' *Physiological Review* **24**, 244-7.
Suzuki, S. *Nurtered by love: a new approach to education.* New York: Exposition Press, 1969.
Thomas, E.J. 'The Variation of Memory with Time for Information Appearing During a Lecture.' *Studies in Adult Education,* 57-62, April 1972.
Tulving, E. 'The Effects of Presentation and Recall of Materi-

als in Free-Recall Learning.' *Journal of Verbal Learning and Verbal Behaviour* **6**, 175-84.

von Restorff, H. 'Uber die Wirkung von Bereichsbildungen im Spurenfeld.' *Psychologische Forschung* **18**, 299-342.

Wagner, D. 'Memories of Morocco: the influence of age, schooling and environment on memory.' *Cognitive Psychology* **10**, 1-28, 1978.

Yates, F.A. *The Art of Memory.* London: Routledge & Kegan Paul, 1966; Ark, 1984.

Zorn, Robert. *Speed Reading,* New York: Harper Perennial, 1991.

Levha I - Birinci Kısmın Zihin Haritası

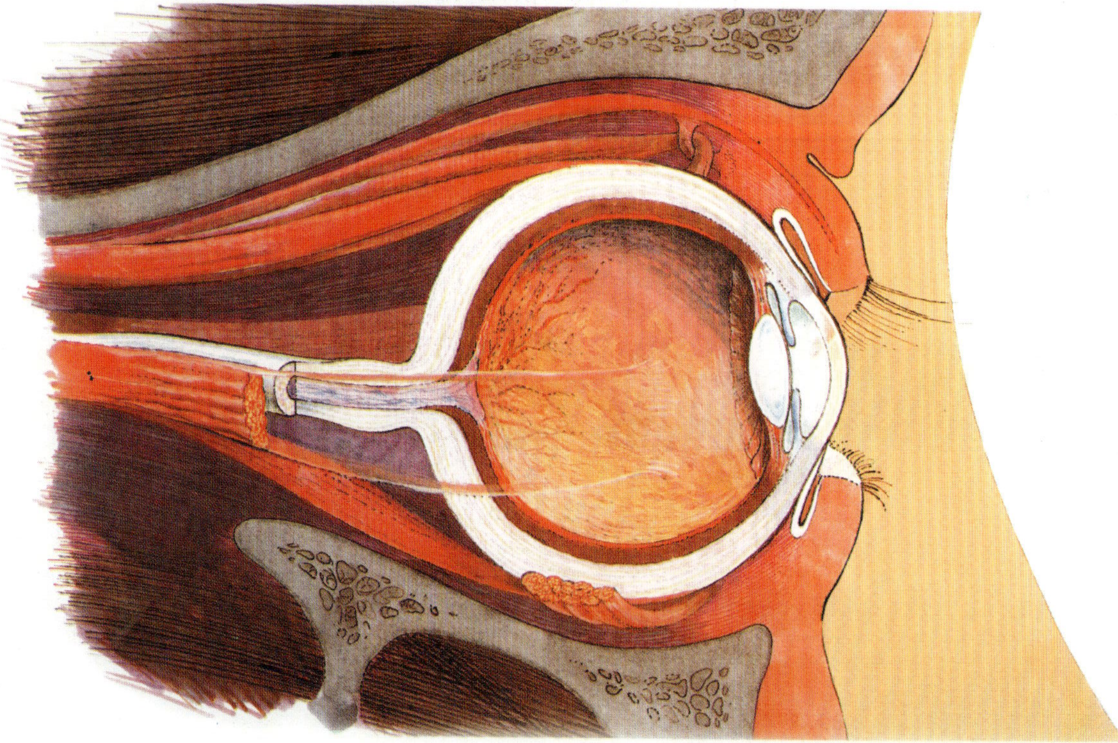

Levha II - İnsan gözünün enine kesiti

Levha III - Büyülü Göz resmi her biri binlerce nokta içeren iki resimden oluşur. Bu noktaları birleştirerek belirgin bir görüntü haline getiren gözleriniz değil beyninizdir. Bu, size ***Hızlı Okuma Kitabı***'nda nasıl yüksek hızlı okuyucu olunacağını gösterirken öğretilen süreçtir. Bu resmi görebilmeniz için gerekli ipucu kitabın ta kendisidir.

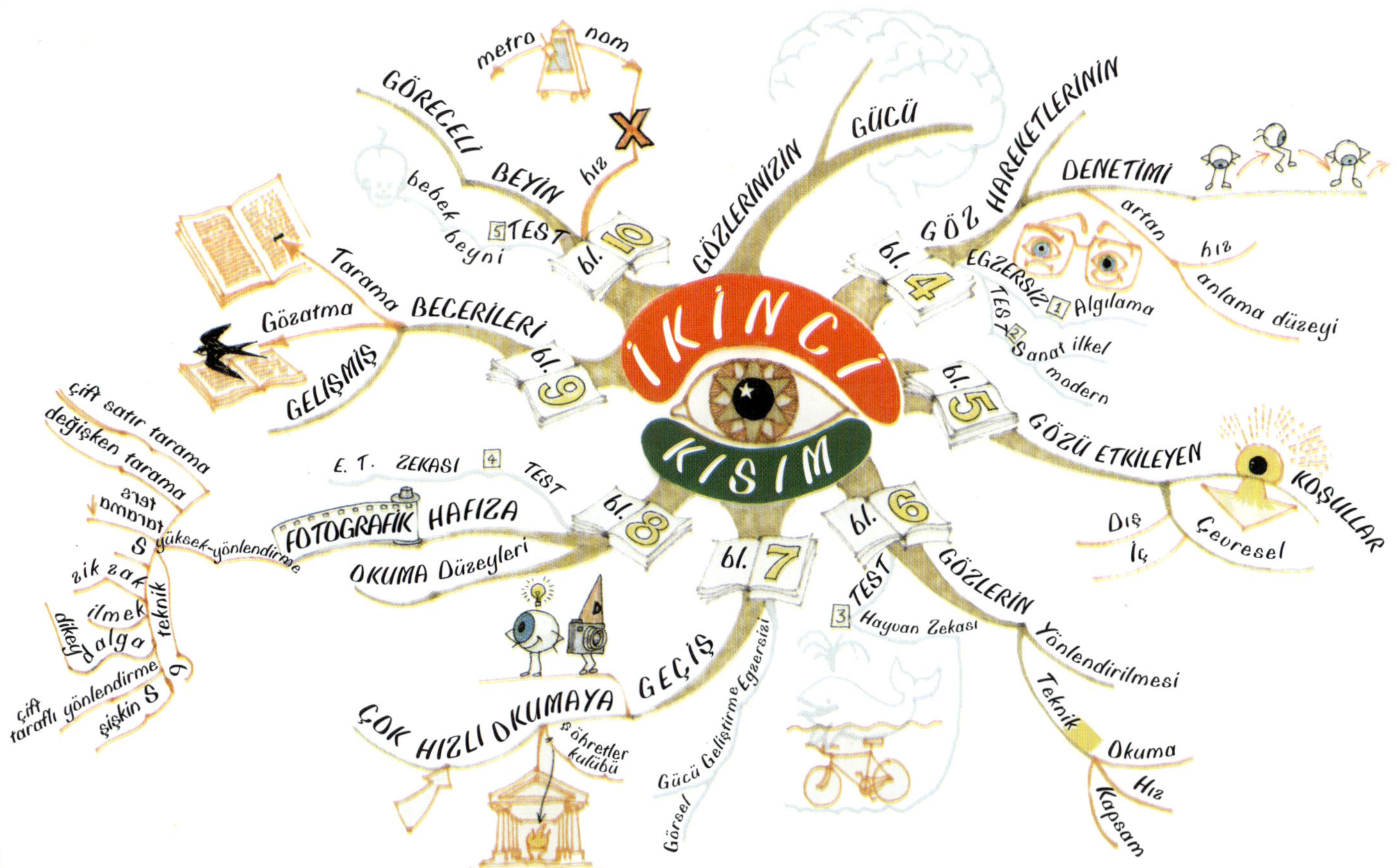

Levha IV - İkinci Kısmın Zihin Haritası

Levha V - Üçüncü Kısmın Zihin Haritası

Levha VI - Bir Şirket Yöneticisinin Zihin Haritası

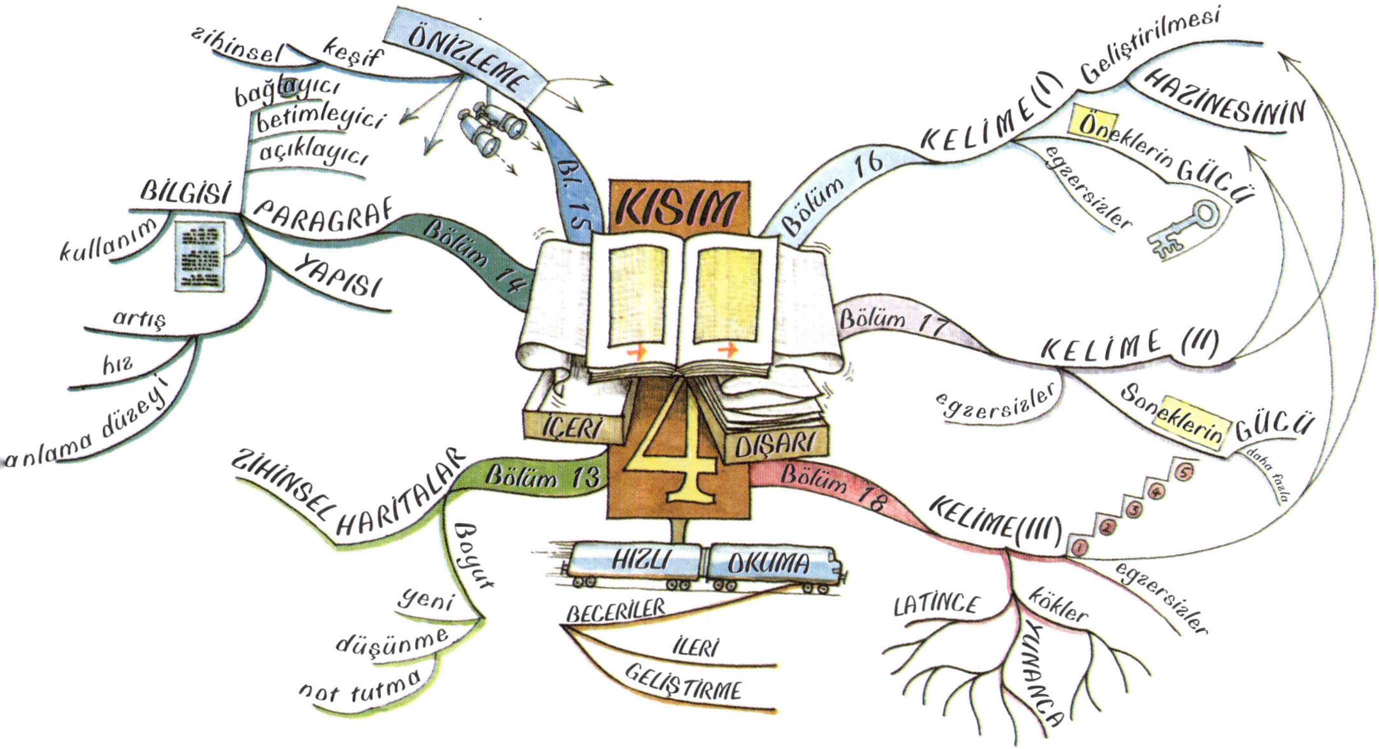

Levha VII - Dördüncü Kısmın Zihin Haritası

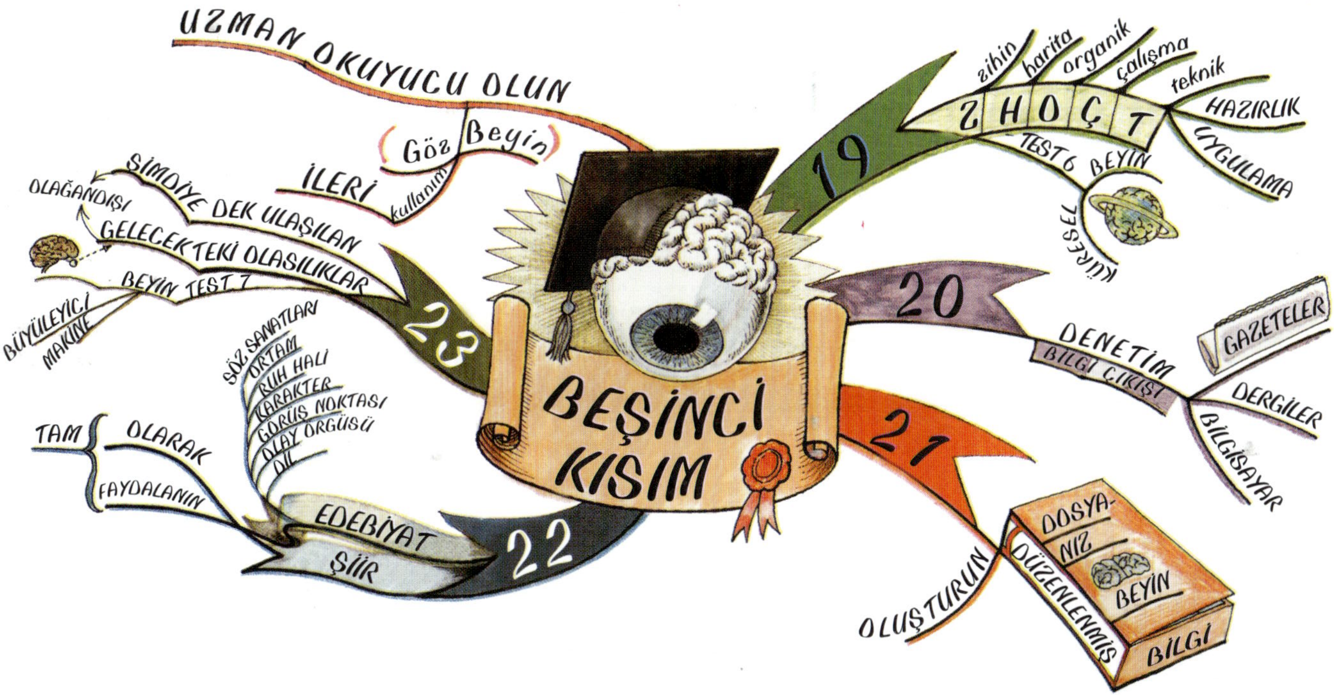

Levha VIII - Beşinci Kısmın Zihin Haritası